Michael Pfeifer

Bildungsbenachteiligung und das Potenzial
von Schule und Unterricht

AF141778

Michael Pfeifer

Bildungsbenachteiligung und das Potenzial von Schule und Unterricht

Lesekompetenz bei sozioökonomisch benachteiligten Schülern

VS VERLAG

Bibliografische Information der Deutschen Nationalbibliothek
Die Deutsche Nationalbibliothek verzeichnet diese Publikation in der
Deutschen Nationalbibliografie; detaillierte bibliografische Daten sind im Internet über
<http://dnb.d-nb.de> abrufbar.

1. Auflage 2011

Alle Rechte vorbehalten
© VS Verlag für Sozialwissenschaften | Springer Fachmedien Wiesbaden GmbH 2011

Lektorat: Stefanie Laux

VS Verlag für Sozialwissenschaften ist eine Marke von Springer Fachmedien.
Springer Fachmedien ist Teil der Fachverlagsgruppe Springer Science+Business Media.
www.vs-verlag.de

Umschlaggestaltung: KünkelLopka Medienentwicklung, Heidelberg
Gedruckt auf säurefreiem und chlorfrei gebleichtem Papier
Printed in Germany

ISBN 978-3-531-18224-7

Inhalt

1. Einleitung

1.1 Bildungsbenachteiligung und das Potenzial von Schule und Unterricht

Nach den ersten Erhebungen der Internationalen Grundschul-Lese-Untersuchung (IGLU) und des Program for International Student Assessment (PISA) wurde deutlich, dass Deutschland eines der Länder ist, bei dem die Kopplung zwischen dem sozioökonomischem Status der Elternhäuser und den schulischen Leistungen der Schülerinnen und Schüler im internationalen Vergleich am stärksten ausgeprägt ist.

Bei PISA 2000 war diese Kopplung im internationalen Vergleich unter allen Teilnehmerstaaten am größten, auch in IGLU 2001 zeichnete sich diese Kopplung ab, jedoch in einem etwas weniger engen Ausmaß (Baumert, Klieme et al., 2001; Bos et al., 2003; Schwippert, Bos & Lankes, 2003).

Die Befunde der neuesten IGLU- und PISA-Erhebungen machen deutlich, dass sich an der Stärke dieser Kopplung im Verlauf der Jahre nur wenig geändert hat, obwohl sich die Leistungen aller an den Studien teilnehmenden Schülerinnen und Schüler in der Trendperspektive jeweils verbessert haben (Bos, Hornberg et al., 2007; Prenzel et al., 2007).

Am Beispiel der IGLU-Erhebungen aus den Jahren 2001 und 2006 soll dies etwas differenzierter aufgezeigt werden: Trotz der Tatsache, dass sich über alle Schülerinnen und Schüler, die bei IGLU teilgenommen haben, zwischen den Erhebungen in 2001 und 2006 eine Verbesserung von 9 Punkten beim Niveau der Lesekompetenz ergibt, hat sich der Anteil der sogenannten ‚Risikokinder' zwischen der ersten und zweiten IGLU Erhebung nur geringfügig, und nicht signifikant verringert (Bos, Schwippert & Stubbe, 2007). In IGLU 2006 betrug der Anteil sogenannter Risikoschüler noch 13,2 %. Im internationalen Vergleich ist dieser Anteil zwar vergleichsweise gering, jedoch haben Schülerinnen und Schüler aus bildungsnahen Elternhäusern in Deutschland einen deutlichen Leistungsvorsprung von 67 Punkten vor Schülerinnen und Schülern aus bildungsfernen Elternhäusern – dieser Vorsprung fällt signifikant größer aus als im internationalen Mittel.

Das heißt, dass die Maßnahmen und Reformversuche, die dazu beigetragen haben, dass sich die Lesekompetenz deutscher Schülerinnen und Schüler im Laufe der letzten Jahre insgesamt verbessert hat, nur wenig Einfluss auf die Kopplung von Leseverständnis und sozioökonomischen Status der Elternhäuser haben, beziehungsweise dass diese Maßnahmen bei Schülerinnen und Schülern aus benachteiligten sozialen Schichten nicht greifen.

Daraus wird deutlich, dass im Hinblick auf eine gerechte, gleichberechtigte Förderung, insbesondere von Schülerinnen und Schülern aus benachteiligten sozialen Schichten, nach wie vor ein dringender Forschungs- und Handlungsbedarf besteht. Auch der Aktionsrat Bildung (Blossfeld et al., 2007) appelliert in seinem Jahresgutachten von 2007, dass die empirische erziehungswissenschaftliche Forschung die Fragen der Bildungsgerechtigkeit und -benachteiligung ernster nehmen muss und Studien so planen sollte, dass gruppenbezogene Aussagen über Effekte, zum Beispiel in Abhängigkeit von der sozialen Herkunft und dem Migrationsstatus, routinemäßig ermöglicht werden. In den USA ist dies seit längerer Zeit ein obligatorisches Förderkriterium für erziehungswissenschaftliche Studien (vgl. The White House, 2001).

Die Befunde der im Rahmen dieser Arbeit durchgeführten Analysen sollen daher dazu dienen, den Forschungsstand zur Förderung des Leseverständnisses von Schülerinnen und Schüler aus sozial benachteiligten Verhältnissen weiter auszubauen.

Die diesbezüglichen Analysen erfolgen mit den Daten der Internationalen Grundschul-Lese-Untersuchung (IGLU) 2001 mit dem Ziel der Identifizierung von Unterrichtsmerkmalen bzw. -konzepten, die insbesondere zur Förderung der Lesekompetenz von Schülerinnen und Schülern aus sozial benachteiligten Verhältnissen beitragen können.

Laut dem „Bildungsbericht für Deutschland" (Avenarius et al., 2003) ist die Lesekompetenz im Hinblick auf den Erwerb von anderen Kompetenzen zudem von zentraler Bedeutung. So ist beispielsweise der Effekt des sozioökonomischen Status (SES) auf die Mathematikleistung vernachlässigbar, wenn die Lesekompetenz kontrolliert wird.

Nach ersten Mehrebenenanalysen im Rahmen dieser Arbeit mit den Daten der IGLU-Studie 2001 in einem Zweiebenendesign zur Analyse der aufklärbaren Varianz der Leseleistung (Baseline Model) wurde deutlich, dass sich erwartungsgemäß ein Großteil der Varianz der Leseleistung der deutschen Schülerinnen und Schüler (89 %) durch deren individuelle Disposition und durch deren sozioökonomischen Hintergrund erklärt (Individualebene). Jedoch lassen sich auch 11 % der Varianz der Leseleistung der Schülerinnen und Schüler durch unterrichtliche Faktoren auf Klassenebene erklären.

Diese Befunde sind erwartungskonform, denn auch die Befunde von Mehrebenenanalysen im Rahmen anderer Studien zeigen eine ähnliche Verteilung der Varianzen (vgl. z.b. Klieme, Steinert & Hartig, 2006; Van den Broeck, Van Damme & Opdenakker, 2004). So liegt der Varianzanteil kognitiver Kompetenzen (z.b. Lese- / Mathematikkompetenz) für die Klassenebene zumeist zwischen 10 und 20 % und für die Individualebene zwischen 80 und 90 %. Wird noch einmal differenziert zwischen Klassen- und Schulebene, so liegt der größere Anteil der erklärbaren Varianz zumeist auf der Klassenebene. Dieser Befund ist konform mit aktuellen Schulqualitätsmodellen (vgl. Kap. 2.3). Diese gehen davon aus, dass die Schulebene vornehmlich distal (indirekt) auf schulische Leistungen wirkt, und dass eher Aspekte auf der Klassenebene einen proximalen (direkten) Einfluss auf schulische Leistungen haben.

Diese Verteilung der Varianzen ist insbesondere für Deutschland charakteristisch. Damit wird zum einen deutlich, dass sich ein Großteil der schulischen Leistung in Deutschland durch den individuellen Hintergrund der Schülerinnen und Schüler erklärt, zum anderen wird jedoch auch deutlich, dass Schule und Unterricht dennoch ein gewisses Potenzial haben, auf die Entwicklung der schulischen Leistungen der Schülerinnen und Schüler einzuwirken.

Daraus wird deutlich, dass in einer elaborierten Unterrichtsqualität das Potential liegt, positiv auf kognitive schulische Leistungen, wie zum Beispiel das Leseverständnis von Schülerinnen und Schülern, einzuwirken.

Buchberger (2000) betont im Hinblick darauf, dass Lehrerinnen und Lehrer die *„Hauptqualitätsfaktoren"* an Schulen sind, da sie das Unterrichtsgeschehen unmittelbar beeinflussen. Er spricht daher auch von *„high quality teachers"*, die eine zentrale Komponente bei der Realisierung von *„high quality education"* sind:

„High quality teachers ... are central components, within a heterogeneous pool of measures necessary to make high quality education and training and a "Europe of Knowledge" a reality ..."
(Buchberger, 2000, S. 2)

1.2 Zum Aufbau dieser Arbeit

Im folgenden zweiten Kapitel sollen theoretische Aspekte und empirische Befunde vorgestellt werden, die im Bezug zur Kopplung zwischen der Lesekompetenz der Schülerinnen und Schüler und dem sozioökonomischen Status der Elternhäuser sowie zum Einfluss der Unterrichts- und Schulebene auf diese Kopplung (Regressionssteigung) und auf die Lesekompetenz selbst (Intercept) stehen. Im Hinblick auf die Beschreibung und Analyse von Unterricht wird dabei eine Differenzierung zwischen den Perspektiven der Didaktik und der Lehr-Lern-Forschung vorgenommen. Desweiteren wird in diesem Kapitel die Bedeutung des kompositorischen Aspekts, das heißt die unterschiedliche Zusammensetzung der Klasse aus Schülerinnen und Schülern, beispielsweise mit unterschiedlichem Vorwissen oder mit unterschiedlichem Migrationshintergrund und deren Auswirkungen auf schulische Leistungen beleuchtet. Zu dieser Thematik liegen bislang noch relativ wenige empirische Befunde vor. Der Aspekt des Zusammenhangs einer unterschiedlichen Zusammensetzung von Schulklassen und der kognitiven Kompetenz der Schülerinnen und Schüler wird in dieser Arbeit aufgegriffen. Zusätzlich dazu wird, wie in aktuellen Forschungsdesideraten gefordert (vgl. Lankes, 2004, S. 567), der Zusammenhang zwischen Leistungen und Unterrichtsmerkmalen unter Berücksichtigung der Klassenzusammensetzung (nach dem Migrationshintergrund der Schülerinnen und Schüler und dem sozioökonomischen Status der Elternhäuser sowie nach der Lesekompetenz) untersucht. Die diesbezügliche theoretische Einordnung der Forschungshypothesen und die Entwicklung eines eigenen Forschungsmodells erfolgen in Kapitel 3.

In Kapitel 4 werden die Daten beschrieben, auf denen die empirischen Analysen dieser Arbeit beruhen. Dabei wird unter anderem auf den Umgang mit fehlenden Daten sowie auf die verwendeten Variablen, Skalen und Instrumente eingegangen. Zudem wird ausführlicher auf die Mehrebenenanalyse eingegangen, welche die zentrale Analysemethode für diese Arbeit darstellt.

Im fünften Kapitel erfolgen die Darstellung und Interpretation der Ergebnisse der empirischen Analysen. Dabei werden zunächst die Variablen und Skalen deskriptiv betrachtet, die für die Beantwortung der Forschungshypothesen dieser Arbeit von zentraler Bedeutung sind. Den Hauptteil dieses Kapitels bilden die Darstellung und die Interpretation der Befunde der Mehrebenenanalysen.

Im abschließenden Kapitel 6 erfolgen die finale Zusammenfassung und die Diskussion der Ergebnisse dieser Arbeit sowie die Formulierung der zentralen Forschungsdesiderate.

2. Theorie und Empirie

In diesem Kapitel werden theoretische Ansätze und empirische Befunde im Bezug zur Themenstellung dieser Arbeit unter folgenden Leitfragen zusammengestellt:

- Was ist Lesekompetenz und wie hat sich die Vorstellung darüber in den letzten Jahrzehnten entwickelt?
- Was kann man unter dem Konstrukt Unterrichtsqualität verstehen?
- Welche Modelle zum Zusammenhang von Unterrichtsqualität und Schülerleistungen gibt es? Welche Zusammenhänge erweisen sich als zentral?
- Wie determiniert sich guter Unterricht aus der Perspektive der Didaktik und aus der Perspektive der Lehr-Lern-Forschung?
- Welche empirischen Erkenntnisse zum Einfluss guten Unterrichts auf Schülerleistungen gibt es? Welche Bedeutung haben dabei kompositorische Aspekte sowie der sozioökonomische Hintergrund der Schülerinnen und Schüler?
- Welchen Einfluss hat die Schulebene auf den Zusammenhang von Unterrichtsqualität und Schülerleistungen?

2.1 Lesekompetenz – Eine Betrachtung aus kognitionspsychologischer Perspektive

Das Lesen wird allgemein als eine Informationsentnahme aus Texten gesehen. In den letzten Jahrzehnten hat sich das Wissen über die Prozesse des Lesens jedoch stetig weiterentwickelt. (vgl. Gibson & Levin, 1989; Voss, 2006). Im Hinblick darauf differenziert Voss (ebd.) die Lesekompetenz in drei Hauptkategorien:

- Lesen als *Dekodierung* von geschriebener Sprache,
- Lesen als *selektiver Prozess* und
- Lesen als *interaktiver Prozess* zwischen Leser und Text.

Dahingehend betont er, dass sich die Betrachtungsweise vom Lesen als Dekodieren an Modellen der seriellen Verarbeitung von Informationen orientiert, die in sequentiellen Schritten vor sich geht: Dabei folgen der Informationsaufnahme durch die Augen verschiedene Verarbeitungsschritte und Repräsentationsformen, bis der Text entziffert und ausgesprochen ist. Da diesem Ansatz zufolge die ‚unteren' perzeptiven Verarbeitungsstufen den ‚höheren' kognitiven Stufen vorgelagert sind, wird dieser Prozess auch als *bottom-up-* bzw. datengesteuerter Prozess bezeichnet. Dadurch wird deutlich, dass das tradierte Verständnis vom Lesen als Dekodiervorgang, bei dem der Leser Buchstaben in Laute umwandelt und diese zu Silben und Wörtern zusammenfügt, mit den aktuellen Befunden der Grundlagenforschung nicht mehr vereinbar ist (vgl. Gough, 1972; Voss, 2006).

Smith (1994) hingegen kritisiert den Ansatz der phonologischen Entschlüsselung von geschriebener Sprache als strukturell falsch und geht davon aus, dass der Leser auf der Basis seines (Welt-) Wissens ein Textverständnis entwickelt. Mit Hinblick darauf erachtet er für das Lesen nicht die beim Dekodieren genutzten Buchstabenfolgen als grundlegend, die der Leser nach dem phonologischen Prinzip entschlüsselt und zu gesprochenen Wörtern zusammensetzt, sondern vielmehr visuelle Hinweise des Textes, die zur Erfassung seiner Bedeutung führen. Dabei stellt der Leser Hypothesen über Inhalt und Zweck des Textes auf, die er beim fortschreitenden Lesen verifiziert oder falsifiziert (Voss, 2006). Smith beschreibt den Leseprozess folgendermaßen:

> "...reading and learning to read are essentially meaningful activities; that they are not passive and mechanical but purposeful and rational, dependent on the prior knowledge and expectations of the reader (or learner)."
>
> (Smith, 1994, S. 2)

Anders als Gough (ebd.) beschreibt er den Prozess der Wortidentifizierung mittels der *Feature-Analysis-Theorie* (Merkmalserkennung). Diese Theorie beruht auf der Annahme, dass die auffälligsten visuellen Hinweise mittels des vorhandenen Wissens genutzt werden können, um die Bedeutung von Wörtern zu erfassen (*topdown-*Prozess). Dabei soll das Vorwissen dem Leser helfen, Annahmen zu generieren, auf Grund derer er bestimmte Inhalte und Textstellen selektiert, die er für den Verständnisaufbau für wichtig befindet. Folglich ist nach dieser Theorie ein Leser dann ein guter Leser, wenn er über ein ausreichendes Wissen zum Aufstellen von Hypothesen verfügt und dadurch Annahmen im Hinblick auf das zu Lesende aufbauen kann (Voss, 2006).

In seinem Modell differenziert Smith (ebd.) zwischen vier Informationseinheiten, die während des Leseprozesses genutzt werden: visuelle, orthografische, syntaktische und semantische Informationen. Nach Smith greifen dabei kompetente Leser weniger auf visuelle Informationen zurück, sondern nutzen insbesondere ihr Vorwissen, um den Arbeits- und Gedächtnisaufwand bei der Verarbeitung des Gelesenen so niedrig wie möglich zu halten. Wenn sich der Leser zu sehr auf rein visuelle Informationen stützt, kann es seiner Auffassung nach sogar hinderlich für den Verstehensprozess sein, da infolgedessen die Erschließung und Verarbeitung der Textbedeutung im Extremfall verhindert werden kann (vgl. Pearson & Stephens, 1994; Smith, 1994; Voss, 2006).

Voss (ebd.) betont, dass Rumelhart's (1994) interaktive Lesetheorie eine Ausdifferenzierung des *top-down*-Prozesses bildet, den Smith eher auf einer globalen Ebene beschreibt. Dabei weist Rumelhart empirisch nach, dass die Wahrnehmung von Buchstaben und Wörtern vornehmlich vom Satzkontext abhängt, wie aus dem folgenden Beispiel deutlich wird:

> 1a. The statistician could be certain that the difference was significant since all of the figures on the right-hand side of the table are larger than any of those on the left.
>
> 2b. The craftsman was certainly justified in charging more for the carvings on the right since all of the figures on the right-hand side of the table are larger than any of those on the left.
>
> (Rumelhart, 1994, S. 876)

Wie Voss (ebd.) verdeutlicht, hat der zweite Teil dieser beiden Sätze in Abhängigkeit vom ersten Satzteil eine unterschiedliche Bedeutung. So wird im Satz 1a *figure* mit einer Zahl assoziiert, mit *table* eine Anordnung von Zahlen nach einem bestimmten Schema, und *larger* mit einer Relation von Zahlen bzw. Zahlengruppen. Im zweiten Satz (1b) bezeichnet *figure* eine kleine Figur, *table* einen Gegenstand mit einer ebenen Oberfläche, auf der diese Figuren stehen, und *large* bezieht sich auf die Außenmaße der Schnitzerei. Er schlussfolgert, dass eine bestimmte Bedeutung von Wörtern nicht losgelöst von dem Satz existieren kann, in dem die Wörter eingebunden sind. Auf dieser Erkenntnis basiert Rumelhart's Lesemodell (Rumelhart, ebd., S. 878). Die relevanten Informationen werden nach diesem Modell in einem *pattern synthesizer* verarbeitet, bei dem der Leser auf verschiedene Wissenskategorien zurückgreift, um die Informationen interpretieren zu können. Relevant ist dabei das semantische, das syntaktische, das lexikalische und das orthografische Wissen, welches bei der Verarbeitung der relevanten Texteinheiten parallel und interaktiv genutzt wird (Richter, T. & Christmann, 2002; Voss, 2006):

> "The pattern synthesizer, then, uses all of this information to produce a 'most probable interpretation' of the graphemic input. Thus, all of the various sources of knowledge, both sensory and nonsensory, come together at one place and the reading process is the product of the simultaneous joint application of all the knowledge sources."
>
> (Rumelhart, 1994, S. 878)

Es wird deutlich, dass der Leseprozess nicht linear mit dem Dekodieren des visuellen Inputs beginnt und mit dem Verstehen des Inputs endet, sondern das die aktuell gelesene Textinformation fortwährend auf das bezogen wird, was vorher im Text stand und was als nächstes kommen wird (Gibson & Levin, 1989). Beim Leseverständnisprozess handelt es sich um einen mehrdimensionalen Vorgang, bei dem sich das Textverstehen auf unterschiedliche Weise vollziehen kann, bedingt durch die beteiligten Faktoren, Leser und Text, und die Komplexität und Interaktivität der beim Lesen ablaufenden Prozesse (Rickheit & Strohner, 1993; Voss, 2006). Diesbezügliche Entwicklungsmodelle variieren in ihren Annahmen über die Entwicklung des Leselernprozesses, und haben unterschiedliche Erklärungsansätze bezüglich der Konzeptionalisierung der Leseentwicklung, als kontinuierliche Entwicklung oder als qualitatives Entwicklungsstufenmodell.

Mason (1980) unterscheidet in ihrem Entwicklungsmodell des Lesens beispielsweise den kontextabhängigen Lernenden, der Wörter durch visuelle Unterscheidungen erkennt, dem aber noch nicht alle Buchstaben bekannt sind, den visuell erkennenden Lernenden, der alle Buchstaben benennen und einiges richtig lesen kann, und den Lernenden, der die Buchstaben-Laut-Korrespondenz meistert und deshalb auch unbekannte Wörter richtig lesen kann.

Ein weiteres Modell ist das Modell des Stichwortlesens (sight word reading) nach Ehri (1997), das von entwicklungspsychologischen und konnektionistischen Modellvorstellungen geleitet ist. Ehri beschreibt darin eine Entwicklung von der visuellen Wahrnehmung über die phonologische Codierung zur Bedeutung. Dieses Modell steht damit im Gegensatz zu Colthearts Lesemodell des direkten Wegs (1978). Dieses Lesemodell geht aus der Zwei-Wege-Theorie von Coltheart und Rastle (1994) hervor. Diese beschreibt zwei mögliche Verarbeitungsmechanismen im Lese-Prozess – einen direkten, lexikalischen und einen indirekten, non-lexikalischen. Der erste, direkte Weg besteht gemäß dieser Theorie in einer orthographischen Kodierung des Schriftbildes, über den direkt ein Eintrag im mentalen Lexikon aktiviert wird. Danach ist die Aussprache des Wortes unmittelbar zugänglich. Bei Wörtern, die nicht im Lexikon vertreten sind, wird hingegen die zweite, indirekte Route gewählt. Da hier keine Eintragung im Lexikon vorliegt, muss das Wort über die Graphem/Phonem-Zuordnung Buchstabe für Buchstabe erlesen werden. Die phonologische Struktur eines Wortes wäre danach mittels phonologischer Rekodierung von Buchstaben beziehungsweise Buchstabengruppen seriell rekonstruiert.

Frith (1985; 1986) betont, dass der Erwerb der Schriftsprache in drei Stufen verläuft: Dabei steht die *logographische Stufe* für das niedrigste schriftsprachliche Entwicklungsniveau, für welches die Kombination mit Bildern oder Symbolen charakteristisch ist. Beispielsweise wird das „M" einer bekannten Fastfoodkette vom Kind nicht als Buchstabe verstanden, sondern als Zeichen, das für einen Namen steht. Die nächste Stufe ist die *alphabetische,* für die das synthetisierende Lesen und

Schreiben kennzeichnend ist. Dabei ist sich das lesende Kind jedoch noch nicht der Vorgaben des Rechtschreibsystems bewusst, weshalb diese Stufe auch als Einstieg in die komplexe Welt der Schriftsprache gesehen wird. Das höchste schriftsprachliche Entwicklungsniveau bildet die *orthographische Stufe*, bei der Rechtschreibregeln implizit oder explizit erlernt und angewandt werden (vgl. Coltheart, 1978). Ein Konsens im Hinblick auf die Entwicklung der Lesekompetenz bei Kindern herrscht jedoch darüber, dass die basalen Entwicklungsschritte in einem Altersbereich von 8 bis 10 Jahren weitestgehend abgeschlossen sind. Kinder sollten also am Ende der Grundschulzeit grundlegende Fähigkeiten und Strategien im Hinblick auf das Lesen entwickelt haben (McElvany, 2008; Schneider, 1989). Im Folgenden soll nun das Konstrukt Unterrichtsqualität näher betrachtet werden.

2.2 Zum Konstrukt Unterrichtsqualität

Bei der Diskussion um differenzierten, qualitativ elaborierten Unterricht wird in der Literatur der Begriff ‚Unterrichtsqualität' verwendet. Im Folgenden soll dieses Konstrukt näher betrachtet werden.

In Anlehnung an Weinert, Schrader und Helmke (1989), Carroll (1963), Bloom (1971) und Walberg (1981) definiert Clausen (2002) Unterrichtsqualität als *„ stabiles Muster von Instruktionsverhalten, das als Ganzes oder durch einzelne Komponenten die substanzielle Vorhersage und/oder Erklärung von Schulleistung erlaubt"*. Dabei weist Clausen (ebd.) unter Rückgriff auf Oser, Dick und Patry (1992) und Einsiedler (2000) jedoch darauf hin, dass bei den meisten Definitionen das Zielkriterium die kognitive Leistung der Schülerschaft ist. In diesem Sinne postuliert er in Anlehnung an Fend (1981) und Born (1981) bei der Betrachtung von Unterrichtsqualität neben der Fokussierung auf die kognitive Entwicklung der Schülerschaft als Zielkriterium auch die Einbeziehung der psychosozialen Entwicklung der Schülerschaft. Nach Clausen (ebd.) ist Unterrichtsqualität somit als ein Metakonstrukt zu sehen, das sich auf die Optimierung schulischen Lernens im Hinblick auf kognitive und psychosoziale Zielkriterien richtet. Es wird also deutlich, dass Unterrichtsqualität immer im Hinblick auf bestimmte Zielkriterien zu sehen ist.

Helmke (2007) präzisiert den Begriff ‚Unterrichtsqualität' im Hinblick auf die Qualitätsdimension, er unterscheidet zwischen *Produkt- und Prozessqualität*. Der Begriff *Prozessqualität* beinhaltet die Frage nach der optimalen Gestaltung des Ablaufs von Unterricht. Die Grundlage für eine Beurteilung der Prozessqualität bilden Erkenntnisse aus der fachdidaktischen Unterrichtsforschung sowie der empirischen Lehr-/ Lernforschung. Helmke (ebd.) schlägt eine Orientierung bei der Operationalisierung von Prozessqualität an Aspekten wie der Form der Klassenführung, an der Klarheit im Unterrichtsgang, an der fachlichen Stimmigkeit oder am Umgang mit Leistungsheterogenität vor.

In die Dimension der *Produktqualität* lässt sich der vorangehend aufgezeigte, von Clausen (ebd.) postulierte Aspekt der Differenzierung zwischen kognitiven und psychosozialen Zielkriterien schulischen Lernens einordnen. Nach Helmke (ebd.) ist bei der Betrachtung der Produktqualität die Frage zielführend, was Unterricht bei der Schülerschaft bewirken soll. Dahingehend verweist Helmke (ebd.) auf Zusammenhänge zwischen den Unterrichtsmerkmalen und Schülereffekten wie etwa der Schülerleistung, der Schülermotivation oder dem Schülerinteresse. Auch Helmke nimmt also eine Differenzierung zwischen kognitiven und affektiven Produkt- bzw. Zielkriterien des Unterrichts vor.

Eine Weiterentwicklung des Konstrukts Unterrichtsqualität wurde durch Einsiedler (1997), zitiert nach Clausen (2002) vorgenommen. Er verweist dabei auf die Bedeutung von Makromethoden des Unterrichts (dozierend, entdeckend), auf Mikroverhaltensweisen im Unterricht (Feedback, Strukturierungshilfe), auf Klassenmanagement, Sozialformen (Gruppen-, Einzelarbeit) sowie auf das Unterrichtsklima.

Die Befunde von Holtappels und Heerdegen (2005) stützen Einsiedlers Weiterentwicklung des Konstrukts Unterrichtsqualität. Diese charakterisieren in ihren Reanalysen über Schülerleistungen in unterschiedlichen Lernumwelten im Vergleich zweier Grundschulmodelle mit den Daten der IGLU-Studie 2001 Unterrichtsqualität mittels folgender zentraler Momente:

- Einsatz variabler Lehr- und Lernformen, das heißt, verschiedene Lernzugänge, -wege und -methoden zu gebrauchen,

- individualisierender Unterricht, der an die Lernvoraussetzungen der Lernenden anknüpft,

- Lernunterstützung zu gewähren, binnendifferenziert, mit unterschiedlichen Materialien.

Obwohl sich laut Einsiedler (1981) Unterricht im Allgemeinen dadurch auszeichnet, dass er eine systematische, geplante Lernerfahrung darstellt, wird aus den vorangegangenen Ausführungen auch deutlich, dass Unterricht nicht ohne Weiteres planbar ist. Vielmehr wird seine Qualität durch eine Vielzahl von Faktoren bedingt, die eine Beschreibung oder gar eine Vorhersage von Unterrichtsergebnissen schwierig macht (Grommelt, 1991; Helmke & Weinert, 1997). Holtappels (2003) präzisiert diese Erkenntnisse zur Unterrichtsqualität im Hinblick auf empirische Untersuchungen zur Unterrichtsqualität und damit verbundene methodische Besonderheiten. Er verweist darauf, dass eine Erfassung von unterrichtsrelevanten Faktoren auf der Ebene der Lerngruppen erfolgen muss, da eine Erfassung mittels Schul-, Schulstufen- oder Jahrgangsmerkmalen zu ungenau ist. Weiterhin verweist er auf die Bedeutung der Erfassung fachdidaktischer Aspekte, also der fachspezifischen Untersuchung von Unterrichtsmerkmalen, um die Individualität des Lehrerverhaltens berücksichtigen zu können. Wie also deutlich wird, ist das Konstrukt Unterrichtsqualität relativ komplex. Im Kapitel 2.4 folgt daher eine differenzierte Einordnung und Charakterisierung von Unterricht und im Hinblick auf die forschungsleitenden Fragen dieser Arbeit (vgl. Kap. 3) erfolgt im Kapitel 2.5 eine Betrachtung zum Einfluss der Unterrichtsqualität auf die Divergenzminderung und die Leistungssteigerung.

Im Sinne eines besseren Gesamtverständnisses der Ausführungen zur Unterrichtsqualität in diesem Kapitel und in den Kapiteln 2.4 und 2.5 soll aber zunächst verdeutlicht werden, in welchem Bedingungsgefüge sich Unterricht im Hinblick auf die kognitiven Leistungen der Schülerschaft verortet. Im folgenden Kapitel sollen daher einige Modelle zum Zusammenhang von Unterrichtsqualität und Schülerleistungen vorgestellt und erläutert werden. Dabei soll auch der Zusammenhang zwischen der Unterrichtsqualität (Klassenebene) und den übergeordneten Schul- und Systemebenen verdeutlicht werden, da sich laut Schöler (1979) der schulische Unterricht innerhalb eines Bedingungsgefüges institutioneller Faktoren vollzieht.

2.3 Modelle zum Zusammenhang von Unterrichtsqualität und Schülerleistung

In den folgenden Ausführungen soll anhand der Schulqualitätsmodelle von Scheerens (1997), Ditton (2000) sowie von Creemers und Kyriakides (2008) dargestellt werden, in welchem Zusammenhang Schülerleistungen und Unterrichtsqualität stehen. Dabei sollen die Modelle jeweils nicht vollständig erklärt werden, sondern lediglich die Aspekte erläutert werden, die im Zusammenhang mit der Unterrichtsqualität und den Leistungen der Schülerinnen und Schüler stehen, die also im Rahmen dieser Arbeit von Interesse sind.

Aus dem Qualitätsmodell von Ditton (2000) geht hervor, dass die Ebene der Unterrichtsqualität in Beziehung steht mit der Ebene der Schulqualität, und indirekt mit den Bedingungen (u.a. strukturelle, finanzielle, materielle) und den intendierten Bildungszielen, Leistungen und Einstellungen. Hinsichtlich der Ergebnisse unterscheidet Ditton zwischen Outputs (Wirkungen, z.B. Bildungsziele) und Outcomes (langfristige Auswirkungen, z.B. beruflicher Erfolg), was sein Modell gegenüber den nachfolgend dargestellten Modellen abgrenzt. Diese Differenzierung in Outputs und Outcomes ist sinnvoll, da so auch Kompetenzen der Schüler betrachtet werden, die über die Kompetenzen hinausgehen die zur Erreichung der schulischen Bildungsziele notwendig sind. Zwischen den Ergebnissen und der Unterrichtsebene sieht Ditton (ebd.) einen direkten Zusammenhang. Als ein Einflussfaktor, der sich sowohl auf die Voraussetzungen, auf die primären Merkmale und Prozesse in Schule und Unterricht, als auch auf die Ergebnisse auswirkt, wird in diesem Modell zudem der soziale Kontext berücksichtigt.

Das Qualitätsmodell (-tableau) von Scheerens (1997), beruht auf dem Grundmodell von Stufflebeam (1972). Auch in diesem Modell wird zwischen den Ebenen des Inputs (vorhandene Ressourcen etc.), des Prozesses (Klassen- und Schulebene), der Ebene des Outputs (erreichte Leistungen) und der Kontextebene differenziert. Jedoch sind diese Ebenen weniger ausdifferenziert als im Qualitätsmodell von Ditton. Während Dittons Modell von Wechselwirkungen zwischen diesen Ebenen ausgeht, ist die Annahme in Scheerens' Modell, dass es einseitig gerichtete Wirkungen der höheren Ebenen auf die darunter liegenden Ebenen gibt.

Das *Dynamic Model of Educational Effectiveness* von Creemers und Kyriakides (2008) ist eine der jüngsten Weiterentwicklungen von Schulqualitätsmodellen. Eine interessante Weiterentwicklung dieses Modells im Vergleich zu den bereits vorgestellten Modellen ist die Annahme proximaler Zusammenhänge von Systemebene und Lernergebnissen. Diese Annahme sowie weitere Charakteristika dieses Modells werden ab 2009 im Rahmen des europäischen Kooperationsprojektes ADDITION (A Dynamic Effective Knowledge Base for Quality in Education) unter Beteiligung des Instituts für Schulentwicklungsforschung (IFS) validiert. Weitere wesentliche Charakteristika dieses Modells werden im Folgenden kursorisch erläutert:

1. Das Modell ordnet sich in den integrierten Ansatz der Schuleffektivitätsforschung ein (Scheerens & Bosker, 1997), da es multiple Faktoren von Effektivität einbezieht, die verschiedenen Ebenen zugeordnet sind.

2. Es wird erwartet, dass einige Faktoren auf der gleichen Ebene in Beziehung zueinander stehen. Daher wird es als wichtig erachtet, Gruppierungen von Faktoren zu spezifizieren.

3. Obwohl es verschiedene Faktoren und Gruppierungen von Faktoren gibt, kann jeder Faktor mit Hilfe der folgenden Dimensionen gemessen werden: Häufigkeit, Stadium, Ausrichtung, Qualität und Differenz in der Anwendung. Damit kann jeder Faktor als multidimensionales Konstrukt erfasst werden, gleichzeitig kann das Modell aber sparsam gehalten werden.

4. Das Modell ist so gestaltet, dass die Möglichkeit der Spezifizierung nichtlinearer (distaler) Zusammenhänge zwischen den Faktoren und den Lernergebnissen besteht.

Durch die klare Trennung der verschiedenen Ebenen dieses Modells eignet es sich insbesondere für mehrebenenanalytische Untersuchungen, welche auch den zentralen Analyseansatz im Rahmen dieser Arbeit bilden. Daher sollen dieses, aber auch die zuvor vorgestellten Modelle als Grundlage für die Entwicklung eines eigenen Forschungsmodells (siehe Kapitel 3) dienen.

Aus den vorangegangenen Ausführungen ging hervor, in welchen Zusammenhängen und Bedingungsgefügen sich Unterrichtsqualität verortet. Es wurde deutlich, dass neben der Unterrichtsebene auch die Schul- und die Systemebene und vor allem die Individualebene für die Erklärung der kognitiven Schülerleistungen von Bedeutung sind. Für die Klassenebene (Unterrichtsqualität) geht aus den Modellen hervor, dass unter anderem die Leistungsanforderung und -bewertung, die Schülerorientierung und -förderung, die Lernformen und -gelegenheiten, die Unterrichtsgestaltung und -führung sowie das soziale Klima zwischen den Schülern und zwischen Schülern und Lehrern zentrale Aspekte sein können, die einen Einfluss auf die kognitiven Schülerleistungen ausüben. Aus dem von Holtappels (2003) erweiterten CIPO-Modell geht zudem hervor, dass die Schulentwicklungsarbeit in Form eines Schulprogramms und dessen Evaluation ein Einflussfaktor für die Schul- und Klassenebene sein kann.

Im folgenden Kapitel soll der Fokus nun ausschließlich auf die Klassenebene (Unterrichtsqualität) gerichtet werden, da diese Ebene für die Analysen dieser Arbeit von zentraler Bedeutung ist. Bei der Beschreibung und Analyse von elaboriertem Unterricht ist es von Bedeutung, zum Einen die Perspektive der *Didaktik*, und zum Anderen die der *pädagogisch-psychologischen Unterrichtsforschung* einzubeziehen, da diese primär von diesen beiden unterschiedlichen Fachdisziplinen geleistet wird (Baumert et al., 2004). Unter Berücksichtigung beider Perspektiven soll in den folgenden Ausführungen geklärt werden, welche Aspekte im Hinblick auf die Unterrichtsqualität von Bedeutung sind. Im folgenden Unterkapitel soll zunächst die Perspektive der Didaktik dargestellt werden.

2.4 Einordnung und Charakterisierung von Unterrichtsansätzen

2.4.1. Guter Unterricht aus der Perspektive der Didaktik

> „Tell me and I forget, teach me and I remember, involve me and I learn."
> (Benjamin Franklin)

Unter *Didaktik* versteht man die Theorie und Praxis des Lehrens und Lernens. Aus etymologischer Sicht lässt sich das Wort *Didaktik* (griechisch: ‚didaskein' = ‚lehren') in die griechische Antike (etwa 600-200 v. Chr.) einordnen (Kron, 2008). Als wegweisend für die Gegenwart wird das 1657 von *Commenius* verfasste Werk, *Didactica Magna*, angesehen. Klafki formulierte 1961 folgende zentrale Momente von Didaktik (vgl. Klafki, 2007; Riedl, 2004):

- Didaktik als Wissenschaft und Lehre vom Lehren und Lernen,
- Didaktik als ‚Bildungslehre' im umfassenden Sinne,
- Didaktik als Wissenschaft vom Unterricht,
- Didaktik als Theorie der Bildungsinhalte, ihrer Struktur und Auswahl.

Daraus wird deutlich, wie umfangreich sich der Gegenstandsbereich der *Didaktik* gestaltet. Es gibt nicht nur die ‚eine' *Didaktik* sondern zahlreiche weitere Definitionen und didaktische Theorien. Dies spiegelt den stetigen Veränderungs- und Anpassungsprozess wider, in dem die *Didaktik* versucht, sich neuen Bedingungen anzupassen.

Daher gilt auch als unbestritten, dass es nicht den ‚allgemeingültig' richtigen Ansatz für eine gute Unterrichtskonzeption, -strategie oder -methode gibt. Unterrichtsqualität entsteht vielmehr durch das Zusammenwirken von verschiedenen didaktischen Strategien und methodischen Grundformen. Dabei haben die Unterrichtsziele, die Struktur des Unterrichtsgegenstandes, die Zusammensetzung der Lerngruppe, situative Bedingungen sowie auch normative Vorstellungen und das Handlungsrepertoire einer Lehrkraft regulative Funktionen (Baumert et al., 2004).

Die Didaktik wird in drei verschiedene Ebenen differenziert: Laut Schöler (1979) geht es dabei auf einer Meta-Ebene um die Auseinandersetzung mit dem pädagogischen Grundverhältnis des Menschen zu seiner Kultur und Gesellschaft (Bildungsdidaktik und Curriculumtheorie). Die nächst niedrigere Ebene, die der Unterrichtsdidaktik, beschäftigt sich mit der Analyse von Phänomenen und Strukturbeziehungen des Unterrichts. Auf der Anwendungsebene wird untersucht, wie Bildungsanforderungen innerhalb der Institution „Schule" didaktisch-methodisch implementiert werden. Die Untersuchung von Unterrichtsqualität kann im Hinblick darauf auf der Ebene der Unterrichtsdidaktik sowie auf der Anwendungsebene verortet werden. Jedoch ist hier auch die Ebene der Bildungsdidaktik von Bedeutung, da auf dieser maßgebliche Entscheidungen über Bildungsinhalte getroffen werden. Schöler (ebd.) und Meyer (2003) betonen in diesem Kontext die enge Verknüpfung von Didaktik und Methodik, die eine strikte Trennung dieser beiden Felder nicht sinnvoll erscheinen lässt. Trotzdem kann die Methodik von der allgemeinen Didaktik dadurch abgrenzt werden, dass sie sich auf Entscheidungen und Prozesse der konkreten Handlungsebene bezieht (Meyer, 2003; Schaumburg, 2003).

Diese zentralen Aspekte des Unterrichts und ihre Beziehungen zueinander werden in der einschlägigen Literatur mit der Form eines Dreiecks mit den Eckpunkten *Schüler* (Lernende), *Lehrer* und *Inhalt* (Stoff) beschrieben (vgl. Meyer, 2003; Peterssen, 2004; Stöcker, 1984). Eine neuere Konzeption dieses didaktischen Dreiecks nach Berner (1999) berücksichtigt dabei auch die schulische und die gesellschaftliche Ebene. Die Beziehungen zwischen den Eckpunkten Schüler, Lehrer und Inhalt sowie den Kontexten der Schule und der Gesellschaft beschreibt Meyer (ebd.) folgendermaßen: Die Auswahl der *Inhalte* einer konkreten Unterrichtseinheit erfolgt durch den *Lehrer*. Dieser legt das Thema einer Unterrichtseinheit basierend auf den im Curriculum vorgegebenen (und damit gesellschaftlich determinierten) Inhalten fest und entscheidet aufgrund seines methodischen Handelns, wie dieses in der Unterrichtseinheit erarbeitet wird. Durch die seitens der *Schüler* subjektiv konstruierten Bedeutungen und Sinnstiftungen findet im Idealfall ein persönlicher Verstehensprozess dieser Inhalte statt. Diese sollen demnach auf der Grundlage gesellschaftlicher und institutioneller Vorgaben von Lehrern und Schülern in der Unterrichtsarbeit gemeinsam konstruiert werden (vgl. Schaumburg, 2003).

Diese Interaktion von *Lehrern* und *Schülern* im Unterricht ist zielbezogen, sie dient dem Austausch über Lerninhalten im Hinblick auf bestimmte Lernziele. Charakteristisch für diese Interaktion ist dabei, dass die Lehrziele des Lehrers oft nicht den Handlungszielen der Schülerschaft entsprechen. Ein angemessenes methodisches Repertoire des Lehrers sowie die Bereitschaft der Schüler, sich solidarisch am Unterricht zu beteiligen, können jedoch dazu beitragen, diesen Interessenkonflikt produktiv auszutragen und die pädagogische Situation für sich und die Schüler positiv zu gestalten. Die Betrachtung und Analyse von Unterrichtsqualität sollte also immer im Hinblick auf die drei Pole Inhalt, Lehrer und Schüler erfolgen. Die Auswahl einer bestimmten Unterrichtsmethode sollte aus der Interaktion von Lehrer, Inhalt und Schülern erfolgen. Dabei sollte der Lehrer eine Methode wählen, die basierend auf seinem Verständnis des Gegenstands, aus seiner Wahrnehmung der Schülerschaft und aus seiner Selbstwahrnehmung heraus angemessen erscheint. Die daraus folgenden tatsächlichen Unterrichtshandlungen und deren Effektivität im Hinblick auf bestimmte Unterrichtsziele werden letzten Endes durch die Reaktion der Schüler und durch dementsprechende Interaktionen zwischen Lehrern und Schülern beeinflusst (vgl. Schaumburg, 2003).

Im Hinblick auf Unterrichtsmethoden verortet Meyer (1997; 2007) diese in zwei Methodendimensionen. In einer Dimension werden handlungsbezogene Methoden von sprachlich vermittelten Methoden unterschieden. Die zweite Dimension unterscheidet Ansätze mit einem höheren Maß an Lehrerlenkung versus solchen mit größerer Schülerautonomie. Dieser Aspekt des Ausmaßes an Lenkung im Unterrichtsgeschehen ist im didaktischen Bereich ein verbreitetes Klassifikationskriterium für Unterrichtsmethoden (Wiechmann, 2002). Dabei spielt auch die Abfolge (Skripts) dieser Methoden im Unterricht eine bedeutende Rolle (Pfeifer & Fischer, 2005). Diese sogenannten Unterrichtsskripts legen fest, welche Methode zu welchem Zeitpunkt zum Einsatz kommt.

Im Rahmen von *pädagogisch-psychologischen Unterrichtsstudien* wird der Aspekt der Lenkung aufgegriffen (Gruehn, 2000; Weinert, 1996). Bei dieser Dimension bildet die *direkte Instruktion* einen Pol. Ein solcher Unterricht wird charakterisiert durch störungspräventive und unterbrechungsarme Klassenführung, intensive Zeitnutzung, Klarheit der Aufgabenstruktur und durch relativ enge Regulierung und Überwachung der Lernwege der Schüler. Den Gegenpol dazu bildet der offene, konstruktivistische Unterricht, der geprägt ist durch Projektarbeit, kooperative Lernformen, tutoriell unterstütztes Lernen, Freiarbeit, sowie durch selbständiges und selbstreguliertes Lernen (Baumert et al., 2004).

Obwohl in der Praxis meist schüler- und handlungsorientierte Inszenierungsmuster präferiert werden, gibt es dazu jedoch noch keine empirischen Belege (Baumert et al., 2004; Stebler & Reusser, 2000; Weinert & Helmke, 1995). Unter Rückgriff auf Brophy (2000), Ditton (2002), Gruehn (2000) und Helmke (2003) benennen Baumert et al. (2004) empirisch belegte, allgemeine Basisdimensionen qualitätsvollen Unterrichts, die unabhängig von einer unterrichtlichen Inszenierungsform wirken können:

- Störungspräventive Unterrichtsführung und effektive Behandlung von kritischen Ereignissen (management),
- Angemessene – nicht maximale – Geschwindigkeit bei der Behandlung des Stoffs und ein moderates Interaktionstempo, das Nachdenken erlaubt (pace),
- Konsistenz von Lehrplan / Standards, Lerngelegenheiten im Unterricht und Leistungsbeurteilung (alignment),
- Klarheit, Verständlichkeit und Strukturiertheit der Darbietung des Stoffs und der Aufgabenstellung und Aufgabenfolgen (structure),
- Intelligenter Umgang mit Heterogenität durch Differenzierung von Zielsetzungen, Individualisierung von Aufgabenstellungen und Variation von Methoden und Sozialformen (adaptivity),
- Motivationale und affektive Qualität des Unterrichts und der Lehrer-Schüler-Beziehung (motivation and support).

Diesen Dimensionen ist gemeinsam, dass sie Unterricht als Gelegenheitsstruktur für verständnisvolles Lernen in allgemeiner Form beschreiben, jedoch bleiben spezifische Besonderheiten von Unterrichtsfächern und Domänen unberücksichtigt (Stodolsky, 1988), und darüber hinaus auch die Bedeutung der kompositionellen

Zusammensetzung der Schülerinnen und Schüler in einer Klasse (vgl. Kap. 2.6). Das sich unterrichtliche Qualitätsindikatoren in Abhängigkeit des Fachs unterscheiden, zeigte Leinhardt (2001) am Beispiel von Erklärungssituationen im Mathematik- und Geschichtsunterricht.

Meyer (2003) arbeitet zur Beschreibung von Unterricht folgende zentrale Dimensionen heraus:

- *Sozialformen*: Frontal- bzw. Klassenunterricht, Gruppenunterricht, Partnerarbeit und Einzelarbeit,

- *Handlungsmuster (methodische Grundformen)*: Formen und Verfahren von unterrichtsbezogenen Lehrer- und Schülertätigkeiten (z. B. Lehrervortrag, Schülerreferat, Schülerdiskussion, Rollenspiel, Tafelarbeit, Experiment usw.),

- *Unterrichtsschritte (Verlaufsformen)*: Verlauf / Phasen des Unterrichts (z. B. Einstieg, Erarbeitung, Ergebnissicherung, Kontrolle, Wiederholung),

- *Rollenverständnis*: als innere Seite der Sozialform (im Frontal- oder Klassenunterricht z. B. eher hierarchische Kommunikation zwischen Lehrern und Schülern; in Gruppen-, Partner- und Einzelarbeit dagegen eher symmetrische Kommunikation),

- *Unterrichtsziele*: nicht konkrete Lernziele einer einzelnen Unterrichtseinheit, sondern Gesamtziele, zum Beispiel im Hinblick auf den Lehrplan.

Wie aus den vorangegangenen Ausführungen hervorgeht, greift auch die Lehr-Lern-Forschung fachdidaktische Aspekte auf und adaptiert diese. Im Folgenden sollen nun insbesondere Merkmale von Unterrichtsqualität aus der Perspektive der Lehr-Lern-Forschung betrachtet werden.

2.4.2 Guter Unterricht aus der Perspektive der Lehr-Lern-Forschung

Im Hinblick auf die vorhergehend erläuterten fachdidaktischen Aspekte guten Unterrichts betonen Baumert et al. (2004), auch die Bedeutung von kognitiven Prozessen beim Wissenserwerb zu berücksichtigen, die in der Lehr-Lern-Forschung verortet sind. Sie betonen in diesem Zusammenhang die Bedeutung des Lernprozesses als aktive, individuelle Konstruktionsleistung seitens der Schülerinnen und Schüler. Unter diesem Gesichtspunkt ist es von Bedeutung, dass Unterricht die mentale Aktivität der Schülerinnen und Schüler fördert und somit zu einem verständnisvollen Lernprozess führt.

Für das so genannte verständnisvolle Lernen führen Baumert et al. (ebd.) unter Rückgriff auf Baumert und Köller (2000) sowie auf Sfard (2003) einige zentrale Merkmale auf:

- Verständnisvolles Lernen ist ein aktiver individueller Konstruktionsprozess, in dem Wissensstrukturen verändert, erweitert, vernetzt, hierarchisch geordnet oder neu generiert werden. Entscheidend dafür ist die aktive mentale Verarbeitung, die sich in der handelnden Auseinandersetzung mit der sozialen oder natürlichen Umwelt oder im Umgang mit Symbolsystemen vollzieht.

- Verständnisvolles Lernen ist sinnstiftend, indem neue Zusammenhänge erschlossen werden, die Wissen organisieren und ordnen. Dazu gehört, dass der Gegenstand für die Lernenden ein Mindestmaß an intellektueller und / oder praktischer Bedeutung besitzt.

- Verständnisvolles Lernen ist von den individuellen kognitiven Voraussetzungen, vor allem aber vom bereichsspezifischen Vorwissen abhängig. Umfang und Organisation der verfügbaren Wissensbasis entscheiden über Qualität und Leichtigkeit des Weiterlernens.

- Verständnisvolles Lernen erfolgt trotz aller Systematik stets auch situiert und kontextuiert. Wissen wird in der Regel in sozialen Kontexten erworben und trägt die Besonderheit des sozialen Erwerbszusammenhangs in sich. Die Situiertheit begrenzt oft die Anwendbarkeit erworbenen Wissens. Um den Anwendungsbereich zu erweitern, ist eine Variation der Erwerbs- und Anwendungskontexte notwendig.

- Verständnisvolles Lernen wird durch Motivation und metakognitive Prozesse (z.B. Planung, Kontrolle, Bewertung) reguliert.

- Verständnisvolles Lernen wird durch kognitive Entlastungsmechanismen unterstützt. Dazu gehören die durch multiple Repräsentation förderbare Herausbildung informationsreicher Wissenseinheiten, die als Ganzes erinnert und abgerufen werden können (Chunks), sowie die Automatisierung von Handlungsabläufen und Denkvorgängen.

Jedoch betonen Baumert et al. (ebd.) auch, dass verständnisvolle Lernprozesse kontextabhängig sind, und daher in ihrer Anwendbarkeit begrenzt sind. Daher ist es von Bedeutung, die Struktur- und Anwendungszusammenhänge von Übungsaufgaben systematisch zu variieren (vgl. auch Neubrand, 2002; Resnick, 1983).

Im Gegensatz zum verständnisvollen Lernen, dass durch eine ganzheitliche Betrachtungsweise der Thematik charakterisiert ist, orientierte sich die Lehr-Lern-Forschung in der Vergangenheit vornehmlich an einzelnen Prozessmerkmalen, die empirische Forschungsarbeiten in den USA im Rahmen des „Prozess-Produkt-Paradigmas" lieferten. Diese Forschungsarbeiten beschäftigten sich insbesondere mit einzelnen Prozessmerkmalen des Unterrichts (z. B. der Anzahl von Fragen des Lehrers, der Häufigkeit von Feedback etc.) und deren Wirkung auf die schulische

Leistung. Brophy und Good (1986) geben einen umfassenden Überblick über die diesbezüglichen Forschungsergebnisse. Danach lassen sich Unterrichtsmerkmale, die empirisch auf ihre Wirksamkeit im Hinblick auf die kognitiven Leistungen der Schüler getestet wurden, den folgenden Kategorien zuordnen (Schaumburg, 2003):

- Quantität und Stufung des Unterrichts,
- Sozialform (Klassenunterricht vs. Gruppenarbeit vs. Einzelarbeit),
- Informationsdarbietung (Strukturiertheit, Klarheit, Redundanz, Enthusiasmus, Wartezeiten),
- Fragetechnik (Schwierigkeitsniveau, kognitive Herausforderung, Klarheit, Wartezeit, Auswahl des beantwortenden Schülers),
- Lehrerreaktion auf Schülerantworten (Reaktion auf richtige und falsche Antworten, Fragen und Antwortverweigerung),
- Sitzordnung und Hausaufgaben,
- Kontext (Klassenstufe, Lernbehinderungen, Lehrerintentionen).

Wie allerdings deutlich wird, konzentrierte sich diese Forschung relativ einseitig auf lehrerzentrierte Methoden des Unterrichts, wie den Lehrervortrag (Forschungs-schwerpunkt: Informationsdarbietung) und das Unterrichtsgespräch (Forschungs-schwerpunkt: Fragetechnik und Lehrerreaktion) im Bereich der Handlungsmus-ter, zudem fehlte die Berücksichtigung von Wechselwirkungen mit Schüler- und Stoffmerkmalen. Daraus wird deutlich, dass das Prozess-Produkt-Paradigma nicht von einem umfassenden Modell methodischen Handelns ausgeht, sondern Ein-zelmerkmale zu einem Unterrichtsmodell zusammengeführt wurden, das weder in der Realität existierte noch für den Praktiker umsetzbar war, was auch inner-halb der Lehr-Lern-Forschung seit den 1970er Jahren kritisiert wurde, zum Bei-spiel durch Einsiedler (1981).

In der empirischen Bildungsforschung erwuchs daraus die Erkenntnis, dass die Effektivität von Unterricht im Kontext von Lehrzielen und Lerninhalten, Schüler- und Situationsmerkmalen betrachtet werden muss (Schaumburg, 2003).

Eine solch differenzierte Betrachtung qualitativ hochwertigen Unterrichts wird beispielsweise von Helmke (2003) vorgenommen (vgl. auch Baumert et al., ebd.). Er differenziert dabei folgende zentrale Aspekte:

1. Merkmale der Lehrperson und Qualität des durchgeführten Unterrichts,
2. Unterrichtsquantität (Lehr- und Lernzeit),
3. Qualität des Lehr- und Lernmaterials.

Mit Hinblick auf die Themenstellung dieser Arbeit, soll der Fokus im Folgen-den auf die „Merkmale der Lehrperson und die Qualität des durchgeführten Unterrichts" gerichtet werden. Helmke (ebd.) stellt diesbezüglich folgende zentrale Momente heraus:

- Engagement und Lehrmotivation,
- Subjektive Theorien und epistemologische Überzeugungen,
- Fähigkeit und Bereitschaft zur Selbstreflexion,
- Fachwissenschaftliche Expertise,
- Didaktische Expertise:
  - Klarheit
  - Methodenvielfalt
  - Individualisierung,
- Motivierungsqualität,
- Klassenführung,
- Diagnostische Expertise.

Diese Momente sollen nachfolgend näher erläutert werden.

Engagement und Lehrmotivation

Im Gegensatz zur Lernmotivation von Schülern, ist bislang nur wenig darüber bekannt, welche Rolle die Motivation bei Lehrkräften für deren Unterrichts- und Berufserfolg spielt. Bei der Frage nach Unterrichtserfolg haben die Forschung zum Enthusiasmus („enthusiasm") und zum Lehrerengagement interessante Befunde hervorgebracht (Gage & Berliner, 1998). Enthusiasmus ist im Sinne einer lebendigen und überzeugenden Kommunikation mit den Schülern von Bedeutung. Dabei sind verschiedene Aspekte bedeutsam, wie eine ausgeprägte Gestik, wechselnde Intonation, häufiger Blickkontakt, Standortwechsel auf der ‚Bühne' sowie Humor und lebensnahe Beispiele. Jedoch betonen Gage und Berliner (ebd.) auch, dass es dabei nicht um die Erlangung eines Maximums an Enthusiasmus geht, sondern darum, das richtige Maß (Optimum) an Enthusiasmus zu verbreiten (Larkins & McKinney, 1982).

Subjektive Theorien und epistemologische Überzeugungen

Die Qualität des Unterrichts hängt entscheidend davon ab, welche Vorstellungen (subjektive Theorien) der Lehrer über angemessenes didaktisches Handeln hat. Diese bilden einen didaktischen Referenzrahmen, der die Lehrerentscheidungen im Unterricht beeinflusst und somit den Unterrichtsablauf und dessen Qualität bestimmt. Rheinberg (1996) sowie Groeben, Scheele, Schlee und Wahl (1988) weisen in diesem Kontext darauf hin, dass das Lehrerhandeln meist sehr viel stärker durch subjektive denn durch wissenschaftliche Theorien geleitet wird.

Hofer und Pintrich (2002) verweisen in diesem Zusammenhang auf die Bedeutung der so genannten epistemologischen Überzeugungen der Lehrerschaft, die von ihrer Struktur her den subjektiven Theorien ähneln, und die sich auf die Struktur des Wissens oder auf die Struktur der Wissenserzeugung (das Lernen) beziehen.

Helmke (2003) führt als Beispiel „epistemological beliefs" zum Wesen des Lernens von Collegestudierenden an, die folgende unterschiedliche Ausprägungen annehmen können:

- Lernfähigkeiten sind angeboren und weitgehend unveränderbar (innate ability),
- Wissen besteht aus nebeneinander stehenden, unverbundenen Fakten (simple knowledge),
- Lernen gelingt innerhalb von kurzer Zeit oder gar nicht (quick learning),
- Erkenntnisse sind sicher und unveränderbar (certain knowledge).

Obwohl die empirische Evidenz diesbezüglich noch gering ist erscheint die Annahme plausibel, dass „epistemological beliefs" für die Gestaltung des Unterrichts und damit für die Erklärung schulischer Erfolge verantwortlich sein können (vgl. Helmke, 2003; Köller, Baumert & Neubrand, 2000).

Fähigkeit und Bereitschaft zur Selbstreflexion

Helmke sieht die Fähigkeit und Bereitschaft von Lehrkräften zur Selbstreflexion und zur Selbstverbesserung als „ ...eine Schlüsselbedingung für die Verbesserung eigenen Unterrichts." (2003, S. 53). In diesem Zusammenhang betont er die Bedeutung des Einsatzes von Methoden und Werkzeugen wie dem Schülerfeedback, kollegialer Rückmeldung, Supervision zum Unterricht oder der Messung unterrichtlicher Wirkungen zum Zweck der Selbstdiagnose und -verbesserung.

Fachwissenschaftliche Expertise

Mit fachwissenschaftlicher Expertise ist die Fähigkeit der Lehrkräfte gemeint, Lehrinhalte sowohl fachlich als auch didaktisch sinnvoll strukturiert zu vermitteln. Dieser Aspekt ist von Bedeutung, da es je nach Schulart einen unterschiedlich großen Anteil von Lehrkräften gibt, die „fachfremd" unterrichten. Helmke und Jäger (2002) untersuchten diesbezüglich im Rahmen des Projektes MARKUS, ob sich fachfremde Lehrkräfte (die Mathematik unterrichten, aber dieses Fach nicht studiert haben), im Hinblick auf das Leistungsniveau ihrer Klasse im Fach Mathematik unterscheiden. Der Anteil fachfremd unterrichtender Lehrer betrug im Bildungsgang Hauptschule 26 %, in der Realschule 6 % und im Gymnasium unter 1 %. Jedoch zeigten sich in keinem der Bildungsgänge statistisch bedeutsame Unterschiede. Auch laut Bromme (1997) lassen sich zwar kaum direkte Zusammenhänge zwischen Fachwissen und Unterrichtserfolg nachweisen, da Lehrkräfte ein defizitäres Fachwissen bis zu einem gewissen Grad ausgleichen können, jedoch ergeben sich indirekt negative Auswirkungen auf die Unterrichtssteuerung.

Weinert (1998) macht mit Hinblick auf diese Befunde deutlich, dass die zweite Komponente der fachwissenschaftlichen Expertise, die fachdidaktische Fähigkeit, eine Schlüsselkomponente ist. Darüber hinaus betont er in diesem Zusammenhang die Bedeutung der pädagogisch-psychologischen sowie der entwicklungspsychologischen Expertise.

Didaktische Expertise

Nach Helmke (2003) ist die Kenntnis und Beherrschung einer Vielfalt von Unterrichtsformen, in Abhängigkeit des Unterrichtsfaches, des Lehrziels und der Eingangsvoraussetzungen der Schülerschaft Ausdruck einer elaborierten didaktischen Expertise.

Zu den zentralen Lehr-Lern-Methoden zählen die direkte Unterweisung, offener Unterricht, Projektarbeit, Teamarbeit sowie individualisiert selbständiges Lernen (Weinert, 1998).

Klarheit:

Der Aspekt der „Klarheit" von Unterrichtsqualität ist vor allem bei lehrergesteuerten Unterrichtsformen von Bedeutung. Nach Helmke (ebd.) sind in diesem Kontext die akustische Verständlichkeit, die Präzision und Korrektheit der Aussprache, die fachliche Kohärenz, die Strukturiertheit sowie die Verständlichkeit von zum Beispiel Vorträgen, Erklärungen oder Fragen von Bedeutung.

Methodenvielfalt:

Brophy (2000) weist zudem auf die Bedeutung der Methodenvielfalt hin:

> „Research on learning tasks suggests that activities and assignments should be sufficiently varied and interesting to motivate student engagement, sufficiently new or challenging to constitute meaningful learning experiences rather than needless repetition, and yet sufficiently easy to allow students to achieve high rates of success."

Auch Helmke (ebd.) betont die Bedeutung des Einsatzes vielfältiger Unterrichtsmethoden auf Grund der Vielfalt an Persönlichkeits-, Lernstil-, Fähigkeits-, Verhaltens- und Leistungsunterschieden der Schülerinnen und Schüler.

Das Spektrum an Unterrichtsmethoden ist vielfältig, Helmke (ebd.) führt hier den Frontalunterricht, Stationenarbeit, Wochenplanarbeit, entdeckendes Lernen, die Fallstudie, Werkstattarbeit und die Projektmethode als Beispiele an. Er betont dabei jedoch auch, dass das Praktizieren neuer Unterrichtsmethoden nicht automatisch zum Lernerfolg führt. Der Einsatz einer Unterrichtsmethode muss vielmehr individuell nach bestimmten Kriterien erfolgen. Zudem muss eine Orientierung an den zu erreichenden Lernzielen und zum anderen an der Schülergruppe (u.a. deren Vorwissen und Komposition) erfolgen. Dabei können zum Beispiel sowohl Frontalunterricht als auch Gruppenarbeit jeweils nutzbringend oder wenig nutzbringend für den Lernerfolg sein. Der diesbezügliche Forschungsstand für Schülerinnen und Schüler mit einem niedrigen sozioökonomischen Status der Elternhäuser weist bislang erhebliche Lücken auf. Im Verlauf dieser Arbeit soll versucht werden, förderlich wirkende Unterrichtsaspekte und -konzepte für diese Schülerschaft zu identifizieren.

Individualisierung:

Bereits die in den vorangegangenen Ausführungen verdeutlichte Notwendigkeit der Orientierung an den zu erreichenden Lernzielen und zum anderen an der Schülergruppe (u.a. deren Vorwissen und Komposition) macht deutlich, dass didaktische Ansätze individualisiert werden müssen. Dabei ist der Umgang mit der in den Klassen vorhandenen heterogenen Schülerschaft eine zentrale Herausforderung. Weinert (1997) identifiziert im Hinblick auf das Vorhandensein von vorhandenen Lern- und Leistungsdifferenzen vier Reaktionsmöglichkeiten:

1. Ignorieren der Lern- und Leistungsunterschiede (passive Reaktionsform),

2. Anpassung der Schüler an die Anforderungen des Unterrichts (substitutive Reaktionsform),

3. Anpassung des Unterrichts an die lernrelevanten Unterschiede zwischen den Schülern (aktive Reaktionsform),

4. Gezielte Förderung der einzelnen Schüler durch adaptive Gestaltung des Unterrichts (proaktive Reaktionsform).

Motivierungsqualität

Motivieren, das heißt, einen Anreiz für die Schülerschaft zu finden, sich mit dem Unterrichtsstoff zu beschäftigen. Je lebendiger und interessanter die Lehrkraft den Unterrichtsstoff vermittelt, desto höher wird die Schülermotivation sein (Helmke ebd.). Weinert (1997) betont dabei, dass eine vorhandene intrinsische Motivation dem Lernen förderlicher ist, als die Anregung extrinsischer Motive. Letztere können aber dennoch nützlich sein, wenn die spontane Motivation zum Erwerb notwendiger oder nützlicher Kompetenzen bei Schülern nicht ausreichend vorhanden ist. Schunk, Pintrich und Meece (2008) schlagen die vier folgenden Strategien zur Förderung intrinsischer Motivation vor:

- Challenge Students' skills with activities or intermediate difficulty.
- Curiosity: Present ideas slightly discrepant from learners' existing knowledge and beliefs.
- Control: Allow students choices in activities and a voice in formulating rules and procedures.
- Fantasy: Engage students in make-believe activities, games, and simulations …that are task relevant and not too distracting.

Klassenführung

Eine effiziente Klassenführung zeichnet sich nach Weinert (1996) primär nicht nur dadurch aus, dass es der Lehrkraft gelingt, Ruhe und Disziplin zu sichern. Vielmehr geht es darum, die Schüler einer Klasse zu motivieren, sich möglichst lange und intensiv auf die erforderlichen Lernaktivitäten zu konzentrieren, und als Voraussetzung dafür den Unterricht möglichst störungsarm zu gestalten (vgl. auch Helmke ebd.).

Die Relevanz dieses Aspekts wird durch empirische Befunde untermauert. So stellte sich „classroom management" in einer Metaanalyse von Wang, Haertel und Walberg (1993) als zweitwichtigster Bedingungsfaktor schulischer Leistungen heraus. Auch die Ergebnisse von PISA 2000 belegen dies.

Wichtige Momente sind dabei die Effizienz der Klassenführung, die zum einen durch einen autoritären zum anderen durch einen demokratischen Stil erreicht werden kann (Good & Brophy, 1994). Für Letzteren ist die Etablierung von Regeln, Routinen und Prozeduren förderlich. Als weitere Momente effizienter Klassenführung stellt Helmke (ebd.) das Bekräftigungslernen (vgl. hierzu auch Wellenreuther, 2004) sowie das Klassenmanagement (vgl. Helmke & Renkl, 1993; McCown, Driscoll & Roop, 1996; Rheinberg & Hoss, 1979; Slavin, 2006) heraus.

Diagnostische Expertise

Der diagnostischen Expertise misst Helmke (2003) eine besondere Bedeutung im Hinblick auf die Unterrichtsqualität bei. Als diagnostische Expertise versteht er ein umfassendes Konzept, das sowohl *methodisches* als auch *prozedurales Wissen* (Verfügbarkeit von Methoden zur Einschätzung von Schülerleistungen und zur Selbstdiagnose) aber auch *konzeptuales Wissen* (Kenntnis von Urteilstendenzen und -fehlern) beinhaltet und darüber hinaus auch ein hohes Niveau an *zutref-*

fender Orientiertheit. Als Gütekriterien diagnostischer Expertise nennt Helmke (ebd.) Objektivität, Reliabilität sowie Validität.

Nach Analysen von Helmke und Schrader (2006) mit den Daten der „Münchner Studie" kommen diese zu dem Befund, dass die Diagnosekompetenz zwar nicht proximal auf den Lernerfolg der Schüler wirkt, dass sie jedoch distal als „Katalysatorvariable" in Kopplung mit „Strukturierungshilfen" positiv auf den Lernerfolg wirkt. Die Kombination von hoher diagnostischer Kompetenz und vielen Strukturierungshilfen erweist sich dabei als optimal für eine Leistungssteigerung im Fach Mathematik.

In einer neueren Publikation hebt Helmke (2009) im Hinblick auf qualitätsvollen Unterricht den Aspekt des angemessenen *Umgangs mit Heterogenität in Schulklassen* hervor. Er betont, dass eine im Unterrichtskontext implementierte Individualisierung gut oder schlecht umgesetzt sein kann. Er betont, dass ein binnendifferenzierter, individualisierender Unterricht dadurch gekennzeichnet ist, dass er das selbständige Lernen der Schülerinnen und Schüler initiiert. Weiterhin macht er klar, dass es im Hinblick auf binnendifferenzierten, individualisierenden Unterricht ein weites Spektrum an möglichen Formen und Wegen gibt.

Auch die *Orientierung an Kompetenzstandards* hebt Helmke (ebd.) im Hinblick auf qualitätsvollen Unterricht hervor. Ein kompetenzorientierter Unterricht sollte bewusst die Förderung der in den Bildungsstandards formulierten Kompetenzen zum Gegenstand haben. Die damit verbundene Anforderung besteht darin, für bestimmte Klassenstufen entwickelte Standards für darunterliegende Klassenstufen anzupassen, beispielsweise wenn Grundschulstandards (welche sich auf Kompetenzen am Ende der Grundschulzeit beziehen) für den Unterricht in der zweiten oder dritten Klasse adaptiert werden sollen. Diesbezüglich betont Helmke (ebd.) die Bedeutung des „pedagogical content knowledge", des Professionswissens über den Kompetenzerwerb. Dahingehend betont er die Bedeutung einer regelmäßigen diesbezüglichen Rechenschaftslegung und Selbstreflexion, die individuell oder im Idealfall im Team erfolgen sollte.

Als weiteren bedeutenden Aspekt im Hinblick auf qualitätsvollen Unterricht betont Helmke (ebd.) die Bedeutung eines *„lernförderlichen Klimas".* Damit ist eine Lernumgebung gemeint, die das Lernen der Schülerinnen und Schüler erleichtert, begünstigt oder auf andere Weise positiv beeinflusst. Diese ist charakterisiert durch einen konstruktiven Umgang mit Fehlern, eine entspannte Lernatmosphäre, eine überraschungsoffene Grundhaltung des Lehrers, den Abbau hemmender Leistungsangst sowie durch ein angemessenes Unterrichtstempo und ausreichende Wartezeiten. Zudem bekräftigen Befunde aus der Gehirnforschung die Bedeutung eines positiven und angstfreien Lernklimas (Singer, 2002; Spitzer, 2009). Wie aus den vorangegangenen Ausführungen hervor geht, betrachtet die Lehr-Lern-Forschung die Effektivität von Unterricht im Kontext von Lehrzielen, Lerninhalten, Schüler- und Situationsmerkmalen. So werden beispielsweise persönliche Merkmale und subjektive Theorien des Lehrers im Rahmen der Forschung zur Unterrichtsexpertise inzwischen stärker berücksichtigt (Blömeke, 2002; Mutzek, 1988) und kognitive und motivationale Mediationsprozesse auf Seiten der Schüler in die Analyse von Unterrichtseffektivität einbezogen (Helmke & Schrader, 2001). Ein Beispiel dafür ist die Münchner Studie (vgl. Weinert et al., 1989). Hier wurden komplexe Wechselwirkungen untersucht, zum Beispiel die Interaktion zwischen der diagnostischen Kompetenz des Lehrers, der Wahl der Sozialform und der Schülerleistung. Helmke (1992) berichtet weitere Ergebnisse aus derselben Studie, die zeigen, dass die Vorkenntnisse der Schüler, die Klarheit der Instruktion und die Ausnutzung der Unterrichtszeit sowohl direkt als auch indirekt auf die Leistungen der Schüler wirken.

Kennzeichnend im Hinblick auf die Unterrichtsqualität ist in der Lehr-Lern-Forschung, dass sie kaum umfassende Modelle für die Beschreibung von Unterricht hervorgebracht hat. Vielmehr konzentriert sich die aktuelle Forschung auf eng umgrenzte Teilbereiche des Unterrichts, für die sich vor dem Hintergrund bereichsspezifischer Theorien begründete Hypothesen formulieren und überprüfen lassen (Helmke & Weinert, 1997).

Im Folgenden sollen die Dimensionen unterrichtlicher Qualität nach Clausen (2002) detaillierter aufgezeigt werden. Er konkretisiert das Konstrukt Unterrichtsqualität, indem er in Anlehnung an Baumert, Schmitz, Sang und Roeder (1987), Gruehn (1995) und Weinert (1998) folgende zentrale Komponenten von Unterrichtsqualität heraus stellt:

1. Effektivität des Unterrichts,
2. kognitive Aktivierung der Schüler,
3. Förderung des Selbstkonzeptes der Schüler,
4. Förderung des sozialen Lernens der Schüler,
5. Divergenzminderung innerhalb der Klasse.

Im Folgenden sollen die Zielsetzungen dieser Komponenten näher erläutert werden. Mit Hinblick auf die forschungsleitende Fragestellung dieser Arbeit, die Identifizierung von Unterrichtskonzeptionen, welche die Kopplung von Lesekompetenz und sozioökonomischen Status der Elternhäuser beeinflussen, soll dabei ein besonderes Augenmerk auf die fünfte Dimension, die Divergenzminderung innerhalb der Klasse, gerichtet werden.

1. Effektivität des Unterrichts

Die Effektivität des Unterrichts fokussiert primär das Ziel, den Unterricht bezüglich des kognitiven Zielkriteriums zu optimieren. Der Einfluss eines effektiven Unterrichts auf die schulische Leistungsentwicklung wurde im Rahmen Prozess-Produkt-Paradigma orientierter Studien nachgewiesen (Brophy & Good, 1986). Dabei haben sich ein hohes Maß an *Lehrerlenkung, Zeitnutzung, Klarheit, Strukturiertheit, Vorhersehbarkeit* sowie eine *angemessene Forderung und Förderung* der Schüler durch ein hohes Maß an *Lernzielkontrolle* als zentrale Komponenten herausgestellt. Clausen (ebd.) betont diesbezüglich die Bedeutung eines angemessenen *Pacing*, welches das zügige Voranschreiten des Unterrichts beschreibt, ohne die Schüler zu über- oder zu unterfordern. Ebenso wird das *Monitoring*, die Kontrolle der Schüler durch den Lehrer, im Hinblick auf die Disziplin der Schüler, aber auch im Hinblick auf die Erfüllung von Lernzielen als bedeutsam herausgestellt. Als letzter zentraler Aspekt effektiven Unterrichts wird die Einhaltung der Disziplin im Unterrichtskontext herausgestellt, mit dem Ziel einer verbesserten Zeitnutzung durch eine höhere Aufmerksamkeit der Schüler und einen unterbrechungsfreien Unterrichtsablauf.

In Anlehnung an Carolls Modell des schulischen Lernens (1963) haben all diese Elemente das Ziel, die tatsächliche effektive Lernzeit der Schüler zu maximieren, um damit einen höheren Lernzuwachs zu erreichen. Im Unterrichtskonzept der „Direkten Instruktion" verdichtet Rosenshine (1979) die Kernelemente effektiven Unterrichts.

Clausen (ebd.) betont, dass die Unterrichtseffektivität die Komponente von Unterrichtsqualität ist, die empirisch am besten belegt ist. Dabei verweist er auf die Beiträge von Rosenshine (1970), Rosenshine und Furst (1971), Rosenshine (1979), Brophy und Good (1986) und Creemers (1994) sowie auf die Ergebnisse der Metaanalyse von Wang, Haertel und Walberg (1993).

2. Kognitive Aktivierung der Schüler

Als nächste zentrale Komponente von Unterrichtsqualität betrachtet Clausen (2002) Unterrichtskonzepte und -formen, die mittels einer kognitiven Aktivierung der Schülerschaft versuchen, zum einen proximale Effekte auf deren kognitive Lernzuwächse zu erzielen. Zum anderen werden auch systale Effekte angestrebt, die über die Entwicklung metakognitiver Kompetenzen, wie zum Beispiel der Elaboration von Lernstrategien, Einfluss auf die kognitiven Lernzuwächse ausüben.

Einige solcher Unterrichtskonzepte und -formen sollen im Folgenden vorgestellt werden. Im Kontrast zur wiederholten Vorgabe von strukturell und inhaltlich ähnlichen Aufgaben zielt die Verwendung *anspruchsvoller Übungsformen* darauf ab, etwaige Verständnisprobleme von Schülern zu beseitigen, und somit zur kognitiven Aktivierung dieser beizutragen.

In Anlehnung an Wagenschein (1999) stellt Clausen (ebd.) weiterhin das sogenannte *genetisch-sokratische Vorgehen* heraus. Dieses zielt darauf ab, den Schüler in seiner Erkenntnisgenese im Hinblick auf Aufgaben und Probleme zu unterstützen und ihn bei der Suche nach eigenen Lösungsansätzen zu unterstützen.

Ähnlich stellen sich die *konstruktivistischen Unterrichtskonzepte* dar (vgl. ebd., S. 18). Auch hier hat der Lehrer die Funktion, den Schülern unterstützend und moderierend bei deren Suche nach eigenen Lösungsansätzen für Aufgaben und Probleme zur Seite zu stehen. Dabei bildet das argumentative Aushandeln dieser Ansätze in Kleingruppenarbeit beziehungsweise in Kooperation mit anderen Schülern einen zentralen Aspekt dieser Konzepte.

Klieme und Clausen (1999) stellen fest, dass der Einsatz konstruktivistischer Unterrichtsformen zwar einen Einfluss auf die Interessenentwicklung der Schüler hat, jedoch keine bedeutsamen Effekte auf die Entwicklung der kognitiven Leistungen nachgewiesen werden konnten.

3. Förderung des Selbstkonzeptes der Schüler

Die Förderung des Selbstkonzeptes der Schüler zielt in den meisten Ansätzen auf eine Steigerung von Motivation und Interesse ab, um somit systal auf die kognitive Leistung zu wirken (vgl. Clausen, 2002, S. 19). Clausen bezieht sich dabei auf die Theorien von Weiner (Theory of Attribution, 1985), Covington (Self-worth Theory, 1984), Deci und Ryan (Theory of Self-determination, 1987) und Bandura (Self Efficacy Theory, 2000) sowie auf Prenzel, Krapp und Schiefele (1986).

Als solch einen bedeutenden Ansatz stellt er den *Origin-Pawn-Ansatz* von DeCharms (1979) vor. Hierbei sollen sich die Schüler als aktive handelnde „Meister" („origin") autonom in das Unterrichtsgeschehen einbringen können, und nicht der passiv handelnde „pawn" (Bauer im Schachspiel) sein. Als zentrale Teilaspekte dieses Ansatzes erfasst DeCharms die *Internale Kontrolle, Zielsetzung, Instrumentelle Aktivität, Realitätseinschätzung, Selbstverantwortung, Selbstvertrauen und Positive Zuwendung.*

Als weiteren Ansatz stellt Clausen (ebd.) die Bezugsnormorientierung (BNO) in Anlehnung an Rheinberg (1996) sowie Rheinberg und Krug (1993) heraus. Dabei wird der Vergleichsmaßstab thematisiert, anhand dessen der Lehrer den Leistungsstand und die Leistungsentwicklung eines Schülers bewertet. Die Rückmeldung dieser soll dem Schüler bei seiner Orientierung über Lernfortschritte und -bedarfe dienen. Sie soll im Falle einer positiven Rückmeldung auch dessen Selbstkonzept und Selbstwirksamkeitsüberzeugung stärken. Dabei stellt die individuelle BNO den angemesseneren Ansatz dar, da hier die individuelle Entwicklung des Schülers als Bezugsnorm dient. Bei der sozialen BNO wird ein Vergleich mit dem Leistungsstand der übrigen Schüler in der Klasse angestellt, was unter Umständen die Leistungskonkurrenz verstärkt und somit kooperatives und prosoziales Lernen unterdrückt. Vor allem wird dadurch verhindert, dass lernschwächere Schüler in Klassen mit einer Komposition von eher lernstarken Schülern positive Rückmeldungen erhalten.

Der individualisierte Unterricht bildet ein adäquates Konzept der individuellen Förderung des Selbstkonzeptes eines Schülers. Hier orientieren sich die Aufgabenstellungen am individuellen Leistungsstand eines Schülers mittels des Einsatzes unterschiedlicher Schwierigkeitsgrade der Aufgaben und unterschiedlicher Lernmaterialien (Fraser, 1980).

Adaptive Instruktionsformen berücksichtigen neben dem Leistungsstand eines Schülers auch dessen individuellen Lernstil. Um diesen zu erkennen, bedarf es jedoch elaborierter diagnostischer Fähigkeiten der Lehrkraft (Bromme, 1997).

Hierbei ist jedoch anzumerken, dass individualisierende Lernformen einen hohen Einsatz der Lehrkraft erfordern, da simultan unterschiedliche Schüler bzw. Schülergruppen in Abhängigkeit von ihrem Begabungsniveau gefördert werden müssen.

4. Förderung des sozialen Lernens der Schüler

Der Begriff „Soziales Lernen" kann als Sammelbegriff für Erziehungsziele wie Selbständigkeit, Mündigkeit, Kooperationsfähigkeit und gegenseitige Wertschätzung gesehen werden (Clausen, 2002). Für die Erreichung dieser Ziele werden vor allem *offene Unterrichtsformen* postuliert, die ihren Ursprung in reformpädagogischen Ansätzen haben (z.B. Montessori, Freinet, Kerschensteiner, Steiner). Durch die dabei veränderte Lernsituation und die veränderte Lernerrolle sollen die Schüler zu mehr Selbst- und Mitverantwortung beim Lernen angeregt werden und so ein positiveres Selbstkonzept, mehr Kreativität, Eigenverantwortlichkeit und bessere soziale Fertigkeiten entwickeln (Clausen, 2002; Weinert, 1998).

Offene Unterrichtsformen sind vor allem charakterisiert durch eine verstärkte Schüler- und Sozialorientierung des Lehrers, durch die Kooperation der Schüler in Gruppenarbeiten als zentralen Unterrichtsbestandteil sowie durch eine intensivierte Partizipation der Schüler an der Unterrichtsgestaltung und an der Auswahl der Unterrichtsinhalte. Unterrichtstechniken, die in diesem Kontext häufig zum

Einsatz kommen, sind zum Beispiel Wochenplanarbeit, freie Arbeit, Projektarbeit, Team-Teaching und wahldifferenzierter Unterricht.

Neben der psychosozialen Entwicklung der Schüler sollen offene Unterrichtsformen auch die kognitive Entwicklung der Schüler vorantreiben.

Giacona und Hedges (1982) kommen in ihrer meta-analytischen Betrachtung diesbezüglich zu dem Ergebnis, dass in Studien, die eine besonders effektive Förderung von psychosozialen Faktoren feststellen (z.b. Kreativität, Selbstkonzept oder „positive Einstellung zur Schule"), offene Unterrichtsformen in einem höheren Maß realisiert waren. Hierbei erweisen sich insbesondere (1.) die aktive Rolle des Lernenden im Lernprozess, (2.) handlungsorientiertes Unterrichtsmaterial, (3.) individualisierte Instruktion und (4.) der diagnostische Bewertungsmaßstab als förderliche Einflussgrößen. Hinsichtlich kognitiver Zielkriterien zeigt sich eine förderliche Entwicklung, wenn Schulen weniger Merkmale offenen Unterrichts aufweisen (Clausen, 2002; Gruehn, 2000).

Divergenzminderung innerhalb der Klasse

Während sich die vorangehend dargestellten Komponenten vor allem auf die Förderung des einzelnen Schülers richten, zielen diese Unterrichtsansätze vor allem auf die Stabilisierung der kognitiven Leistungen der Schulklasse als Ganzes ab. Dies bedeutet, dass die Leistungsvarianz zwischen den Schülerinnen und Schülern innerhalb einer Schulklasse gemindert werden soll, so dass deren Lernstände auf ein vergleichbares Niveau gebracht werden.

Die Herausforderung dabei ist, weder die leistungsstarken Schüler zu unterfordern noch die leistungsschwächeren Schüler zu überfordern (Baumert et al., 1987; Clausen, 2002). Eine weitere Herausforderung besteht darin, trotz Divergenzminderung innerhalb einer Schulklasse deren Gesamtleistung auf einem angemessenen Niveau zu halten.

Daraus leitet sich die zentrale Frage ab, wie Schule und Unterricht dies vollbringen können.

Im Kontext der Divergenzminderung führt Clausen (ebd.) den *zielerreichenden Unterricht* an, der die Erreichung eines festgelegten Leistungsniveaus für alle Schüler einer Klasse zum Ziel hat. Im angloamerikanischen Raum ist dieses Verfahren auch als *Mastery Learning* bekannt (Arlin, 1984). Weiterhin verweist Clausen (ebd.) auf *remediale Unterrichtsmaßnahmen*, welche primär auf das Festigen und Sichern des Gelernten abzielen, und die sich an den lernschwächeren Schülern einer Lerngruppe orientieren. Das *repetitive Üben* ist ein Beispiel für eine solche Unterrichtsform, bei der zur Festigung bestimmter Basiskompetenzen wiederholt strukturell und inhaltlich ähnliche Aufgaben vorgegeben werden.

Mit Hilfe dieser Unterrichtsansätze kann zwar die Leistungsstreuung innerhalb einer Klasse verringert werden, jedoch besteht dabei auch die Gefahr der Un-
terforderung der leistungsstärkeren Schüler einer Lerngruppe. Die Berücksichtigung des Leistungsniveaus schwächerer Schüler und deren Förderung sollte daher
in Kombination mit einer inneren Differenzierung im Unterricht einher gehen, um
auch leistungsstärkere Schüler angemessen fordern und fördern zu können.

Im Kontrast dazu stellt Clausen (ebd.) unter Rückgriff auf Gruehn (1995) *Individualisierende Instruktionsformen* als divergenzsteigernde Unterrichtsform dar.
Jedoch können diese Unterrichtsformen in Kombination mit einer inneren Differenzierung im Unterricht (Bönsch, 1995; Pfeifer, 2006) dennoch zu einer besseren Förderung von lernschwächeren Schülern beitragen.

Jedoch betont er auch, dass keine dieser Unterrichtsformen in der Praxis in
ihrer Reinform angewendet werden sollte, denn jede Lerngruppe und auch jede
Unterrichtsgegebenheit ist individuell. Vielmehr präferiert Clausen (ebd.) den Einsatz von Teilaspekten verschiedener Unterrichtsformen, orientiert an der jeweiligen Lerngruppe und an der Unterrichtssituation.

Aus dieser Perspektive stellt sich die Frage, welche Formen von Unterrichtsqualität für welche Leistungsgruppen förderlich sind? Diese Frage ist auch zentral
für diese Arbeit und wird im Kapitel 3 bei der Formulierung der forschungsleitenden Fragestellungen wieder aufgegriffen.

In den vorangegangenen Unterkapiteln wurden vor allem theoretische Ansätze
aus den Bereichen der Didaktik und der Lehr-Lern-Forschung beleuchtet, die zum
Gelingen eines qualitativ hochwertigen Unterrichts beitragen können.

Im Folgenden sollen zentrale, unterrichtsrelevante Aspekte aus den Bereichen
der Didaktik und der Lehr-Lern-Forschung vorgestellt werden.

2.4.3   Offene vs. geschlossene Unterrichtskonzepte

Sowohl die Didaktik als auch die Lehr-Lernforschung analysieren aus ihren jeweiligen Perspektiven verschiedene Unterrichtskonzepte, und versuchen, diese in
bestimmte inhaltliche Cluster einzuordnen. Diesbezüglich weisen Rollett (1981)
und Schaumburg (2003) darauf hin, dass sich auf einer übergeordneten Ebene als
erstes *unmittelbare* und *mittelbare* Unterrichtskonzepte unterscheiden lassen. Bei
unmittelbaren Unterrichtskonzepten obliegt der Lehrkraft die Führung des Unterrichts. Mittelbare Unterrichtskonzepte sehen dagegen die Schülerschaft in der
führenden Rolle für die Gestaltung und den Ablauf des Unterrichts. Schaumburg
(ebd.) betont, dass auch von Klingberg (1989) und Einsiedler (1981) eine derartige
Differenzierung vorgenommen wird, in darbietenden Unterricht (unmittelbar) und

in selbständiger Schülerarbeit bzw. entdecken lassenden Verfahren (mittelbar). Im Folgenden sollen beide Unterrichtskonzepte näher erläutert werden.

2.4.3.1 Schülerorientiert-individualisierender Unterricht

Hinter dem Begriff „schülerorientiert-individualisierender Unterricht" verbergen sich mehrere, unterschiedliche Unterrichtskonzepte, deren Intention es ist, die Schülerschaft stärker an der Gestaltung und am Ablauf des Unterrichts mitwirken zu lassen (Schaumburg, 2003; Waldmann, 1985). Im Folgenden sollen die wesentlichen Aspekte des schülerorientierten Unterrichts dargestellt werden.

Die Partizipation der Schüler an der Planung und Strukturierung des Unterrichts trägt im Hinblick auf das Rollenverständnis von Lehrern und Schülern im offenen Unterricht dazu bei, dass der Lehrer bei der Vermittlung von Lerninhalten in erster Linie eine beratende Rolle hat und die reine Vermittlung des Wissens von geringerer Bedeutung ist. Idealerweise regt er dabei das Lerninteresse der Schüler an, indem er sie nach ihren individuellen Bedürfnissen adaptiv unterstützt (Oblinger, Kotzian & Waldmann, 1985; Schaumburg, 2003).

Kennzeichnend für Handlungsmuster im schülerorientiert-individualisierenden Unterricht ist der viel geringere Anteil an strukturierten Unterrichtseinheiten im Vergleich zum lehrergelenkten Unterricht. Besonders vorteilhaft ist dabei der freiwählbare Lernweg, den die Schüler zur Erfüllung des Lernzieles frei wählen können (Einsiedler, 1981; Schaumburg, 2003). Dies soll die Motivation der Schüler fördern und zu einem bewussteren Umgang mit den Lernmaterialien beitragen (Einsiedler ebd.). Daher werden in einem solchen Unterricht in der Regel auch Lernmaterialien zur Verfügung gestellt, die nicht oder nur in einem geringen Maß didaktische Vorgaben machen, dafür aber die Lernwege und Lösungsmöglichkeiten offen lassen (Giaconia & Hedges, 1982; Schaumburg, 2003).

Ein solcher Unterricht trägt dazu bei, dass sich die Schüler zum einen ihre zur Verfügung stehende Zeit je nach ihrem Bedarf einteilen können und somit auch ihr optimales Lerntempo finden können. Eine starke Strukturierung oder zeitliche Vorgaben wären hier kontraproduktiv (Einsiedler, 1981; Schaumburg, 2003).

Blickt man auf die soziale Kompetenz der Schülerschaft, so wird deutlich, dass der schülerorientiert-individualisierende Unterricht zum einen die Schülerkooperation und damit auch kooperative Sozialformen begünstigt. Zum anderen ergibt sich durch die Einzelarbeit die Möglichkeit der individuellen Adaption des Unterrichts auf die Bedürfnisse der Schülerschaft. Dabei ist es aber von Bedeutung, dass die Schülerinnen und Schüler ihre bevorzugte Vorgehensweise frei wählen können (Schaumburg ebd.).

Wie also deutlich wird, hat ein solcher Unterrichtsansatz das Potential vor allem die sogenannten „soft skills", die sozialen Kompetenzen zu fördern und dar-
überhinaus auch zu einer positiven Einstellung zur Schule sowie zur Reduzierung
von Schulangst beizutragen, wie Einsiedler (ebd.), Schaumburg (ebd.) sowie Giaconia und Hedges (1982) betonen. Metaanalysen ergaben jedoch, dass kognitives
Fachwissen tendenziell besser durch lehrerzentrierte, strukturierte Unterrichtsansätze vermittelt werden kann (Giaconia & Hedges ebd.). Von enormer Bedeutung
ist dabei jedoch der individuelle Kontext der Schülerschaft, wie beispielsweise der
sozioökonomische Hintergrund ihres familiären Umfeldes. Dieser Aspekt soll im
Rahmen dieser Arbeit empirisch beleuchtet werden.

2.4.3.2 Konstruktivistischer Unterricht

Wie Schaumburg (2003) betont, ist für den konstruktivistischen Unterricht das große Spektrum unterschiedlicher Ansätze für die Unterrichtspraxis kennzeichnend,
wie zum Beispiel der „Anchored Instruction"-Ansatz (Cognition and Technology
Group at Vanderbilt, 1990, 1992), der Ansatz des problembasierten Lernens (Barrows & Tamblyn, 1980), der Cognitive Apprenticeship"-Ansatz (Collins, Brown
& Newmann, 1989) oder der „Learning Communities"-Ansatz (Bielaczyc & Collins, 1999). Die Idee des Konstruktivismus beruht auf der Hypothese, dass der
Mensch von seinem gesellschaftlichem Kontext, von seiner Umwelt beeinflusst
wird, und das sein Denken und Handeln von diesen subjektiven Vorannahmen geprägt ist (Krüssel, 1995; Schaumburg, 2003). Somit beeinflussen gesellschaftliche
und kulturelle Vorstrukturierungen sowie neurophysiologische Einschränkungen
der menschlichen Wahrnehmung die Konstruktion der Realität (Berger, Luckmann,
Plessner & Plessner, 2007; Schaumburg, 2003). Das Wissen wird nach diesem Ansatz also permanent neu konstruiert (Duffy & Cunningham, 1996).

Betrachtet man aus der Perspektive dieses Ansatzes das Lehren und Lernen,
so kann geschlussfolgert werden, dass sich die Richtigkeit von Wissen nur an
der individuellen Erfahrungswelt prüfen lässt, und dass kontextabhäng alternative Handlungs- oder Denkweisen existieren (Schaumburg, 2003; von Glasersfeld,
1995). Basierend auf diesen Annahmen wurden verschiedene konstruktivistische
Unterrichtskonzepte entwickelt, deren gemeinsame Charakteristika im Folgenden
in Anlehnung an Dubs (1995) und Schaumburg (ebd.) kursorisch erläutert werden. Die Vorerfahrungen, das Vorwissen und die Interessen der Schüler müssen
die Basis für die Unterrichtsgestaltung sein, da Wissenskonstruktionen immer auf
bereits vorhandenem Wissen basieren. Da die Wissenskonstruktion nicht mit her-
kömmlichen Tests bewertet werden kann, sollten alternative Evaluationsverfahren
zum Einsatz kommen, die der Individualität der Lernprozesse gerecht wird, wie

zum Beispiel die Selbstevaluation oder das Lernportfolio. Da der Wissenserwerb von der Umwelt beeinflusst und geprägt wird, ist Wissen unter bestimmten Umständen nicht transferierbar. Daher sollten Schüler im Unterricht die Gelegenheit haben, ein eigenes, individuelles Verstehen und Interpretieren zu entwickeln, das auf ihrem Vorwissen basiert. Da das Wissen und dessen Entstehung vom Umfeld beeinflusst werden, kann ein elaborierter Austausch mit anderen Schülern dazu beitragen, das eigene Wissen weiterzuentwickeln. Dabei sollte der Umgang mit Fehlern, die Schüler während ihres Lernprozesses machen, nicht stigmatisierend sein, da die natürliche Reflexion verständnisfördernd wirkt und zur Konstruktion von Wissen beiträgt.

Aus der Perspektive der Unterrichtsmethodik können in Anlehnung an Schaumburg (2003) konstruktivistische Unterrichtskonzepte wie folgt charakterisiert werden: Im Hinblick auf die im konstruktivistischen Unterricht verwendeten Sozialformen sind gegenüber dem Frontalunterricht, der sich nur begrenzt für den konstruktivistischen Wissenserwerb eignet, der Einsatz kooperativer Lernformen und von Einzelarbeit von Bedeutung. Damit wird der Individualität von Wissenskonstruktionen, des aktiven Prozesses des Wissenserwerbs und sozialen Aushandlungsprozessen beim Wissenserwerb Rechnung getragen. Da die Grundannahme des Konstruktivismus die der gleichberechtigten Kommunikation und Konstruktion ist, hat somit auch die Konstruktion des Lehrers theoretisch die gleiche Bedeutsamkeit wie die des Schülers (Schaumburg, 2003).

Komplexe Arbeitsformen wie die Projektarbeit sind für den konstruktivistischen Unterricht charakteristische Handlungsmuster, die eine Synthese zwischen Problemen der individuellen Steuerung von Lernprozessen und dem Lernen im gegenseitigen Austausch schaffen. Darüber hinaus werden auch Handlungsmuster postuliert, die nur Teile konstruktivistischer Unterrichtskonzepte enthalten, wie zum Beispiel Schülerdiskussionen und Rollenspiele. Aber auch der lehrergelenkte Unterricht kann eine solche Zwischenform konstruktivistischen Unterrichts sein, wie Klein und Oettinger (2000) sowie Schaumburg (ebd.) betonen. Sie beschreiben eine Form des gelenkten Unterrichtsgesprächs, in dem die Schülerinnen und Schüler zum kritischen Hinterfragen ihrer eigenen Perspektive und der ihrer Mitschüler bewegt werden. Dabei werden vom Lehrer Problemstellungen aufgeworfen, die einen kognitiven oder affektiven Konflikt beinhalten. Ein solches Unterrichtsgespräch im Mathematikunterricht haben Wood, Cobb und Yackel (1991) angewendet, um Schüler zu einer konstruktivistischen Auseinandersetzung mit unterschiedlichen Aufgabenlösungen zu motivieren (Schaumburg, 2003).

Eine hohe Flexibilität bei der Strukturierung des Unterrichts ist ein weiteres typisches Merkmal konstruktivistischen Unterrichts. Damit soll dem heterogenen

Vorwissen der Schülerinnen und Schüler Rechnung getragen werden. Die Cognition and Technology Group at Vanderbilt (1990; 1992) macht mit ihrem Konzept der „Anchored Instruction" diesbezüglich den Vorschlag, mit einem komplexen Problem oder einem Konflikt zu beginnen, der an das Vorwissen der Schüler anknüpft und sie zur motivierten Auseinandersetzung und zur Rekonstruktion ihrer Wissensstrukturen anregt (Schaumburg ebd.). Nach einer solchen Hinführungsphase folgen die Erarbeitungs- und Auswertungsphasen, wobei diese einen anderen Schwerpunkt haben, als beim lehrergeleiteten Unterricht. Hier liegt der Fokus weniger auf „richtigen" und „falschen" Antworten sondern vielmehr auf dem Austausch und der Reflexion unterschiedlicher Perspektiven. Die Interaktionen zwischen Lehrern und Schülern im konstruktivistischen Unterricht ähneln denen im offenen Unterricht. Dabei geht es im offenen Unterricht jedoch vornehmlich um die gleichberechtigte Mitbestimmung und im konstruktivistischen Unterricht um die individuelle Konstruktion von Wissen. Dieser Ansatz beruht auf der Annahme, dass Wissen sprachlich nicht vermittelbar ist, sondern über eigene Rekonstruktionen der Schülerinnen und Schüler angeregt werden kann. Dies kann beispielsweise mittels authentischer Lerngelegenheiten realisiert werden, die sie mit neuen Perspektiven und Problemen konfrontiert und dazu bewegt, bestehende Sichtweisen zu hinterfragen und gegebenenfalls zu variieren. Je mehr der Lehrer dabei als reiner Wissensvermittler in den Hintergrund tritt, umso selbstbestimmter und eigenverantwortlicher können die Schülerinnen und Schüler lernen. Der Lehrer wird somit vom Wissensvermittler zu einem Lernberater (Bielaczyc & Collins, 1999; Schaumburg, 2003).

Im Gegensatz zum lehrerzentrierten Unterricht stehen im konstruktivistischen Unterricht der Erwerb von Handlungs- und Anwendungswissen im Zentrum. Dieses ist jedoch mit Hinblick auf die kognitionspsychologische Fundierung meist kognitive akzentuiert, wie beispielsweise der Erwerb von lernstrategischem Wissen und metakognitiven Kompetenzen. Daneben werden aber auch motivationale Bildungsziele betont. Im Hinblick darauf wird die Bedeutung der Partizipation der Schüler an der Auswahl der Lernziele und der Methoden hervorgehoben (Schaumburg, 2003).

Im Hinblick auf den Forschungsstand zum konstruktivistischen Unterricht betont Schaumburg (2003), dass sich die Analyse von diesbezüglichen kausalen Effekten auf das Schülerlernen auf einzelne Ansätze beschränkt und umfassendere Befunde, wie beispielsweise Metaanalysen zum Vergleich konstruktivistischer und anderer Unterrichtskonzepte bislang fehlen. Wobei sich derartige vergleichende Analysen aufgrund der unterschiedlichen Zielsetzungen von traditionellem und konstruktivistischem Unterricht auch schwierig gestalten (Duit, 1995). Die bisherigen Befunde von Evaluationen konstruktivistischer Ansätze sind heterogen. So zeigt sich, dass Schüler mit der Analyse und Bearbeitung komplexer Problemsituationen und bei der Anwendung von Meta-Strategien überfordert sind. Weiterhin zeigen sich Probleme bei der Selbstorganisation der Schülerinnen und Schüler (Dubs, 1995). Dennoch werden konstruktivistische Unterrichtskonzepte in Überblicksbeiträgen tendenziell positiv bewertet (Duit, 1995; Gruehn, 2000; Schaumburg, 2003). Von der Lehr-Lernpsychologie werden konstruktivistische Unterrichtskonzepte jedoch kritisch betrachtet, da für die Heranführung des Schülers an das konstruktivistische Lernen in vielen konstruktivistischen Ansätzen instruktionale Strategien fehlen und diese von der Vorstellung eines selbstmotivierten, aktiven, konstruktiven und kompetenten Lerners ausgehen, den es in der schulischen Realität nur selten gibt (Weinert, 1996). Die zuvor aufgezeigten Befunde von Dubs (1995) bestätigen dies. Als didaktisch wertvoller angesehen werden dagegen gemäßigt konstruktivistische Unterrichtsansätze, die angemessene instruktionale Strategien enthalten (Schaumburg, 2003).

Betrachtet man die zentralen Momente des im vorhergehenden Abschnitt vorgestellten schülerzentriert-individualisierenden Unterrichts so wird deutlich, dass sich dieser und der konstruktivistische Unterricht im Hinblick auf ihre Intention unterscheiden: Während der schülerzentriert-individualisierende Unterricht die Selbständigkeit, Emanzipation und Mündigmachung der Schüler betont, zielt der konstruktivistische Unterricht vornehmlich auf die Vermittlung von Wissen in der Lebenswelt des Schülers. Offener Unterricht und konstruktivistischer Unterricht verfolgen daher unterschiedliche Bildungsziele. Trotzdem ähneln sich beide Ansätze in drei Merkmalen: in der Schülerorientierung, in der Handlungsbetonung und in der begleitenden Rolle des Lehrers (Gruehn, 1995; Klein & Oettinger, 2000; Weinert, 1996).

2.4.3.3   Lehrergelenkt-klassenbezogener Unterricht

Im Gegensatz zum schülerzentriert-individualisierenden Unterricht übernimmt die Lehrkraft im lehrergelenkten Unterricht wesentliche Steuerungs-, Kontroll- und Bewertungsaufgaben (Frontalunterricht). Im anglo-amerikanischen Raum wird dieses Unterrichtsprinzip auch als *Direct Instruction* bezeichnet (Rosenshine & Stevens, 1986). Im Folgenden werden die besonderen Merkmale der direkten Instruktion und des lehrergelenkten Unterrichts in Anlehnung an Schaumburg (2003) dargestellt. Charakteristisch für den lehrergelenkten Unterricht sind die lehrerzentrierte Kommunikation sowie die hohe Strukturierung durch den Lehrer. Typische *Handlungsmuster* sind dabei der Lehrervortrag beziehungsweise die Lehrerpräsentation sowie das gelenkte Unterrichtsgespräch (Flechsig, 1996). Eine weitere Differenzierung wird diesbezüglich von Einsiedler (1981) vorgenommen, der *darbietende* und *erarbeitende Lehrverfahren* als Handlungsmuster lehrergelenkten Unterrichts herausstellt (Schaumburg, 2003).

Im Hinblick auf darbietende Verfahren betonen Rosenshine und Stevens (1986), dass ein hoher Grad von Strukturiertheit sowie der Einsatz von Beispielen und Illustrationen zum Gelingen eines solchen Unterrichts beiträgt. Diese Verfahren werden vor allem zur Vorstellung neuer Inhalte und zur Zusammenschau von Ergebnissen genutzt (Gruehn, 2000).

Erarbeitende Lehrverfahren können hingegen für die Aktivierung und den Aufbau bestimmter Kompetenzen dienlich sein. Hier werden die Lerninhalte im gegenseitigen Austausch und mit einer weniger starken Strukturierung entwickelt, wobei jedoch der Lehrer den Lernweg der Schüler durch gezielte Fragen und Rückmeldungen lenkt. Dabei nutzt er Strategien wie das Problematisieren, Nachhaken, Akzentuieren, Begründen, Folgern oder Bewerten lassen, Verstärken, Aufgreifen und Weiterführen von Schüleräußerungen (Einsiedler ebd., Rosenshine & Stevens ebd., Schaumburg ebd.).

Der Frontalunterricht und das Lernen im Klassenverband sind beim lehrergelenkten Unterricht die am häufigsten praktizierte Sozialform. Jedoch sieht das Konzept der direkten Instruktion Unterbrechungen des Frontalunterrichts durch Einzel-, Partner- oder Gruppenarbeitsphasen vor, in denen das im Klassenverband erarbeitete Wissen individuell eingeübt und vertieft wird (Gruehn, 2000; Rosenshine & Stevens, 1986). Dabei versteht sich der Lehrer vornehmlich als Wissensvermittler. Er legt sowohl die Unterrichtsinhalte als auch die Art der Wissensaneignung fest. Dabei ist es jedoch von grundlegender Bedeutung, dass der Lehrer nicht zu autoritär auftritt, sondern auch unterstützend auf die Schüler einwirkt. Im Hinblick darauf geht beispielsweise aus empirischen Befunden hervor, dass ein unterstützender lehrergelenkter Unterricht positive Korrelationen zu Lernzuwächsen, Lerneinstellungen und aufgabenorientiertem Aufmerksamkeitsverhalten aufweist (Weinert, 1996). Gleichzeitig ist eine störungspräventive und unterbrechungsarme Klassenführung von Bedeutung, um die im Unterricht zur Verfügung stehende Lernzeit möglichst effektiv nutzen zu können (Gruehn, 2000; Schaumburg, 2003).

Brophy und Good (1986) betonen, dass lehrergelenkter Unterricht zu einem größeren kognitiven Lernerfolg beiträgt, insbesondere im Vergleich zu anderen Unterrichtskonzeptionen, wie der des offenen Unterrichts. Zudem ist der lehrergelenkte Unterricht für den Erwerb klar definierter Prozeduren geeignet.

Diesbezüglich betonen Rosenshine und Stevens (1986) die Bedeutung der direkten Instruktion, da dieser Ansatz besonders für die Vermittlung komplexer Bildungsinhalte geeignet ist. Sie weisen mit Hinblick darauf nach, dass ein Unterricht, der viele Merkmale dieses Ansatzes enthält, zu besseren fachlichen Leistungen führt als der herkömmliche lehrergeleitete Unterricht. Bei der direkten Instruktion ist die Aufteilung komplexer Inhalte in Teilinhalte kennzeichnend, was beispielsweise für den Wissenserwerb lernschwacher Schüler von Vorteil sein kann (Schaumburg, 2003). Da Bildungsinhalte jedoch meist nicht ausschließlich kognitiver Natur sind, muss betont werden, dass dieser Ansatz für die Vermittlung nichtkognitiver Inhalte weniger geeignet ist. Weinert (2001, S. 65) differenziert in diesem Kontext, welche Unterrichtsformen für welche Lernprozesse angemessen sind:

- Erwerb inhaltlichen Wissens: variable Formen der direkten Instruktion,

- Erwerb von lebenspraktischem Anwendungswissen: Formen des situierten Lernens und didaktische Strategien der Projektarbeit, des Gruppenunterrichts und des kreativen Übens,

- Erwerb von Schlüsselqualifikationen, von metakognitiven Kompetenzen und Strategien des Lernen Lernens (formale Bildungsziele): Unterrichtliche Methoden des selbständigen Lernens, der gezielten Ermöglichung subjektiver Lernerfahrungen und des angeleiteten Aufbaus metakognitiver Einsichten,

- Erwerb von kognitiv-motivationalen Handlungs- und Wertorientierungen: variables Instrumentarium erkenntnis- und erlebnisintensiver Methoden.

Im Hinblick darauf postuliert Weinert (ebd.) erforderliche Reformbemühungen nicht lediglich auf günstige äußere Lern- und Lehrbedingungen oder auf „radikaleinseitige Bildungsmaximen" zu beschränken, sondern auch die Lehreraus- und Weiterbildung zu verbessern, um eine „innere Schulreform" zu forcieren und damit auch das Repertoire der Lehrkräfte an Unterrichtsformen zu erweitern.

2.4.4 Zusammenfassung

Mit diesem Kapitel wurde deutlich, dass schulischer Unterricht sehr facettenreich ist und mehrperspektivisch betrachtet werden muss. Aus der Perspektive der Didaktik und der Lehr-Lernforschung wurden Unterrichtsmerkmale benannt, die für eine Charakterisierung und Analyse von Unterricht von Nutzen sind. Mittels dieser Merkmale konnten im weiteren zwei Konzepte beschrieben werden, das des lehrergeleiteten und das des schülerzentrierten Unterrichts, welche durch die Didaktik aber auch durch die Lehr-Lernforschung nachhaltig beforscht wurden. Als ein weiteres drittes Konzept wurde der konstruktivistische Unterricht näher beleuchtet. Diese drei Unterrichtskonzepte bilden die zentralen Momente der aktuellen Debatte zur Verbesserung von Unterrichtsqualität (Schaumburg, 2003).

Dabei ist es jedoch wichtig zu beachten, dass eine bestimmte Form des Unterrichts nicht allgemeingültig als ‚die Beste' gelten kann (vgl. Kiper, 2008, S.

106). Vielmehr bedingt einerseits das angestrebte Lernziel den zu wählenden Lernprozess, und in Abhängigkeit von diesem eine bestimmte Unterrichtsform, welche der Erfüllung dieses Lernziels am dienlichsten ist. Diesbezüglich zeigte Weinert (2001), welche Unterrichtsformen für welche Lernprozesse angemessen sind. Auch Einsiedler (2000) sowie Kiper und Mischke (2006, S. 31ff.) lieferten diesbezügliche Anregungen.

Andererseits soll in dieser Arbeit die Frage empirisch überprüft werden, ob ein Zusammenhang besteht zwischen bestimmten Unterrichtsformen / -konzepten, einer Schülerschaft mit einem bestimmten sozioökonomischen Hintergrund und deren Lesekompetenz.

Im folgenden Kapitel sollen insbesondere empirische Befunde zum Zusammenhang von Unterrichtsqualität und schulischer Leistung dargestellt werden.

2.5 Unterrichtsqualität, Divergenzminderung und Leistungssteigerung – die Kopplung zwischen sozioökonomischem Hintergrund und schulischer Leistung

Für die Bearbeitung der Fragestellung dieser Arbeit, ob eine Minderung der Kopplung von Leseverständnis der Schüler und sozioökonomischen Status der Elternhäuser durch eine differenzierte Unterrichtsqualität und individuelle Förderung möglich ist (Slope-as-Outcome-Model), und ob diese auch zur Verbesserung der Lesekompetenz beitragen können (Intercept-as-Outcome-Model), sollen im Folgenden empirische Befunde vorgestellt werden, die sich bereits mit der Frage nach dem Einfluss von Unterrichtsqualität auf schulische Leistungen befasst haben. Diesbezüglich betonen zum Beispiel Wang, Haertel und Walberg (1990; 1993) in ihrer Zusammenfassung von Metaanalysen, dass Merkmale von Unterrichtsqualität für das schulische Lernen (Intercept-as-Outcome-Model) von Bedeutung sind.

Die Kopplung vom Leseverständnis der Schülerinnen und Schüler und dem sozioökonomischen Status der Elternhäuser (Slope-as-Outcome-Model) ist jedoch noch weitestgehend unerforscht, obwohl dies in Forschungsdesideraten (vgl. z.B. Lankes, 2004, S. 567) postuliert wird. Diesem Postulat soll mit dieser Arbeit Rechnung getragen werden.

Eine der wenigen Untersuchungen, in der diesbezügliche Analysen bereits durchgeführt wurden, stammt von Holtappels und Heerdegen (2005). Diese kommen in ihren Reanalysen über Schülerleistungen in unterschiedlichen Lernumwelten im Vergleich zweier Grundschulmodelle mit den Daten der IGLU-Studie 2001 zu dem Befund, dass Schülerinnen und Schüler bessere Leistungen im Leseverständnis erzielen, wenn folgende Bedingungen der innerschulischen Lernumwelt gegeben sind:

- das Vorherrschen eines *disziplinierten, aber zugleich angstfreien Lernklimas* im Unterricht,
- das Vorhandensein einer differenzierten Unterrichtsqualität in der Schule,
- der Einsatz von Formen der Differenzierung, die auf gemeinsamen Klassenunterricht weitgehend verzichten *und individuelle Lernstrategien* bevorzugen,
- die Diagnose der Lernleistung und die Vertiefung von bereits Gelesenem.

Die differenzierte Unterrichtsqualität wird dabei charakterisiert durch eine *variable Lehr-Lern-Praxis* der Lehrkräfte, die geprägt ist von *binnendifferenzierter Förderung* und von *individualisiertem Arbeiten*, das an die *Lernvoraussetzungen der Lernenden anknüpft*.

Als indirekte Einflussfaktoren auf die Leseleistung erweisen sich:

- eine intensive Lehrerkooperation,
- ein hohes Innovationsklima,
- die Grundschulform,
- sowie die Organisationsform der ‚Vollen Halbtagsgrundschule'.

Konform mit den Befunden anderer Studien, wie zum Beispiel PISA, benennen Holtappels und Heerdegen (ebd.) die sozioökonomischen Herkunftsfaktoren der Schülerschaft als bedeutendsten Einflussfaktor auf die Leseleistung, jedoch erlangt die Praxis einer differenzierten Lernkultur in der Schule eine gegensteuernd moderierende Bedeutung.

Dabei ist der Begriff der Lernkultur als ein Konstrukt zu verstehen, welches das Setting und die Qualität der Lernbedingungen beschreibt, die den Schülerinnen und Schülern von den Lehrkräften angeboten werden.

Holtappels und Heerdegen (ebd.) definieren Lernkultur als hochentwickelt, wenn die Lehrkraft die Fähigkeit hat, verschiedene Unterrichtsmethoden einzusetzen und somit Schülerinnen und Schüler gemäß ihrem Vorwissen differenziert zu fördern. Damit wird deutlich, dass die Lernkultur von der Qualität des Unterrichts bedingt wird.

Von zentraler Bedeutung für die Entwicklung der Lernkultur ist nach Holtappels (1995) in Anlehnung an Messner (1991) eine pädagogisch begründete und offen rhythmisierte Zeitstruktur, da diese die Minderung von Lernstörungen, die erweiterte binnendifferenzierte Förderung, Konzepte von Freiarbeit, projektorientiertes Lernen und fächerverbindende Lerneinheiten begünstigt.

Solch offenere Lernprozesse können nach Holtappels (ebd.) zu einem ganzheitlicheren Lernen führen. Dabei können beispielsweise Fächergruppen zu Erfahrungsbereichen verbunden werden, die durch integrierende Erkenntnisprozesse und durch Anwendungssituationen die Lernmotivation stärken können. Gleichzeitig werden dabei die Möglichkeiten einer didaktisch-methodischen Differenzierung der Lernzugänge und Lernformen erweitert.

Clausen (2002, S. 23ff) verweist auf Untersuchungen (Bloom, 1971; Walberg, 1981), die im Hinblick auf die Unterrichtsqualität und deren Einfluss auf kognitive Leistungen zwar nicht den sozioökonomischen Hintergrund kontrolliert haben, stattdessen aber die kognitiven Eingangsvoraussetzungen der Schülerinnen und Schüler. Clausen (ebd.) betont die Bedeutsamkeit dieser Eingangsvoraussetzungen bei der Varianzaufklärung der Schülerleistungen. Clausen (ebd.) betont unter Rückgriff auf Bloom (1984) zudem, dass durch eine Optimierung des Lehr-Lernprozesses die Möglichkeit einer positiven Einflussnahme auf die Leistungen der Schülerinnen und Schüler gegeben ist. Andere Prädiktoren haben zwar ein höheres Potential zur Varianzaufklärung, wie zum Beispiel der sozioökonomische Status der Elternhäuser, jedoch wäre der Aufwand zur Einflussnahme auf diese Prädiktoren um ein Vielfaches größer.

Neben diesen Erkenntnissen zur Bedeutung von Unterrichtsvariablen verweist Clausen (ebd.) auch auf den Wandel elementarer theoretischer Konzeptionen in der Unterrichtsforschung. So werden Wirkungszusammenhänge im Unterricht nicht mehr als unidirektional vom Lehrerhandeln auf die Schülerinnen und Schüler aufgefasst, sondern bidirektional als Interaktion von Verhalten und Wahrnehmungen von Schülern und Lehrern (Winne & Marx, 1977). Dies unterstreicht auch die aktive Rolle der Lernenden, deren Verhalten wiederum Verhaltensweisen von Lehrkräften bedingen kann.

Ein weiterer bedeutender Aspekt im Kontext dieser Arbeit sind die Forschungsansätze über die generelle Wirksamkeit von Unterrichtsansätzen hinaus zur Interaktion von Unterrichtsaspekten und den kognitiven Eingangsvoraussetzungen der Schülerinnen und Schüler (vgl. Clausen ebd., S. 24). Diese sogenannten ‚aptitude-treatment-interactions' (ATI) wurden insbesondere von Corno und Snow (1986) untersucht. Aus diesen Forschungsarbeiten resultieren die Unterrichtskonzeptionen des ‚Adaptiven' und des ‚Individualisierenden Unterrichts' (Corno & Snow, 1986; Slavin & Karweit, 1985; Wang & Walberg, 1983). Nach einem Review diesbezüglicher Studien kommt Snow (1982) unter anderem zu dem Schluss, dass Schülerinnen und Schüler mit niedrigen kognitiven Eingangsvoraussetzungen im Hinblick auf die Förderung ihrer kognitiven Fähigkeiten von einer instruktionellen Wissensvermittlung und einer visuell unterstützten Trainingsprozedur am meisten profitieren (Kyllonen, Lohmann & Snow, 1984).

Zur Thematik des Einflusses der Unterrichtsqualität auf die schulische Leistung (Intercept-as-Outcome-Model) existieren hingegen zahlreiche Befunde. Lankes (2004) gelingt es beispielsweise mittels der Methode der Latent Class Analyse (LCA) mit einer Stichprobe aus allen Teilnehmerländern von IGLU/PIRLS vier Lehrertypen zu identifizieren, die schülerorientiert-individualisierende beziehungsweise lehrergelenkt-klassenbezogene Maßnahmen im Leseunterricht unterschiedlich gewichten. Dabei bezieht sie Items zur *Organisation* des Unterrichts, zu *Leseaktivitäten* im Unterricht, zum *Lesematerial* sowie zur *Instruktion* durch die Lehrkraft (in Form von Vorlesen, Erklären, Arbeitsaufträge geben, Texte nachbereiten) in ihre Analysen ein.

Anhand der Länderleistungen im Lesen zieht sie erste Rückschlüsse auf die Qualität eines bestimmten Typs. Sie kommt zu dem Schluss, dass der Lehrertyp 4 (der überwiegend in Schweden, dem Spitzenreiter bei den Leseleistungen, zu finden ist) erfolgreicher ist als der Lehrertyp 1, der in den mittelmäßig bis schwach abschneidenden Ländern Italien, Deutschland und Griechenland sehr verbreitet ist.

Der Lehrertyp 1 praktiziert vornehmlich lehrergelenkten Klassenunterricht. Lehrkräfte dieses Typs unterrichten überwiegend im Klassenverband, praktizieren Gruppenunterricht nur manchmal und geben häufiger Instruktionen und Arbeitsaufträge. Sie lassen die Schüler täglich laut vorlesen. Leise lesen und Vorlesen durch die Lehrkraft werden hingegen seltener praktiziert. Die Tatsache, dass täglich das Lehrbuch eingesetzt wird, Kinderbücher und Bücher der eigenen Wahl nur selten gelesen werden (1-2 mal im Monat) und niveauangepasstes Material nie eingesetzt wird, lässt darauf schließen, dass Lehrkräfte dieses Typs der Individualisierung im Unterricht wenig Beachtung schenken und alle Kinder zur gleichen Zeit im Klassenverband dasselbe lesen sowie mit demselben Material arbeiten. Der tägliche Leseunterricht besteht nach den Angaben der Lehrkräfte des Typs 1 darin, dass ein Schüler aus dem Lehrbuch vorliest oder die Schüler leise im Lehrbuch lesen und dann Fragen der Lehrkraft zum Text mündlich beantwortet werden. Durch die tägliche und fast ausschließliche Verwendung des Lehrbuches liegt die Vermutung nahe, dass auch in den täglichen Phasen des Stilllesens alle Kinder das Gleiche lesen. Typ 1 zeigt einen Unterrichtsstil, der überwiegend im Klassenverband und ohne erkennbare Individualisierung oder Differenzierung realisiert wird.

Der Lehrertyp 4 ist charakterisiert durch wenig gelenkten, hoch individualisierenden Unterricht. Weder scheint dort besonders häufig im Klassenverband, noch in Gruppen unterrichtet zu werden. Die Schüler lesen sehr wenig vor, dafür liest die Lehrkraft täglich vor und die Schüler lesen täglich leise. Instruktionen und Lenkung durch die Lehrkraft sind selten. Das Lehrbuch wird nur manchmal verwendet, dafür kommen täglich Kinderbücher und Bücher der eigenen Wahl zum Einsatz. Der Unterricht von Typ 4 wirkt sehr individualisierend und gleichzeitig nur wenig von der Lehrkraft strukturiert und gelenkt, zudem kommen häufig Einzelarbeitsphasen vor, dafür nur selten Gruppenunterricht sowie Unterricht im Klassenverband (ebd., S. 561f.).

Hattie (2002) untersuchte die Praxis des *Tracking*. Tracking ist die Praxis, Schülerinnen und Schüler innerhalb der Schule basierend auf ihren unterschiedlichen Kompetenzen in verschiedene Gruppen zu platzieren. Das Tracking wird vor allem in Schulen in den Vereinigten Staaten und in Großbritannien als eine Möglichkeit gesehen, Schülerinnen und Schüler in verschiedene „Tracks" (Spuren) aufzuteilen, mit dem Ziel, eine höhere Leistungshomogenität in solchen Gruppen zu erreichen und das Lernen dadurch zu erleichtern. In Großbritannien, Australien, Neuseeland und Südafrika wird dieselbe Praxis unter dem Begriff des *Streaming* angewendet.

Hattie (ebd.) kommt jedoch in seinen Reanalysen zum Tracking zu dem Schluss, dass diese Praxis allgemein nur wenige Auswirkungen auf die Leistungsentwicklung der Schülerinnen und Schüler hat. Jedoch stellt er die Hypothese auf, dass Schülerinnen und Schüler unterer Leistungskurse von einem „verbesserten" Unterricht in ihrer Leistungsentwicklung profitieren.

Baumert et al. (1986) kommen in der *Berliner Studie* zu dem Befund, dass egalisierender Unterricht leistungsschwächere Schülerinnen und Schüler fördert, jedoch leistungsstärkere Schülerinnen und Schüler nur suboptimal gefördert werden. Dieser Effekt zeigte sich vor allem im Mathematik- und Englischunterricht, aber nur halb so häufig im Fach Deutsch. Am Beispiel des Mathematikunterrichts zeigen Baumert et al. (ebd.), welche Aspekte zur Verringerung der Leistungsstreuung beitragen:

- langsameres Unterrichtstempo,
- Verringerung der Stoffmenge,
- Abstufung der Aufgabenschwierigkeit,
- Anschauliche Beispiele,
- Intensivierung von Übungen und Wiederholungen.

Helmke (1988) kommt in der *Münchner Studie* diesbezüglich zu ähnlichen Befunden – in sogenannten Optimalklassen *(überdurchschnittlich qualifizierender und zugleich streuungsmindernder Unterricht)* identifiziert er ein hohes Niveau folgender Variablen der Lehr-Lern-Organisation:

- effektive Klassenführung,
- Lehrstofforientierung,
- Adaptivität der Lehr-Lern-Organisation,
- gemäßigtes Unterrichtstempo,
- diagnostische Kompetenz der Lehrer.

Auch Treinies und Einsiedler (1996) setzen sich mit der Frage von Divergenzminderung und Leistungssteigerung auseinander. Sie kommen in der *Nürnberger Studie* zu dem Befund, dass ausgleichender Unterricht schwache Schülerinnen und Schüler fördert, stärkere Schülerinnen und Schüler jedoch nicht benachteiligt werden. Sie benennen verbal-kognitive Interaktionen als bedeutsamen Erklärungsvariablenkomplex, führen laut Schwippert (2001) aber keine weiteren Handlungsinhalte auf, wie qualifizierender, egalisierender Unterricht gelingen kann. Holtappels (2003) verweist jedoch mit Hinblick auf die Untersuchung von Treinies und Einsiedler (ebd.) auf deren Subgruppen-Befunde. Er ergänzt, dass leistungsschwache Schülerinnen und Schüler auch durch die anspruchsvolle verbal-kognitive Auseinandersetzung mit Lerninhalten bei einem entsprechend strukturierendem Lehrerverhalten gefördert werden können

Im Rahmen des **Hamburger Leseförderprojektes (HeLp)** untersuchten Voss et al. (2008), ob sich mit Hilfe einer additiven bzw. einer integrativen sprachsystematischen Förderung das Leseverständnis bildungsbenachteiligter Schülerinnen und Schüler nicht nur parallel zu den Leistungen ihrer Mitschüler entwickelt, sondern auch die Leistungsschere zu ihren Mitschülern geschlossen werden kann. Dieses Unterrichtskonzept ist theoretisch verortet in kognitiven Modellen zur Leseflüssigkeit, zum Leseverständnis und zur Verarbeitung von Schriftsprache (vgl. Blatt, Müller & Voss, 2007; vgl. Blatt, Voss, Gebauer & Kowalski, 2008; Voss et al., 2008).

In dieser Studie kommen Voss et al. (ebd.) zu dem Ergebnis, dass sich *kooperative Lernformen im Unterricht* und zum anderen *Lesetrainings* besonders effizienzsteigernd auf die Leseleistung auswirken. Die *kooperativen Lernformen* wurden im Unterricht mittels des Lesepatenmodells (Blatt, Hein, Issa & Masanek, 2009) umgesetzt, welches eine Kombination leistungsschwacher und -starker Leser/-innen in einzelnen Gruppen vorsieht, die miteinander sinnentnehmendes lautes Lesen trainieren.

Voss et al. (ebd.) knüpfen mit ihren Ergebnissen an die Befunde einer Metastudie zu Qualitätsmerkmalen von Unterricht an (Fraser, 1987). Auch in dieser Metastudie zeigen sich für die beiden qualitätsbezogenen Unterrichtsmerkmale bei d = 0.76 (*kooperative Lernformen*) und d = 0,97 (*Lesetrainings*) jeweils große Effektstärken.

Wenn man den Forschungsstand zur Förderung leistungsschwacher Schülerinnen und Schüler betrachtet (Gräsel, Göbel & Stark, 2007; Gräsel & Parchmann, 2004; Souvignier & Mokhlesgerami, 2005) wird deutlich, dass bezüglich der Entwicklung elaborierter Unterrichts- und Schulkonzepte ein dringender Forschungsbedarf gegeben ist.

So stellten Gräsel, Göbel und Stark (2007) in einem längsschnittlichen Analysedesign fest, dass es zwar einen signifikanten Unterschied im Leseverständnis in Abhängigkeit von der Familiensprache gibt, dass sich diese Disparitäten jedoch über einen Zeitraum von zwei Schuljahren nicht verstärken. Dabei zeigten die Schülerinnen und Schüler, die zu Hause vorwiegend eine andere Sprache sprechen als Deutsch, erwartungsgemäß die schlechtesten Leistungen.

Andererseits verstärkt dies die empirische Evidenz, dass es durch eine reine Verlängerung der Schulzeit nicht gelingt, die Leistungen von Schülerinnen und Schülern mit unterschiedlichen Migrationserfahrungen anzugleichen. Gräsel, Göbel und Stark (ebd.) postulieren daher die Ausweitung der Förderung der Lesekompetenz, insbesondere im Elementar- und Primarbereich, damit Schülerinnen und Schüler insgesamt mit besseren Lesevoraussetzungen in die Sekundarstufe kommen. Diese Befunde werden jedoch durch empirische Untersuchungen zur *Lesemotivation* relativiert. In diesen Untersuchungen wird deutlich, dass im Gegensatz zur reinen Förderung der Lesekompetenz, Trainings zur Förderung der Lesemotivation nachhaltiger wirken, da somit das Interesse zum Lesen forciert wird (Groeben & Hurrelmann, 2004; Hurrelmann, Becker, Nickel-Bacon & Elias, 2006; Richter, K., Plath & Goethe, 2005).

Auf der Unterrichtsebene ist ein weiterer wichtiger Aspekt im Hinblick auf die Schülerleistungen von Bedeutung, die Zusammensetzung einer Schulklasse.

2.6 Zur Zusammensetzung von Schulklassen

Der Einfluss kompositorischer Aspekte, das heißt die unterschiedliche Zusammensetzung der Klasse aus Schülern, beispielsweise mit unterschiedlichem Vorwissen oder mit unterschiedlichem Migrationshintergrund und deren Auswirkungen auf schulische Leistungen, ist derzeit, vor allem im deutschsprachigen Raum, noch relativ gering beforscht. Die bisherigen diesbezüglichen Befunde empirischer Studien sind im Kontext dieser Arbeit von Bedeutung und sollen daher im Folgenden näher vorgestellt werden.

Ditton und Krüsken (2006) betonen, dass die Lernentwicklung von Grundschülern in Abhängigkeit von der intellektuellen und sozioökonomischen Zusammensetzung einer Schulklasse variiert. Sie stellen die Hypothesen auf, dass die

Lehr- und Lernprozesse an den Voraussetzungen der Lerner ausgerichtet werden, dass also eine normative Orientierung seitens der Lehrkräfte stattfindet, und dass die Streuung in Stadtstaaten im Hinblick auf die sozioökonomische Zusammensetzung und auf die Leistung größer ist, als in Flächenstaaten. Sie postulieren diesbezüglich einen Forschungsbedarf in Deutschland. Schümer (2004) kommt mit Daten der PISA-Studie 2000 zu ähnlichen Ergebnissen für Sekundarschüler.

Helmke (2003) weist in diesem Zusammenhang auf die Bedeutsamkeit der sprachlichen Zusammensetzung einer Klasse hin. Er führt die Ergebnisse von Studien aus Deutschland und der Schweiz an, die zu dem Ergebnis kommen, dass insbesondere Kinder aus traditionellen Migrantenländern Südwesteuropas sprachliche Defizite aufweisen, wohingegen Kinder von Aussiedlern (überwiegend mit russischer Muttersprache) geringfügig positivere und osteuropäische Migranten deutlich positivere Leistungen erzielen. Unter dem Rückgriff auf Helmke und Reich (2001) macht er aber zugleich deutlich, dass differenzierte empirische Analysen, die den Leistungsnachteil von Migranten erklären, noch weitestgehend ausstehen.

Als weiteres leistungsrelevantes Kontextmerkmal führt Helmke (ebd.) das Niveau und die Heterogenität der bereichsspezifischen Vorkenntnisse der Schülerinnen und Schüler an. Er betont jedoch, dass die Untersuchung dieses Aspekts im Rahmen einer Längsschnittstudie noch aussteht. Als weitere leistungsrelevante Merkmale benennt er mit Rückgriff auf Hosenfeld, Helmke, Ridder und Schrader (2002) unter anderem die Alters- und Geschlechtszusammensetzung einer Klasse sowie den Anteil der Klassenwiederholer.

Nach Dreeben & Barr (1988) ist es vor allem die Kovariation zwischen der sozioökonomischen Zusammensetzung der Schülerschaft und deren Fähigkeitsniveau, auf welche die Lehrkräfte organisatorisch, curricular und didaktisch adaptiv reagieren. Baumert und Schümer (2001) sowie Schümer (2004) betonen in diesem Kontext aber auch die Bedeutung institutionell vorgegebener Didaktik, die ihre Verankerung in der schulformspezifischen Tradition der Didaktik und der Lehrerausbildung findet (Mesoebene).

Schwippert (2002) zeigt in seiner Untersuchung über Optimalklassen am Beispiel der Lesekompetenz den Einfluss der Zusammensetzung der Schülerinnen und Schüler in einer Klasse auf. Dabei fällt insbesondere der durchschnittliche Bildungshintergrund der Schülerinnen und Schüler einer Klasse ins Gewicht, der durch die Eltern bestimmt wird. So wirkt sich ein hohes Durchschnittsniveau des sozioökonomischen Hintergrundes einer Klasse positiv auf das Leseverständnis der Schülerinnen und Schüler dieser Klasse aus.

Ein weiterer bedeutender Aspekt, der auf die Lesekompetenz negativ wirkt, ist der durchschnittliche Anteil von Schülerinnen und Schülern, deren Muttersprache nicht Deutsch ist und die nur selten Gelegenheit haben, im Elternhaus Deutsch zu sprechen (Lehmann, Vieluf, Nikolova & Ivanov, 2006; Schwippert, 2002). In Anlehnung an Lehmann et al. (ebd.) und Ditton (1992) führt Schwippert (ebd.) unter anderem eine reichhaltige Ausstattung an Büchern im Elternhaus sowie einen hohen Bildungsabschluss der Eltern als Indikatoren für eine günstige Voraussetzung der Leseverständnisentwicklung der Schülerinnen und Schüler an.

Für beide Einflussfaktoren betont Schwippert (ebd.) jedoch die Bedeutung der Schulform, in der sich die Schülerinnen und Schüler befinden. Da es sich bei der Stichprobe für die Analysen dieser Arbeit um Grundschuldaten der IGLU-Studie 2001 handelt, ist die Kontrolle der Schulform für diese Arbeit nicht relevant. Aufgrund der Bedeutung dieser Thematik (Blossfeld et al., 2007) sollen im Folgenden in einem kurzen Exkurs jedoch einige zentrale Befunde von Schwippert (ebd.) dazu dargestellt werden.

Bei der Kontrolle der Schulform im Analysemodell ergeben sich je nach Schulform unterschiedliche Auswirkungen auf die Lesekompetenz. So stellt Schwippert (ebd.) in der Realschule und auch im Gymnasium die geringsten „ausländerspezifischen" Effekte fest. Er begründet dies mit der leistungsbezogenen Selektion von Schülerinnen und Schülern für diese Schulform, sowie mit der geringeren Anzahl von ausländischen Schülerinnen und Schülern in diesen Schulformen.

Im Gegensatz dazu stellt er in der Gesamtschule und in der Hauptschule deutliche Effekte bei ausländischen Schülern fest. Je seltener bei diesen Schülerinnen und Schülern im Elternhaus Deutsch gesprochen wird, umso schlechter ist auch deren Lesekompetenz. Dieses Phänomen wird auch als „Creaming Effect" bezeichnet (Arbeitsgruppe Bildungsbericht am Max-Planck-Institut für Bildungsforschung, 1994). Danach entschließen sich Eltern begabterer Schüler tendenziell eher dafür, ihre Kinder auf das Gymnasium zu schicken, als zur Gesamtschule. Hieraus ergibt sich für die Gesamtschule das Problem, dass der Schülerschaft die leistungsstärkeren Schüler fehlen und somit die Durchschnittsleistungen in dieser Schulform unter denen der Realschule und des Gymnasiums liegen. Schwippert (ebd.) betont, dass sich die Gesamtschulklassen aus Schülern zusammen setzen, die ansonsten verschiedene Schulformen besuchen würden, und dass die Schülerschaft in dieser Schulform daher vergleichsweise heterogen ist.

Aus dem angloamerikanischen Raum liegen bereits differenziertere Befunde zur Thematik homogen und heterogen zusammengesetzter Niveaugruppen im Grundschulbereich vor. Van de Grift und Houtveen (2009) betonen, dass im Grundschulbereich eine elaborierte Instruktion / Anleitung durch die Lehrkraft förderlich für den Lernerfolg sein kann, insbesondere für Schülerinnen und Schüler mit niedrigem oder durchschnittlichem Fähigkeitsniveau.

Sie heben hervor, dass es vor allem zur Frage homogener versus heterogener Lerngruppen und deren Nutzen für die schulischen Leistungen von Schülerinnen und Schülern, wissenschaftliche Debatten gibt. Wilkinson et al. (2000) errechneten in ihrer Meta-Analyse im Elementar- und Sekundarschulbereich beispielsweise eine Effektstärke von .10 für homogene Lerngruppen.

Jedoch differiert die Effektivität von heterogenen und homogenen Fähigkeitsgruppen zwischen dem Elementar- und Sekundarschulbereich. Spade, Vanfossen und Jones (1985) fanden in ihrer Studie mit 4000 Sekundarschülern eine niedrige positive Beziehung (.10) zwischen dem Streaming von Schülerinnen und Schülern und deren Mathematikleistung.

Brimer, Madaus, Chapman, Kellaghan und Woodrof (1976) fanden in ihrer Studie mit 44 Sekundarschulen niedrige positive und hohe negative Zusammenhänge zwischen heterogenen Lerngruppen und den schulischen Leistungen. In einer Meta-Analyse über 52 Studien fanden Kulik and Kulik (1982) eine durchschnittliche Effektstärke von .10. In einer Meta-Analyse über 29 Studien, die im Sekundarschulbereich verortet sind, fand Slavin (1990a; 1990b) eine durchschnittliche Effektstärke von -.02.

Im Elementarschulbereich ist die Konsistenz der Befunde höher. Kulik und Kulik (ebd.) fanden in einer Meta-Analyse über 31 Studien zu dieser Thematik heraus, dass homogene Niveaugruppen mit einer Effektstärke von .19 zu besseren Lernergebnissen beitragen. Diesbezügliche differenziertere Analysen machten deutlich, dass sich dieser Effekt durch Niveaugruppen mit einem homogen hohen Niveau erklären lässt. Für Niveaugruppen mit einem homogen niedrigen Niveau zeigte sich dagegen der gegenteilige Effekt.

Somit werden also in homogenen Settings gute Schüler zwar besser, jedoch stagnieren bzw. verschlechtern sich die Lernergebnisse der schlechteren Schülerinnen und Schüler.

Daher werden für Grundschülerinnen und -schüler, die ein niedriges oder ein durchschnittliches Fähigkeitsniveau aufweisen, heterogen zusammengesetzte Lerngruppen bzw. Klassen postuliert (Gamoran, 1992; Hallam & Toutounji, 1996; Houtveen & Van de Grift, 2001; Oakes, Gamoran & Page, 1992; Reezigt, 1993; Slavin, 1987, 1996). Auch eine neuere Veröffentlichung zu diesem Aspekt von Ditton und Krüsken (2009) kommt zu ähnlichen Befunden. Voss et al. (2008) kommen unter Anwendung des Stolperwörtertest mit heterogenen Lerngruppen guter und schlechter Schülerinnen und Schüler zu einem ähnlichen Befund.

Wie aus aktuellen Schulleistungsstudien hervorgeht und wie einleitend zu dieser Arbeit bereits kursorisch erläutert wurde, üben den prozentual größten Einfluss auf die kognitiven Leistungen der Schülerschaft jedoch nicht schulische und unterrichtliche Faktoren aus, vielmehr hat der sozioökonomische Status der Elternhäuser der Schülerinnen und Schüler den größten Einfluss.

In den folgenden Ausführungen sollen daher entsprechende empirische Befunde näher betrachtet werden. Zudem soll beleuchtet werden, wie im IGLU-Rahmenmodell der sozioökonomische Kontext theoretisch fundiert wurde.

2.7 Zum sozioökonomischen Status der Elternhäuser

2.7.1 Sozioökonomischer Kontext als Ressource für Bildungserfolg

Bereits seit den 60er-jahren des 20. Jahrhunderts wurde die enge Kopplung zwischen dem sozioökonomischen Status der Elternhäuser und den schulischen Leistungen der Kinder in empirischen Studien festgestellt (Schimpl-Neimanns, 2000).

Insbesondere die Veröffentlichung der Ergebnisse aus PISA 2000 und aus IGLU 2001 hat dazu beigetragen, dass die Thematik um die soziale Ungleichheit im Bildungssystem in der bildungspolitischen Diskussion an Bedeutung gewonnen hat.

So belegen die Daten der PISA 2000-Untersuchung, dass der Bildungshintergrund der Kinder für deren Kompetenzentwicklung von zentraler Bedeutung ist (Baumert, Klieme et al., 2001; OECD, 2001). In Deutschland ist die Kopplung zwischen der erzielten Testleistung und dem Bildungshintergrund der Schülerinnen und Schüler im OECD-Vergleich eine der stärksten (Baumert & Schümer, 2001). Baumert und Schümer (ebd.) sprechen in diesem Zusammenhang von einer ungewöhnlich straffen Kopplung des Bildungshintergrundes und des Kompetenzerwerbs für Deutschland im internationalen Vergleich. Der Leistungsunterschied in der Lesekompetenz zwischen fünfzehnjährigen Schülerinnen und Schülern mit und ohne Migrationshintergrund ist in Deutschland besonders deutlich (OECD, 2004).

Wie in der Einleitung schon erwähnt, hat die IGLU-Erhebung 2001 für die deutschen Viertklässlerinnen und Viertklässler eine Kopplung zwischen dem sozioökonomischen Status der Elternhäuser und der Lesekompetenz festgestellt, jedoch ist diese Kopplung nicht ganz so stark ausgeprägt wie bei PISA (Bos et al., 2003; Schwippert et al., 2003).

Zwischen den IGLU-Erhebungen in 2001 und 2006 ergibt sich über alle Schülerinnen und Schüler eine Verbesserung um insgesamt 9 Punkte beim Niveau der Lesekompetenz. Jedoch hat sich der Anteil von sogenannten ‚Risikokindern' zwischen der ersten und zweiten IGLU Erhebung nur geringfügig und nicht signifikant verringert (Bos, Schwippert et al., 2007). In IGLU 2006 betrug der Anteil sogenannter Risikoschüler noch 13,2 %. Im internationalen Vergleich ist dieser Anteil zwar vergleichsweise gering, jedoch haben Schülerinnen und Schüler aus bildungsnahen Elternhäusern in Deutschland einen deutlichen Leistungsvorsprung von 67 Punkten vor Schülerinnen und Schülern aus bildungsfernen Elternhäusern – dieser Vorsprung fällt signifikant größer aus als im internationalen Mittel.

Daher ist die Berücksichtigung des sozioökonomischen Kontextes für die Analysen dieser Arbeit von zentraler Bedeutung.

Im theoretischen Rahmenmodell der IGLU-Studie (Bos, 2007, S. 22), wird der sozioökonomische Kontext in Anlehnung an die Theorie Bourdieu's (1983) erfasst.

2.7.2 Ökonomisches, kulturelles und soziales Kapital

Bourdieu (ebd.) unterscheidet drei Kapitalformen: ökonomisches, kulturelles und soziales Kapital. Das ‚ökonomische Kapital' steht für monetäre bzw. materielle Ressourcen. Das ‚kulturelle Kapital' wird als Bildungskapital beschrieben und lässt sich in drei Teilbereiche untergliedern:

- Das ‚inkorporierte Kulturkapital' bezeichnet das Wissen, dass eine Person im Laufe ihres Lebens erworben hat,

- Das ‚objektivierte Kulturkapital' steht für materielle Gegenstände wie Bücher, Kunstwerke oder Musikinstrumente,

- Das ‚institutionalisierte Kulturkapital' steht für offizielle schulische oder akademische Titel.

Unter dem ‚sozialen Kapital' werden die sozialen Beziehungen einer Person verstanden.

Die Reproduktion von sozialer Ungleichheit entsteht nach der Theorie Bourdieu's (ebd.) dadurch, dass vorhandenes ökonomisches, kulturelles und soziales Kapital von den Familien in die Ausbildung ihrer Kinder und in den Aufbau von sozialen Beziehungen investiert wird und somit die Chancen erhöht werden, dass auch das Kind einen hohen sozioökonomischen Status in der Gesellschaft erreicht. Dadurch werden soziale Ungleichheiten in der Gesellschaft reproduziert, da die entsprechenden Ressourcen in benachteiligten Familien nicht vorhanden sind, und damit auch die Chancen dieser Kinder, einen höheren sozialen Status zu erreichen, verringert werden (Becker & Lauterbach, 2007).

Coleman (1988; 1996) richtet den Fokus insbesondere auf das soziale Kapital von Familien. Er befindet insbesondere generationsübergreifende Beziehungen für den Bildungserfolg von Schülerinnen und Schülern als bedeutsam, aber ebenso die Vielfalt und die Stabilität von sozialen Beziehungen.

2.7.3 Primäre und sekundäre Herkunftseffekte

Boudon (1974) unterscheidet bei der Erklärung der Reproduktion sozialer Disparitäten zwischen primären und sekundären Herkunftseffekten.

Primäre Herkunftseffekte sind die Bedingungen, die Kinder in Abhängigkeit vom sozioökonomischen Status ihres Elternhauses beim Erwerb schulischer Kompetenzen aufweisen. Bereits von Beginn der Schulzeit an verfügen Kinder aus bildungsnäheren Elternhäusern häufig über einen Wissensvorsprung gegenüber den Mitschülerinnen und Mitschülern aus bildungsferneren Elternhäusern. Diese herkunftsbedingten Disparitäten verstärken sich im Laufe der Schulzeit auf Grund der besseren häuslichen Förderung (Hilfe bei den Hausaufgaben, Bezahlung von Nachhilfe etc.).

Als sekundäre Herkunftseffekte werden die Bildungsentscheidungen bezeichnet, die Schülerfamilien in Abhängigkeit ihres sozioökonomischen Status treffen. Auch bei der Berücksichtigung des durch primäre Herkunftseffekte bedingten Leistungsvorsprungs von Schülerinnen und Schülern aus bildungsnäheren Elternhäusern (primärer Herkunftseffekt), entscheiden sich diese Familien häufiger für höhere Schullaufbahnen als bildungsfernere Familien (Stubbe & Bos, 2008). Die Reproduktion sozialer Ungleichheit wird demnach also verstärkt, je häufiger und je früher Familien während der Schullaufbahn Bildungsentscheidungen treffen müssen.

Ein weiterer dritter Effekt, der dazu beiträgt, dass Kinder aus bildungsferneren Elternhäusern einen geringeren Bildungserfolg aufweisen, ist die Leistungsbeurteilung der Schülerinnen und Schüler durch die Lehrkräfte. Bos, Lankes, Plaßmeier und Schwippert (2004) weisen nach, dass diese Beurteilung selbst einen Zusammenhang mit der sozioökonomischen Herkunft der Schülerinnen und Schüler aufweist, selbst unter Kontrolle der schulischen Kompetenzen. Das lässt darauf schließen, dass die Beurteilung der Lehrkräfte durch deren subjektive Sicht- und Urteilsweise geprägt ist. Becker (2000) weist daher darauf hin, dass die Rückmeldungen, die Familien von den Schulen über die schulischen Leistungen ihrer Kinder erhalten (z.B. Schulnoten, Empfehlungen für weiterführende Schulform nach der Primarstufe), bei der Analyse sekundärer Herkunftseffekte berücksichtigt werden müssen, da diese für Eltern ein bedeutendes Entscheidungskriterium darstellen.

Pietsch und Stubbe (2007) sprechen daher auch von einer dreifachen Benachteiligung von Kindern aus unteren sozioökonomischen Lagen. Kinder aus diesen Elternhäusern verfügen über geringere kognitive Kompetenzen, sie haben im Vergleich zu Schülerinnen und Schülern mit ähnlichen Leistungen aber einem gleichzeitig höheren sozioökonomischen Hintergrund geringere Chancen, eine Gymnasialempfehlung zu erhalten, und sie haben selbst mit einer Gymnasialempfehlung eine geringere Chance, von ihren Eltern auf einem Gymnasium angemeldet zu werden.

2.7.4 Indikatoren sozioökonomischer Herkunft

Zur Erfassung der sozioökonomischen Herkunft der Familien der Schülerinnen und Schüler werden in den verschiedenen Schulleistungsstudien unterschiedliche Indikatoren verwendet. In deutschen Studien werden dafür zumeist Variablen benutzt, die aus erfragten Angaben zum Beruf der Eltern erzeugt werden (Bos, Schwippert et al., 2007, S. 227). Gebräuchlich sind dabei der ‚EGP-Klassen-Index', bei dem Personen ausgehend von den Angaben zur beruflichen Stellung distinkten Gruppen zugeordnet werden (Erikson, Goldthorpe & Portocarero, 1979) sowie der ‚International Socio-Economic Index of Occupational Status' (ISEI), welcher die Berufe hinsichtlich ihrer Eigenschaft, Bildung in Einkommen umzuwandeln, in eine Rangfolge bringt (Ganzeboom, De Graaf & Treiman, 1992; Ganzeboom & Treiman, 1996).

Eine reliable Alternative dazu stellt der im Rahmen der Studie ‚Kompetenzen und Einstellungen von Schülerinnen und Schülern' (KESS) entwickelte Sozialindex dar (Bonsen, Bos & Gröhlich, 2007; Bos, Pietsch, Gröhlich & Janke, 2006; Pietsch, Bonsen & Bos, 2006). Hier werden Indikatoren zu Besitztümern des Haushaltes erfasst, die einen Hinweis auf das ökonomische und kulturelle Kapital der Familie geben (z.B. Anzahl der Autos, Rasenmäher als Indikator für einen eigenen Garten, Besitz eines Klaviers etc.) und im Sozialindex zusammengefasst dargestellt.

Wie aus den Modellen zur Schulqualität (siehe Kapitel 2.3) hervorgeht, werden die Schülerleistungen jedoch nicht allein durch die Unterrichtsebene sowie durch den sozioökonomischen Status der Schülerfamilien beeinflusst, sondern es wirken auch Faktoren auf Schul- und Systemebene distal über die Unterrichtsebene auf die Schülerleistungen. Dabei kann beispielsweise ein Länderbildungsprogramm einen bedeutenden Faktor auf der Systemebene darstellen.

Ältere Modelle schulischen Lernens, zum Beispiel Carrolls Modell schulischen Lernens (1963), definieren Unterrichtsqualität nur ungenau und reduziert, wie Niegemann (2001) kritisiert. Zudem fehlt die institutionelle und gesellschaftliche Einbindung des Unterrichtsprozesses. Neuere Modelle versuchen deshalb, das Konstrukt Unterrichtsqualität differenzierter zu beschreiben (Creemers, 1994; Harnischfeger & Wiley, 1977), sowie den institutionellen und gesellschaftlichen Kontext einzubeziehen (Creemers & Kyriakides, 2008).

Mit Hinblick darauf soll im Folgenden auch die Bedeutung der Schulebene näher beleuchtet werden, um deren Einfluss auf die Unterrichtsebene zu verdeutlichen, und um somit zu einem besseren Gesamtverständnis der Zusammenhänge zwischen Schul- und Unterrichtsebene und Schülerleistungen beizutragen. Auf die Betrachtung der Systemebene wird in diesem Zusammenhang im Folgenden verzichtet, da diese in der IGLU-Studie, deren Daten den Analysen dieser Arbeit zugrunde liegen, nicht operationalisiert wurde.

2.8 Zur Schulebene

Vor dem Hintergrund verschiedener groß angelegter Untersuchungen zur Schuleffektivität gibt es in den letzten Jahren einige empirisch gewonnene Hinweise darauf, wie institutionelle Bedingungen von Schule und Unterricht mit den von Schule
produzierten Ergebnissen in Verbindung stehen. Wie sich dabei immer wieder herausgestellt hat, ist davon auszugehen, dass solche Zusammenhänge indirekt und
vermittelt bestehen und empirisch kaum eindeutige Zusammenhänge und Wirkungen nachgewiesen werden können (Maslowski, Scheerens & Luyten, 2007).
Allerdings kann mithilfe von Metaanalysen gezeigt werden, „dass schulische Aktivitäten direkt oder indirekt die Lernleistungen der Schülerinnen und Schüler beeinflussen können" (Senkbeil, 2006, S. 277).

Auch Rolff (2007) betont, dass bei der Frage der Untersuchung von Unterrichtsqualität auch der Schulebene eine Schlüsselrolle zu kommt, da auf dieser
Ebene Schulentwicklungsstrategien in Gang gesetzt werden. Ditton (2007) betont,
dass auf Schulebene sowohl Prädiktoren für Merkmale auf Schulebene (Schulleitungshandeln, Lehrerkooperation) als auch für die Unterrichtsebene (Differenzierung im Unterricht) beinhaltet sein können.

Gleichwohl muss aber berücksichtigt werden, dass Merkmale auf Schulebene für Schülerleistungen als distal gelten, während Merkmale der Unterrichtsorganisation und -gestaltung als proximale Variablen gelten, die einen direkten Einfluss auf Schülerkompetenzen ausüben können. Dies spiegelt den Gedanken des
Prozess-Produkt Paradigma wieder (Shavelson, Webb & Burstein, 1986). Dieses
Paradigma basiert auf der Grundannahme, dass bestimmte Unterrichtsmerkmale
kausal auf die Lernergebnisse der Schülerinnen und Schüler wirken. Neuere Tendenzen in der Schuleffektivitätsforschung ergänzen aber, dass es dabei von Bedeutung ist, zu berücksichtigen, welche kognitiven Anforderungen aus dem Lern-
gegenstand resultieren und wie die kognitive Prozesse beim Kompetenzerwerb
ablaufen (Berliner, 1990; Brophy & Good, 1986; Kyriakides, 2007; Levacic, 2007).
Von Schuleffektivitätsstudien nach der sogenannten *kognitiven Wende* (vgl.
Reusser, 1995) sind differenziertere Ergebnisse über Merkmale guten Unterrichts
bzw. guter Schule zu erwarten als von den in der einschlägigen Literatur vorgelegten
Kriterienkatalogen (Brophy & Good, 1986; Scheerens, 1990; Scheerens & Bosker,
1997). Als ein Schwachpunkt dieser Kriterienkataloge sind die sehr allgemeinen
Aussagen anzusehen (vgl. Ditton, 1997). Bedingt durch die eingesetzten Metaanalysen ergibt sich ein sehr hoher Aggregationsgrad, der keine Aussagen mehr über
die konkrete inhaltliche Arbeit im Unterricht zulässt. Deshalb greifen diese Kriterienkataloge als Grundlage für eine Effizienzsteigerung des Unterrichts zu kurz
(vgl. Kyriakides, 2007). Demgegenüber betonen Shavelson, Webb und Burstein

(1986, S. 51) den fachlichen Bezug des Forschungsfeldes und liefern Anregungen, in welchen Bereichen sich Effektivitätsforschung zum Unterricht entwickeln sollte:

> In particular, we argue that the measurement of effectiveness must be linked closely to the content of instruction and to the multilevel nature of the classroom.

Für den methodologischen Bereich regen sie eine Datenmodellierung und -auswertung mit Hilfe von itemresponstheoretischen Testmodellen an:

> ... the imported contributions of item-response theory.

Sie plädieren für eine mehrebenenanalytische Betrachtung auf der Unterrichtsebene und stellen hiermit den Bezug zur Lehr-Lern-Forschung her:

> ... to move the reader gently from the familiar process-product (effectiveness) research to the unfamiliar cognitive-process research.

Im Folgenden sollen einige Forschungsbefunde vorgestellt werden, welche die Einflussfaktoren von der Schulebene auf die Unterrichtsebene und auf die Schülerleistungen näher darstellen.

Einflussfaktoren der Schulqualität auf Unterricht und Schülerleistungen

(1) Schulleitungshandeln

Die Erwartungen an das Schulleitungshandeln als Qualitätsfaktor bestehen darin, dass ziel- und unterrichtsbezogene Führung, Management und Moderation der Leitungsebene (über konsistentes und kooperatives Kollegiumshandeln) die Lernorganisation und die Lernprozesse förderlich entwickeln und gestalten, so dass sich letztlich auch im Lernerfolg der Lernenden positive Wirkungen zeigen.

Die Organisationskultur[1] einer Schule und insbesondere das Schulleitungshandeln sind in diesem Kontext von Bedeutung, da sie Muster effektiven Schulleitungshandelns hervorbringen können, eine professionelle Kooperation im Lehrerkollegium unterstützen und die Qualität von Lernorganisation und Unterricht fördern können (Baumert, 1990; Bonsen, Bos & Rolff, 2008; Bonsen, Gathen, Iglhaut & Pfeiffer, 2002; Holtappels & Voss, 2006; Van de Grift & Houtveen, 1999).

Dabei deuten die meisten Studien darauf hin, dass eine hohe Innovationsbereitschaft im Lehrerkollegium die Entwicklung der Unterrichtsqualität im beträchtlichen Maße mitbestimmt (Holtappels, 2002b; Holtappels & Voss, 2006).

---

1 Organisationskultur ist zu verstehen als Gesamtheit der strukturellen Merkmale der inneren Schulorganisation einerseits und der Merkmale der schulischen Kultur (Werte, Normen, Ziele, Strategien, Verfahren) und des sozialen Klimas (Umgangsformen, Interaktionsmuster, Beziehungsstrukturen) andererseits.

In ihrem Überblick über empirische Studien zu Wirkungen von Schulleitungshandeln zeigen Hallinger und Heck (1998), dass Schul- und Umwelteffekte (z.b.
Elternzufriedenheit), Effekte in der inneren Organisation der Schule (z.b. Lehre-
reinstellungen, Lehrplanorganisation, Unterricht) und Effekte auf Lernende (z.b.
Leistungen, Einstellungen) nachweisbar sind. Einige neuere Studien versuchen mit
mäßigem Erfolg, den direkten Einfluss des Schulleitungshandelns auf Schülerleistungen zu belegen (Van de Grift & Houtveen, 1999). Heck, Larsen und Marcoulides (1990) zeigen auf der Basis eines theoretisch fundierten Modells jedoch, dass
vermittelnde und direkte Wirkungen auf Leistungen durchaus nachweisbar sind:
Schulleitungen gestalten unmittelbar die auf den Unterricht bezogenen Handlungs-
und Arbeitsstrukturen, die Unterrichtsorganisation sowie das Schulklima im Sinne
eines positiven Lernklimas. Durch diese Merkmale werden wiederum die Schülerleistungen beeinflusst.

Modelle, die von indirekten Effekten des Leitungshandelns auf Schülerleistungen ausgehen, scheinen aber eher empirisch nachweisbar zu sein (Leithwood,
Jantzi, Silins & Dart, 1993), wie dies zum Beispiel Hallinger und Heck (1996) hinsichtlich der unterrichtsbezogenen Führung des Schulleiters demonstrieren: Mit
dieser Form der Führung werden das Unterrichtsklima und ein klares Leitbild der
Schule beeinflusst. Das Leitbild wirkt wiederum auf die Lernanlässe im Unterricht und die Leistungserwartungen an die Schülerschaft, womit eine höhere Lesekompetenz erreicht wird. So wird ein indirekter Einfluss des Leitungshandelns
auf Leistungen sichtbar.

Bonsen u.a. (2002) prüfen zwar keine Effekte auf Leistungsvariablen, können
aber mit ihrem Strukturgleichungsmodell eindrucksvoll nachweisen, dass Schulleitungen mit zielgerichteter Führung positiv auf die Intensität der Lehrerkooperation wirken und einen indirekten Einfluss auf pädagogische Innovationen auf
Schulebene und auf differenzierten und fördernden Unterricht ausüben. Ähnliche
Befunde zeigen sich bei Holtappels (2003), wo das Schulleitungshandeln die Lehrerkooperation aber nicht direkt, sondern indirekt über das Innovationsklima in der
Schule beeinflusst. Wie schon Fend (1986) belegen auch Bonsen u.a. (ebd.), dass
die Schulleitungen in entwickelteren Schulen deutlich bessere Urteile seitens der
Lehrkräfte in Bezug auf ihr Führungshandeln erhalten, als die Schulleitungen in
verbesserungsbedürftigen Schulen. Wenn Unterrichtsqualität und -ergebnisse förderlich beeinflusst werden sollen, scheint es also im Wesentlichen auf Merkmale
einer unterrichtsbezogenen Führung der Schulleitung anzukommen (z.B. Unter-
richtsbesuche, Gespräche über Ziele von Unterricht, Vereinbarungen zur Unterrichtsgestaltung, curriculare Planung).

Befunde von Fend (2001) zeigen, dass es für die Schulleitung von Bedeutung ist, gegenüber dem Kollegium Erwartungen für wünschenswerte Verhältnisse zum Ausdruck zu bringen und Wert auf Lehrerkooperation zu legen. Manasse (1985) führt drei Merkmale effektiver Schulleiter an: a) Weitblick, b) Initiative und c) professioneller Umgang mit Ressourcen. Erfolgreiche Schulleitungen bemühen sich um eine enge Koordination des schulischen Curriculums (Cohen, 1983) und um die unterrichtliche Zielerreichung (vgl. Manasse ebd., S. 447).

Nach empirischen Befunden von Fend (1986, S. 286) zeigen Schulleiter in erfolgreichen Schulen offensichtlich ein höheres Maß an Reformbereitschaft und das Bemühen, über die eigene Schule hinaus einen Erfahrungsaustausch und eigenes Weiterlernen zu praktizieren. Schlechte Schulen sind häufig von resignativen Schulleitungen (z.B. durch Abblocken von Neuerungen) gekennzeichnet.

Im Rahmen von *Effective-School*-Studien zeigt auch Baumert (1990) Merkmale des Schulleitungsverhaltens als eine mögliche Einflussgröße auf:

- Beziehungsarbeit im Kollegium durch proaktives und konstruktives Verhalten in Problemsituationen,
- Erkennen von Problemen und rechtzeitiges Eingreifen insbesondere durch Präsenz,
- Visibilität und enge Kontakte zur Lehrerschaft,
- Balance zwischen Kontrollverzicht und gezielten Kontrollen an Gelenkstellen,
- Förderung eines gemeinsamen Verständnisses der schulischen Arbeit, das individuelles Engagement und Bewusstsein der Zusammengehörigkeit stärkt.

(2) Lehrerkooperation

Die Wirkung des Qualitätsfaktors Lehrerkooperation kann dadurch begründet werden, dass mit der Intensität und Qualität der Kooperation die Kompetenzen in der Unterrichtsarbeit und die Qualität des Unterrichts durch gemeinsame Unterrichtsentwicklung, kollegiale Unterstützung und evaluative Analyse zunehmen, womit letztlich auch die Lernergebnisse zu verbessern wären. Intensive Formen unterrichtsbezogener Lehrerkooperation differenzieren nach den Befunden von Fend (ebd., S. 282f.) insgesamt nur geringfügig zwischen guten und schlechten Schulen. Gleichwohl weisen erfolgreichere Schulen ein stärkeres Kooperationshandeln auf. Dies wird in hohem Maße aber lediglich im Hinblick auf die Beschaffung von Lehrbüchern und von Fachliteratur sowie in gegenseitigen Unterrichtsbesuchen deutlich. In der Studie von Rutter (1979) wird ebenfalls die kollegiumsinterne Lehrerkooperation als positiver Wirkfaktor hervorgehoben, vor allem die Unterrichtsplanung in Teams und die Unterstützung und Beratung durch die Schulleitung.

Eine hohe Bedeutung haben dabei allerdings institutionalisierte Teamformen wie Jahrgangsteams, Klassenleitungstandems oder kontinuierliche Doppelbesetzungen im Unterricht. Solche festen Teambildungen ermöglichen und fordern eine intensive Kooperation. Im Gegensatz zu zufälligen und freiwilligen Kooperationsformen wirken institutionalisierte Teamformen strukturbildend und lassen eher Nachhaltigkeit erwarten.

Auch die Untersuchung über die Entwicklung von Halbtagsgrundschulen in Hamburg belegt, dass institutionalisierte Teambildungen und eine hohe Intensität der Lehrerkooperation im Alltag eine differenzierte Lernkultur und eine innovative Zeitorganisation voranbringen (Holtappels, 2002b, S. 156 ff. u. 237 ff.). Kommen einerseits Strukturen der Praxis einer differenzierten Lernorganisation im Schulkollegium und andererseits positive Einstellungen zu binnendifferenziertem Arbeiten hinzu, tragen Teambildung und Lehrerkooperation zur Unterrichtsentwicklung bei. Zudem gehören beide Variablen zu den Gelingensbedingungen für das Erreichen der Ziele zeitlich erweiterter Grundschulformen (vgl. ebd., S. 246 ff.).

In der Primarschulstudie von Holtappels (1997, S. 157 ff.) über die Entwicklung und Schulqualität von Grundschulen mit erweitertem Zeitrahmen (Volle Halbtagsgrundschulen) erweist sich die Intensität der Lehrerkooperation als eine entscheidende Schlüsselvariable für das Erreichen einer differenzierten Lernkultur. Schulen mit einer entwickelten Lernkultur zeigen eine intensivere Kooperation bei der Materialentwicklung, Unterrichtsplanung und -durchführung sowie der Diagnose der Lernentwicklung. Gegenseitige Hospitationen, Teambildungen (z.B. Klassenleitungs-Tandems, Team-Teaching) und gemeinsame Halbjahresplanungen sind häufiger vorzufinden als in weniger entwickelten Schulen. Zudem kann eine Unterrichtspraxis mit variablen Lernformen und binnendifferenziertem Arbeiten im Unterricht unter anderem auf eine intensive Lehrerkooperation zurückgeführt werden: Ein hoher Entwicklungsstand in der Lernkultur geht auch mit einem hohen Niveau in der Lehrerkooperation einher.

Auch die Untersuchung über die Entwicklung von Halbtagsgrundschulen in Hamburg belegt, dass eine hohe Intensität der Lehrerkooperation im Alltag eine differenzierte Lernkultur und eine innovative Zeitorganisation voranbringt (Holtappels, 2002b, S. 156 ff. u. 237 ff.). Lehrerdaten belegen: Wo feste Teambildungen bestehen und wo intensiv mit den Kollegen kooperiert wird, findet sich auch eher eine differenzierte Lernkultur mit variablen Lernarrangements im Unterricht.

Nach den Befunden einer Grundschulzusatzstudie zu IGLU in Bremen (Holtappels & Heerdegen, 2005) kooperieren Lehrpersonen, die in festen Teams oder in Doppelbesetzungen eingebunden arbeiten, nicht nur intensiver, sondern praktizieren auch eher differenziertere Lernformen und eine variablere Lehrpraxis, zudem setzen sie häufiger lesefördernde Hilfsmittel ein. Ebenso wird in Schulen mit einem hohen Kooperationsstand die Zielerreichung in der individuellen Förderung und der Lernorganisation des Unterrichts positiver eingeschätzt. Darüber hinaus gibt es auch Hinweise darauf, dass die Lehrerkooperation leistungsförderlich sein kann. Eine intensive Lehrerkooperation geht, vor allem als Teamarbeit im Unterricht, mit hohen Lernleistungen der Schülerschaft auf der Schulebene einher: In den 25 Prozent der leistungsstärksten Schulen (hohe Testleistungen) zeigt sich eine höhere Kooperationsintensität als in den leistungsschwächsten (vgl. Holtappels & Heerdegen ebd.).

Auch in der empirischen Bestandsaufnahme über die Gestaltung und Organisation von Ganztagsschulen in Deutschland (Höhmann, Holtappels & Schnetzer, 2004) finden sich Hinweise auf die Bedeutung von institutionalisierten Lehrerteams, zum Beispiel im Hinblick auf die inhaltlich-curriculare Profilbildung für den Unterricht und auf außerunterrichtliche Aktivitäten. Jedoch wurde hier noch nicht der Zusammenhang zur Verbesserung der Lernleistungen überprüft.

(3) Professionelle Lerngemeinschaften

Im internationalen Forschungsdiskurs zur Kooperation werden die Existenz und die Arbeitsweise professioneller Lerngemeinschaften als eine auf den Unterricht und das Schülerlernen bezogene intensive Teamarbeit besonders hervorgehoben. Diese setzen sich aus einer Gruppe von Lehrern zusammen, im Idealfall aus allen Lehrern einer Schule, die in einem spezifischen Problemkontext zusammenarbeiten. Diesbezüglich verdeutlicht Rosenholtz (2000), dass die Komplexität und die Forderungen des Unterrichtens ein ständiges Weiterlernen für Lehrkräfte notwendig macht, dass dies aber nicht allein bewältigt werden kann, sondern den Austausch im Kollegium über den Unterricht erfordert. Rosenholtz zeigt empirische Merkmale auf, die im Zusammenwirken ein hohes Niveau professioneller Lerngemeinschaften anzeigen und hinreichende Gelegenheiten zum professionellen Lernen geben: Grundlegende Orientierungen auf Schulebene, gemeinsame Ziele, Lehrerevaluation, Partizipation in der Entscheidungsfindung und Lehrerkooperation. Bonsen und Rolff (2006) betonen, dass dem Schulleiter im Sinne der symbolischen und organisatorischen Unterstützung dabei eine besondere Bedeutung zukommt.

Professionelle Lerngemeinschaften verkörpern demnach die gemeinsame Verantwortung des Kollegiums für das Erreichen der pädagogischen Ziele und die zielbezogene Zusammenarbeit. Ihr Wirkungspotenzial vollzieht sich nach Leithwood (2000) in Abhängigkeit von fünf Merkmalen: Gemeinsam geteilte Werte und Normen, reflektierender Dialog und kontinuierliche Analyse, Deprivatisierung des Unterrichtshandelns durch Kommunikation im Team, intensive Kooperation

zur Steigerung der Unterrichtseffektivität und Fokus auf das Lernen der Schülerinnen und Schüler.

Ergebnisse, die Bonsen & Rolff (ebd.) für deutsche und schweizerische Schulen erhoben haben, zeigen, dass der gemeinsame Fokus am stärksten auf Schülerlernen und gemeinsame pädagogische Ziele gerichtet wird, weniger aber ein re-
flexiver Dialog durch Unterrichtsanalyse stattfindet. Weiter wird die individuelle
Wahrnehmung von positivem Feedback überwiegend durch individuelle Faktoren
beeinflusst. Bezüglich der Wahrnehmung von professionellen Lerngelegenheiten
auf Schulebene scheinen Schulformeffekte sowie die Verständigung innerhalb der
Schule auf gemeinsame Ziele und Normen entscheidend zu sein.

(4) Innovationsbereitschaft

Wie zahlreiche Innovationsstudien hierzulande zeigen, kennzeichnet erfolgreiche
Schulen die grundlegende Voraussetzung einer vorhandenen Innovationsbereitschaft im Kollegium, die in der Bereitschaft zur Selbsterneuerung und zur Weiterentwicklung besteht, also im Willen, die Schule neu zu gestalten und neue Wege
zu gehen, Reformen gegenüber aufgeschlossen zu sein, eine Schulentwicklung
über Schulprogramm und Evaluation zu betreiben und Fortbildungen wahrzuneh-
men. Dabei wird vor allem deutlich, dass die Innovationsbereitschaft als Prädiktor
einen relevanten Einfluss auf Veränderungen in der Schul- und Unterrichtsqualität hat (Haenisch, 1993; Hameyer, Lauterbach & Wiechmann, 1992; Holtappels,
1997; Holtappels & Rollett, 2007). In einem engen Zusammenhang mit der Innovationsbereitschaft stehen auch der Zielkonsens, die zielorientierte Konzept-
arbeit im Kollegium sowie die Fortbildungsbereitschaft. Auf der Organisations-
ebene wird in erfolgreichen Schulen auch in stärkerem Maße das schulspezifisch
geprägte Curriculum artikuliert (Haenisch, 1989). In dieses Bild passt, dass schulinterne Fortbildungsmaßnahmen systematisch organisiert werden, die sich eng auf
das Schulprogramm beziehen und in denen das Kollegium über die pädagogische
Arbeit gemeinsam reflektiert.

Der Einfluss von Schulentwicklungsarbeit auf die Entwicklung der Schul- und Unterrichtsqualität

(1) Schulprogramm / Schulkonzept

Auch ein Schulkonzept, das sich besonders der Erneuerung widmet, kann eine förderliche Basis für Innovationen sein, ebenso wie Zielorientierungen und konzepti-
onelle Vereinbarungen, die Konsens und Verbindlichkeit zum Ausdruck bringen.
Entsprechende Entwicklungsaktivitäten der Schule für die Planung und Entwicklung der Reformkonzeption und die Anwendung möglichst systematischer und

planvoller Verfahren und Strategien (z.b. Organisationsentwicklung, Schulprogramm, Evaluation) in Form einer kooperativen Entwicklungsarbeit des Kollegiums, die schulweite Partizipation und eine breite Akzeptanz im Kollegium bilden weitere förderliche Bedingungen für gelingende Verläufe der Innovation (Haenisch, 1993; Holtappels, 2002b; Holtappels & Rollett, 2007). Zugleich wird die Bedeutung von Schulnetzwerken und von externer Unterstützung durch die Bildungsadministration auch auf regionaler Ebene sowie durch spezielle Unterstützungssysteme für Schulen über Beratung, Begleitung und Fortbildung hervorgehoben (Berkemeyer, Bos, Manitius & Müthing, 2008).

Ein Ergebnis der Studie zur Einführung der Halbtagsgrundschule in Hamburg zeigt: Eine schulweite Partizipation und die Akzeptanz des Schulkonzepts bedingen einander, beides hat einen förderlichen Einfluss auf eine differenzierte Lernkultur (Holtappels, 2002a).

In der Studie zur Entwicklung von Ganztagsschulen wird die besondere Bedeutung der Schulentwicklungsarbeit durch Analysen zu förderlichen Bedingungen von Prozessfaktoren empirisch eindrucksvoll nachgewiesen (vgl. Holtappels & Rollett ebd.): Mit hoher Varianzaufklärung erweisen sich Merkmale des Entwicklungsprozesses als wirkungsstarke Bedingungsfaktoren sowohl für die Angebotsbreite als auch für das Ausbauniveau der Ganztagsschulen. Intensive Entwicklungsaktivitäten und Formen systematischer Qualitätsentwicklung scheinen sich für ein anspruchsvolles Bildungsangebot und einen hohen Ausbaugrad des Ganztagsbetriebs ebenso auszuzahlen wie Investitionen in externe Unterstützung durch Information, Beratung und Begleitung sowie administrative Hilfen in strukturell-finanzieller Hinsicht. Während die Partizipation des Personals in der Entwicklungsphase weniger ins Gewicht fällt, erweist sich die schulweite Akzeptanz als förderlich.

Nach der Längsschnittstudie von Holtappels (2004) in Niedersachsen zeigt sich jedoch, dass es auf wesentliche Merkmale der Unterrichtsqualität (erhoben über die Schülerschaft) keinen Einfluss hat, ob Schulen ein Schulprogramm erarbeitet haben oder nicht. Eine bedeutende Rolle scheint jedoch die Organisationskultur im Sinne förderlicher Voraussetzungen zu spielen, also als Infrastruktur für Innovationsprozesse. Im Umfeld der Lehrer, die von hohen Schulprogrammwirkungen berichten, ist ein ‚günstigeres Organisationsmilieu' vorzufinden, als bei den Lehrern die geringe Wirkungen berichten: Innovations- und Arbeitsklima zeigen förderlichere Ausprägungen, ebenso die wahrgenommenen Schulleitungskompetenzen. Darüber hinaus sind die Arbeitsbelastungen auf der Schulebene geringer, Elternkontakte sind besser und die Lehrerkooperation ist intensiver. Auch arbeiten in Schulen mit starken Entwicklungswirkungen die Lehrpersonen in höherem Maße in festen Teams, was durchgängig für Doppelbesetzungen im Unterricht, Klassenleitungstandems und Jahrgangsteams gilt. Entwicklungswirkungen der Schulprogrammarbeit benötigen offensichtlich einen bestimmten ‚Nährboden' oder entwicklungsförderliche Organisationsmilieus in Schulen, die letztlich zur Entfaltung der Wirkungen der Schulprogrammarbeit in höherem oder geringerem Maße beitragen.

Auch Burkard und Kanders (2002) identifizieren über eine Regressionsanalyse eine Reihe von Einflussfaktoren, die sowohl auf die Organisationskultur der Schule als auch auf die Arbeitsorganisation des Schulprogrammprozesses verweisen: Einen Einfluss haben dementsprechend Innovationsbereitschaft und Teamarbeit, personelle Kompetenzen im Kollegium und Unterstützung von außen, sowie die Existenz eines Leitbildes und die schulinterne Arbeitsplanung. Von Bedeutung ist auch, ob organisationsinterne Widerstände und eine Behinderung anderer Projekte die Programmarbeit einschränken.

Zu schulentwicklungsbezogenen Schulmerkmalen und Bemühungen der Schulen bietet auch PISA 2003 Analysen für deutsche Schulen (Senkbeil, 2006): Aktive Schulen zeichnen sich gegenüber weniger aktiven Schulen durch eine signifikant bessere Kooperations- und Evaluationspraxis aus, aber auch durch eine intensivere Schulprogrammarbeit und eine höhere Elternbeteiligung und -information. Lernorientierte Schulen liegen in diesen Merkmalen im mittleren Bereich, heben sich von passiven Schulen aber nur in der Kooperations- und Evaluationspraxis und in der Elterninformation deutlich ab, sowie in einem besseren Zeitmanagement und in der Förderung der Disziplin.

So lassen sich Wirkungen auf die Veränderung der Kompetenzen (Testleistungen) prüfen (vgl. ebd., S. 296 ff.): Weder in der Mathematik noch in den Naturwissenschaften übt eines der schulischen Merkmale einen bedeutsamen Einfluss auf die Kompetenzzuwächse aus. Alle über die Schulleitungen erfassten Schulmerkmale erweisen sich als distale Merkmale ohne eine direkte Bedeutung für die Lernleistungen. Anders als bei den Lehrertypen erreichen Schulen mit vornehmlich aktiven Lehrkräften sowohl in Mathematik als auch in den Naturwissenschaften höhere Kompetenzzuwächse als Schulen mit vornehmlich passiven Lehrkräften. Schulen mit vornehmlich aktiven oder disziplinorientierten Kollegien heben sich mit Zuwächsen in den Naturwissenschaften ab. Disziplinorientierte Lehrkräfte profitieren dabei von günstigen Merkmalen der Schülerzusammensetzung, passive Lehrkräfte erzielen trotz diesbezüglich unauffälliger Bedingungen nur geringe Kompetenzzuwächse. Die pädagogischen Bemühungen von Schulen zeigen demnach erwartete Unterschiede, gleichwohl schlagen die Merkmale auf Schul- und Klassenebene keineswegs direkt und durchgängig auf die Lernleistungen durch.

(2) Innovationsprozesse in Schulen

Über Verläufe und das Gelingen von Innovationen liegen bereits Forschungser-
kenntnisse vor. Befunde aus dem angloamerikanischen Raum über Innovation
und Qualitätsverbesserungen verweisen auf förderliche Schlüsselfaktoren, die im
Wesentlichen im innovationsorientierten Leitungshandeln, in der Herstellung des
pädagogischen Konsens und in der kooperativen Zusammenarbeit an Schulkonzept und Curriculum innerhalb der Schulleitung und Lehrerschaft einer Schule gesehen werden, und zwar über Ziele, Mittel und Wege von Problemlösungen und
der Entwicklung der eigenen pädagogischen Schulkultur (Brophy & Good, 1986;
Good & Brophy, 1986; Mortimore, 1988; Purkey & Smith, 1983).

Im deutschsprachigen Raum zeigen Hameyer, Lauterbach und Wiechmann
(1992) und Haenisch (1993), dass die Konzentration auf zentrale Ziele und be-
währte Ansätze, Zielklarheit und Verbindlichkeit, schrittweises Vorgehen sowie
Feedback und Überprüfung eine förderliche Innovation entscheidend stützen. In
empirischen Studien zu schulischen Innovationsprozessen wurden vielfach wirk-
same Merkmale im Entwicklungsprozess identifiziert, die insgesamt zu relativ
verdichteten Erkenntnissen führen. Folgende Prozessmerkmale scheinen Innovationen und deren Gelingen zu fördern: Anwendung zielorientierter und systematischer Entwicklungsstrategien, Partizipation des Kollegiums im Entwicklungsprozess, Kompetenzen zur Bewältigung der Innovation oder der Vermeidung von
Anfangsproblemen, Präsenz und Nutzung von externer Unterstützung sowie eine
breite Akzeptanz im Kollegium für die geplante Innovation (Fullan, 1993; Haenisch, 1993; Hameyer et al., 1992; Holtappels, 2002a; Holtappels, 2004; Holtappels & Rollett, 2007; Leithwood, 2000).

Doch Schulentwicklungsstrategien allein bilden noch keine Garantie für erfolgreiche Innovationen an Schulen – Senge (2008) macht hierauf indirekt auf-
merksam, indem er die Architektur der lernenden Organisation mit Visionen, der
Infrastruktur und Werkzeugen charakterisiert, welche mit der Zielorientierung, der
Organisation und der Steuerung sowie mit Methoden und Strategien gleichzuset-
zen sind. Die Organisationskultur bezeichnet somit förderliche beziehungsweise
nichtförderliche Entwicklungsmilieus für die schulinterne Schulentwicklungsarbeit.

Untersuchungen zur prozessbezogenen Schulentwicklungsforschung förder-
ten hierzu, auch mit Bezug zu Theorieansätzen der lernenden Organisation (Argyris & Schön, 1997), vor allem innovationsförderliche Organisationsmerkmale
sowie Prozessmerkmale zu Tage, die zum Teil auch einen bedeutenden Einfluss
auf die Wirksamkeit von Schulen für die Lernergebnisse haben (Mortimore, 1988;
Sammons, Hillman, Mortimore & Institute of Education, 1995): Ein förderliches
Organisationsmilieu scheint insbesondere durch eine grundlegende Innovations-

bereitschaft des Kollegiums, zielorientiertes Handeln, effektives Leitungshandeln (Bonsen et al., 2002; Hallinger & Heck, 1998; Heck et al., 1990; Holtappels, 2004; Leithwood et al., 1993), schulinternes Innovationsmanagement durch Steuerung in der Arbeitsorganisation (Berkemeyer & Holtappels, 2006), institutionalisierte Teambildung und intensive Kooperationsformen beim Personal gekennzeichnet zu sein (Holtappels, 1997, 2002a; Leithwood, 2000; Radisch & Klieme, 2004; Rosenholtz, 2000; Seashore Louis & Kruse, 1995; Steinert & Klieme, 2003).

Für die schulweite Einführung einer Innovation bedarf es einer schrittweisen Aktivierung und Beteiligung des gesamten Kollegiums, von der Planung bis zur Umsetzung. Dazu haben sich die Bildung temporärer Arbeitsgruppen, Projektteams oder Qualitätszirkel, die Projektentwicklung betreiben und Konzepte, Lösungsansätze und Maßnahmen entwickeln, bewährt (Miles, 1964). In der Studie zur Schulqualität über die Schulprogrammarbeit in Niedersachsen erwies sich die schulweite Partizipation als relevanter Prozessfaktor (Holtappels, 2004, S. 188 ff.). Arbeitsgruppen in der Schulprogrammarbeit steigern zudem die Qualität der Produkte und die Akzeptanz im Kollegium (Holtappels & Müller, 2002).

(3) Steuergruppen

Im Hinblick auf die Qualität des Schulprogramms als Entwicklungsinstrument erweist sich neben anderen Faktoren (Zielklärung, schulweite Lehrerbeteiligung, Evaluationsplanung) auch die Existenz einer Steuergruppe als bedeutsam (Holtappels & Müller, ebd.): Schulprogramme, die einen hohen Konkretisierungsgrad und eine ausgeprägte interne Konsistenz aufweisen und konzeptionell fundiert sind, entstanden überproportional in Schulen, die mit einer Steuergruppe Schulprogrammarbeit betrieben hatten (71 Prozent), Schulen mit defizitären Programmen hatten nur zu 48 Prozent eine Steuergruppe. Dies kann als Hinweis dafür gewertet werden, dass innerschulische Strukturen, die mit einer besonderen Steuerung für Programmplanung arbeiteten, zu effektiveren Ergebnissen kommen.

Die Begleitforschung zur ‚Selbstständigen Schule in Nordrhein-Westfalen' (Holtappels, Klemm & Rolff, 2008) zeigt: In der Einschätzung darüber, ob die Steuergruppenarbeit wirksam ist, wird wiederum ein Gefälle von relativ positiven Einschätzungen der Schulleitungen und Steuergruppen sichtbar, gegenüber einer etwas gedämpfteren Beurteilung durch Lehrkräfte. Die Kollegien artikulieren auch weniger, dass die Steuergruppe sie zur Mitarbeit motiviert hat, während die Steuergruppen selbst sich erheblich optimistischer äußern. Über eine multiple Regression auf Schulebene (n = 79 Schulen) kann jedoch gezeigt werden, dass die Veränderungen in der Intensität der Lehrerkooperation über die ersten zwei Jahre auf die Selbstwirksamkeit in der Lehrereinschätzung und auf die Steuerung per Aushandlung durch die Steuergruppe zurückführbar ist, wobei 18 Prozent der Varianz der gestiegenen Kooperationsintensität aufgeklärt werden.

Insgesamt sind die bis vor einiger Zeit vorgelegten empirischen Studien aber nicht geeignet, Aussagen über reale Schulqualitätsverbesserungen durch Steuergruppenarbeit zu treffen. Für die Wirksamkeit von Steuergruppen auf Innovationseffekte gab es bislang keine Belege. Deutlich jedoch zeigen sich Hinweise für die Wirksamkeit von Steuergruppen auf die Entwicklung der schulinternen Infrastruktur für Innovationen (Berkemeyer & Holtappels, 2006). Steuergruppen scheinen per indirekter Steuerung für eine entwicklungsorientierte Organisationskultur zu sorgen und in förderlicher Weise Schulen besser auf eine systematische und gesteuerte Schulentwicklungsarbeit einzustellen.

Abschließend sollen die im Rahmen von PISA 2003 von Senkbeil (2006) durchgeführten Analysen näher beleuchtet werden. In diesen Analysen werden einflussstarke Faktoren der Lehrertypologie auf Lernzuwächse aufgezeigt, unter Berücksichtigung der Kontextbedingungen und Ressourcen der Schulen.

Einerseits wurden „belastete" und „unbelastete" Schulen und andererseits „aktive" und „passive" Schulen anhand von Qualitätsmerkmalen zur Organisations- und Lernkultur sowie ihres Engagements zur Schulentwicklung unterschieden. In der Kombination dieser beiden Dimensionen (Belastung und Aktivität) basieren die Analysen dementsprechend auf dem Vergleich von vier Schulgruppen (Senkbeil, 2005):

Aktive Schulen sind dadurch charakterisiert, dass sie gegenüber passiven Schulen insgesamt eine höhere Intensität der Lehrerkooperation, eine entwickeltere Praxis der Evaluation und eine bessere Elternarbeit aufweisen. Allerdings zeigt die Gruppe der unbelasteten, passiven Schulen ein besseres Sozial- und Arbeitsverhalten der Lernenden, bessere Einstellungen der Lehrkräfte zur Arbeit, ein effektiveres Zeitmanagement und eine bessere Lernunterstützung als belastete passive Schulen. Aber auch aktive Schulen mit hohen Belastungen weisen Probleme in Lehrerverhalten und -einstellungen sowie eine mangelnde Zielklärung im Kollegium auf. Diese Befunde korrespondieren mit der Lehrerbefragung, insbesondere bezüglich der Praxis der Lehrerkooperation, der Evaluation und dem Lehrer-Schüler-Verhältnis, worin sich die vier Cluster ebenfalls unterscheiden.

Auf einer nächsten Stufe der Analyse wird zudem die Kompetenzentwicklung der Schülerinnen und Schüler in Form von Lernzuwächsen über ein Schuljahr untersucht. Dabei wurden drei Schultypen identifiziert: „aktive", „passive" und „lernorientierte" Schulen. Dabei ergeben sich deutliche Differenzen zwischen aktiven Schulen mit hohem Engagement in der Gestaltung ihrer Schul- und Lernkultur im Vergleich mit den beiden anderen Gruppen, und zwar über annähernd sämtliche Indikatoren. Ausnahmen bilden die Elternarbeit und die effektive Klassenführung mit vergleichbaren beziehungsweise höheren Werten in lernorientierten Schulen. Lernorientierte Schulen sind diesbezüglich auch besser entwickelt als passive Schulen. Daher scheint es so, dass passive Schulen nicht annähernd ihre pädagogischen Möglichkeiten ausschöpfen.

Zugleich konnten in der PISA-Studie drei Lehrercluster identifiziert und unterschieden werden: „aktive", „passive" und „disziplinorientierte" Lehrpersonen. Aktive Lehrkräfte sind durch eine intensive Lehrerkooperation, eine entwickelte Evaluationspraxis und durch eine hohe Fortbildungsbereitschaft charakterisiert und unterscheiden sich spürbar von den beiden anderen Gruppen. Allerdings zeichnen sich disziplinorientierte Lehrkräfte durch eine hohe Disziplin, eine effektive Klassenführung, förderliche Lehrer-Schüler-Beziehungen und durch eine Performance-Orientierung aus.

Lernzuwächse in Mathematik und in den Naturwissenschaften hängen jedoch von keiner der möglichen Einflussvariablen auf der Schulebene ab. Somit zeigen sich auch keine Differenzen zwischen den vorgefundenen Schultypen. Im Kontrast dazu werden jedoch Unterschiede bezüglich der Lehrercluster deutlich: Schulen mit einer Mehrheit von aktiven Lehrkräften zeigen höhere Lernzuwächse in den Naturwissenschaften im Vergleich zu Schulen mit vornehmlich disziplinorientierten Lehrpersonen, die jedoch auch von einer günstigeren Schülerkomposition profitieren. Schulen mit vorwiegend passiven Lehrkräften erreichen nur kleine Lernzuwächse, obwohl sie keine ungünstigen Kontextbedingungen aufweisen. Pädagogische Bemühungen führen demnach durchaus zu erwarteten Differenzen, aber bei weitem nicht alle Bedingungsvariablen auf der Schul- und Lehrerebene hängen mit den Lernergebnissen zusammen.

2.9 Unterrichts- und Schulqualität in Theorie und Empirie und deren Operationalisierung in der IGLU-Studie

In den vorangegangenen Ausführungen wurde aufgezeigt, welche Aspekte zu einer elaborierten Unterrichtsqualität beitragen können.

In den Instrumenten der IGLU-Studie, mit deren Daten die Analysen dieser Arbeit gerechnet wurden, sind nur bestimmte der zuvor vorgestellten Aspekte aus den Bereichen der Didaktik und der Lehr-Lern-Forschung operationalisiert worden. Somit konnten in den Analysen dieser Arbeit auch nur bestimmte Variablen und Skalen berücksichtigt werden.

In Kapitel 4.2 wird aufgezeigt, welche für diese Arbeit relevanten Aspekte im
Rahmen der IGLU-Studie operationalisiert wurden und auf welche Variablen und
Skalen für die Analysen dieser Arbeit zurückgegriffen werden konnte.

Zusammenfassend zu Kapitel 2 kann festgestellt werden, dass es durchaus empirische Befunde über die Bedeutung von Qualitätsfaktoren auf Unterrichtsebene für
die kognitiven Schülerleistungen gibt. Jedoch geht aus den vorgestellten Befunden
auch hervor, dass die Thematik adäquater Unterrichtskonzepte und -merkmale zur
kognitiven Förderung leistungsschwacher Schülerinnen und Schüler aus sozial benachteiligten Schichten bislang noch weitestgehend unerforscht ist. Beispielsweise
Lankes (2004, S. 567) postuliert diesbezüglich, Zusammenhänge zwischen Leistungen und Unterrichtsmerkmalen unter Berücksichtigung der Klassenzusammensetzung (Migrationshintergrund, sozioökonomischer Hintergrund) zu untersuchen.
     Hierbei stellt sich die Frage, welche Merkmale auf der Unterrichtsebene sich
bei der Entwicklung der Schülerleistungen, unter Berücksichtigung von deren sozioökonomischer Herkunft, als erfolgreich erweisen. Diesbezüglich sehe ich einen deutlichen Forschungsbedarf.
     Wie aus den dargestellten Forschungsbefunden der großen Schulleistungs-
studien zudem hervorgeht, ist der Einfluss des sozioökonomischen Hintergrundes
der Schülerinnen und Schüler auf deren kognitive Leistungen nach wie vor vorhanden und auch im Vergleich zu deren ersten Messzeitpunkten nur geringfügig
schwächer geworden. Dies unterstreicht die Dringlichkeit des zuvor aufgezeigten
Forschungsbedarfes.
     Um zu verdeutlichen, wie ich mit dieser Arbeit einen Beitrag zur Aufarbei-
tung dieses Forschungsdefizites leisten möchte, werden in den folgenden Ausführungen die dahingehenden forschungsleitenden Hypothesen formuliert und das
zentrale Forschungsmodell vorgestellt.

3. Theoretische Einordnung der Forschungshypothesen – Entwicklung eines eigenen Forschungsmodells

Aus Kapitel 2 geht hervor, dass es nicht den einen Königsweg guten Unterrichts gibt. Vielmehr sind bei der Frage nach gutem Unterricht mehrere Faktoren, wie Unterrichtsziele, die Struktur des Unterrichtsgegenstandes, die Zusammensetzung der Lerngruppe, situative Bedingungen sowie auch normative Vorstellungen und das Handlungsrepertoire einer Lehrkraft von Bedeutung (Baumert et al., 2004; Clausen, 2002). Jedoch fehlt bislang weitestgehend ein empirischer Beleg, der aufzeigt, welche dieser Aspekte zur kognitiven Förderung unter Berücksichtigung der Zusammensetzung einer Schülerpopulation (z.B. nach dem sozioökonomischen Hintergrund, Migrationsstatus) beitragen (vgl. z.B. Lankes, 2004, S. 567). Aus dem Leistungsdefizit, dass beispielsweise bei IGLU und PISA insbesondere für Schülerinnen und Schüler aus sozioökonomisch benachteiligten Verhältnissen festgestellt wurde, ergibt sich somit ein dringender Forschungs- und Handlungsbedarf, um eine bessere schulische Förderung dieser Schülerinnen und Schüler realisieren zu können (Bos, Hornberg et al., 2007; Prenzel et al., 2007). Diese Arbeit soll einen Beitrag zur Aufarbeitung dieses Forschungsdefizites leisten. Es sollen unterrichtliche Aspekte, Strategien und Methoden identifiziert werden, die insbesondere zur besseren Förderung der Lesekompetenz von Grundschülern aus sozioökonomisch benachteiligten Verhältnissen beitragen können. Denn wie einleitend deutlich wurde, ist insbesondere die Lesekompetenz im Hinblick auf den Erwerb von anderen Kompetenzen von zentraler Bedeutung (Avenarius et al., 2003).

Um dabei auch die Zusammensetzung von Schülerpopulationen /-gruppen zu berücksichtigen, wie in der einschlägigen empirischen Literatur gefordert, sollen die Analysen mit Subpopulationen durchgeführt werden, die theoriegeleitet und basierend auf dem empirischen Forschungsstand gebildet werden. Damit soll dem Postulat der empirischen erziehungswissenschaftlichen Forschung Rechnung getragen werden, die Fragen der Bildungsgerechtigkeit und -benachteiligung ernster zu nehmen, und dass in empirischen Untersuchungen gruppenbezogene Aussagen über Effekte, zum Beispiel in Abhängigkeit von der sozioökonomischen Herkunft und vom Migrationsstatus, routinemäßig ermöglicht werden (vgl. Blossfeld et al., 2007).

Es muss jedoch berücksichtigt werden, dass die daraus resultierenden Befunde nicht kausal zu interpretieren sind, da im Rahmen dieser Arbeit Reanalysen mit den Querschnittsdaten der IGLU-Studie 2001 durchgeführt werden. Vielmehr werden Zusammenhänge dargestellt, die wiederum die Grundlage für längsschnittliche Kausalanalysen bilden können.

Folgende forschungsleitende Fragestellungen sind dabei für diese Arbeit von zentraler Bedeutung:

1. Welche pädagogischen Gestaltungsansätze und Konzeptionen in Unterricht und Schule und welche inneren Organisationsformen lassen sich identifizieren, um die Lesekompetenz (Intercept) zu verbessern sowie die Kopplung von Lesekompetenz und sozioökonomischem Status der Elternhäuser (Regressionssteigung) zu verringern?

2. Welche Zusammenhänge zeigen sich zwischen diesen pädagogischen Gestaltungsansätzen in Klassen mit unterschiedlicher Schülerzusammensetzung *(in Abhängigkeit von der durchschnittlichen Lesekompetenz sowie vom durchschnittlichen sozioökonomischen Hintergrund und Migrationsstatus)* im Hinblick auf die Lesekompetenz (Intercept) und auf die Kopplung von Lesekompetenz und sozioökonomischem Status der Elternhäuser (Regressionssteigung)?

3. Lassen sich spezielle Unterrichtsmodelle identifizieren, in Abhängigkeit von der Zusammensetzung von Schulklassen (nach der Lesekompetenz sowie nach dem sozioökonomischen Hintergrund und Migrationsstatus), die sich als positiver im Hinblick auf die Lesekompetenz (Intercept) erweisen und welche die Kopplung von Lesekompetenz und sozioökonomischem Status der Elternhäuser (Regressionssteigung) besser verringern können, als das für die Gesamtpopulation entwickelte und auf die Subpopulationen übertragene Gesamtmodell?

Das folgende Forschungsmodell (siehe Abb. 1) stellt die in den forschungsleitenden Fragen aufgestellten Hypothesen dar, und dient als Grundlage für die Analysen dieser Arbeit.

Abbildung 1: Forschungsmodell

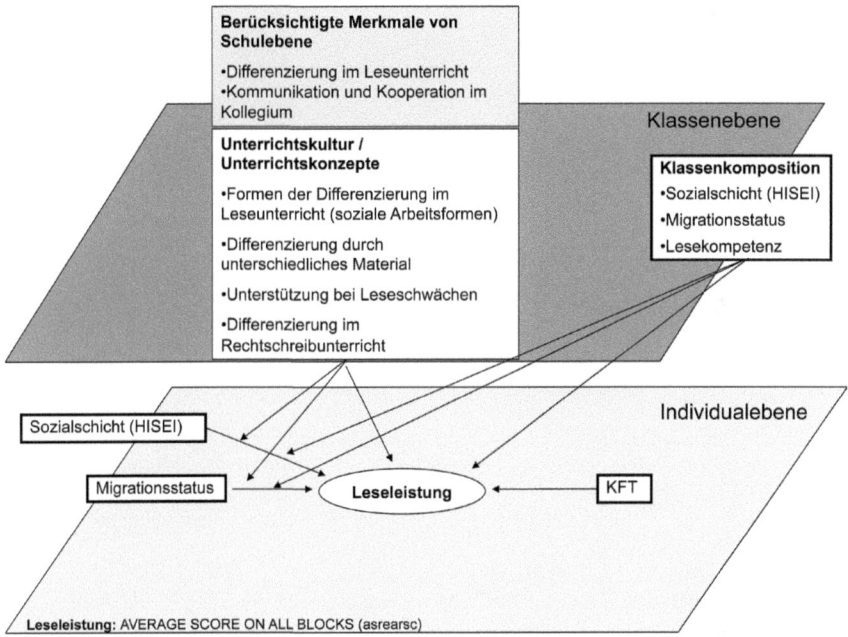

4. Daten und Methoden

Im Folgenden wird näher auf die Anlage und die Durchführung der IGLU-Studie eingegangen, auf deren Daten die Analysen dieser Arbeit basieren. Es werden weiterhin die im Rahmen dieser Arbeiten verwendeten Variablen, Skalen und Instrumente dargestellt, abschließend werden die Thematiken der Subgruppenbildung, der Mehrebenenanalysen und der Zentrierung im Rahmen hierarchischer Analysen näher erläutert.

4.1 Anlage und Durchführung der IGLU-Studie

Mit der Internationalen Grundschul-Lese-Untersuchung (IGLU) wird das Ziel verfolgt, langfristig Trends beziehungsweise Veränderungen der Leseleistungen von Grundschülerinnen und -schülern und deren Rahmenbedingungen aufzuzeigen. Dazu führt die International Association for the Evaluation of Educational Achievement (IEA) im Abstand von fünf Jahren in den an IGLU beteiligten Staaten Erhebungen durch, an denen sich Schülerinnen und Schüler, Lehrkräfte, Eltern und Schulleitungen beteiligen. Insgesamt haben sich 28 Staaten an den IGLU-Erhebungen beteiligt (Bos, 2007; Bos et al., 2003).

Die im Rahmen dieser Arbeit durchgeführten empirischen Analysen basieren auf den Daten der IGLU-Erhebung 2001.

4.1.1 Stichprobe und Durchführung

Die empirischen Analysen dieser Arbeit werden mit den Daten der IGLU-Studie 2001 für Deutschland durchgeführt. Alle 16 Bundesländer waren beteiligt, wobei einige Bundesländer ihre Stichprobe erweitert haben (*Oversampling*), so dass letztendlich 10.571 Schülerinnen und Schüler an 246 Schulen getestet wurden. Für die Teilnahme am zweiten Testtag, an dem die Tests in Mathematik, Naturwissenschaften, Rechtschreiben und Aufsatz durchgeführt wurden, entschieden sich nur zwölf Bundesländer.

Da also nicht alle Bundesländer am zweiten Testtag teilnahmen, und somit für die Mehreben-enanalysen dieser Arbeit grundlegende Daten fehlten, wurden lediglich Schulen in die Analysen einbezogen, deren Schülerinnen und Schüler an beiden Testtagen teilgenommen haben.

Die Stichprobengrößen stellen sich nach der Bereinigung wie folgt dar: Die Stichprobe der Schülerinnen und Schüler beträgt $N = 5929$, die Stichprobe der Lehrerschaft beträgt $N = 308$, die Stichprobe der Schulleiter beträgt $N = 166$.

Zur Prüfung der Interaktionseffekte sollten die Stichproben sowohl der Individual- als auch der Aggregateinheiten ausreichend groß sein, wobei insbesondere die Anzahl der Aggregateinheiten von Bedeutung ist (Ditton, 1998). Nach Kreft und Leeuw (2007) sollten auf der Individual- und Aggregatebene (im Falle dieser Arbeit die Klassenebene) jeweils mindestens 30 Einheiten vorhanden sein. Es ist jedoch von Vorteil, wenn mehr Einheiten auf der Aggregatebene vorhanden sind. Ditton (ebd.) empfiehlt hier ein Verhältnis von beispielsweise 100 Aggregateinheiten mit jeweils 9 Individuen. Hox (2009) empfiehlt mindestens 30 Einheiten auf Aggregatebene, wenn der Forschungsfokus auf kontextabhängige Effekte zielt, jedoch mindestens 50 Einheiten auf Aggregatebene, wenn die Standardfehler korrekt geschätzt werden sollen.

Damit weisen die Gesamtstichproben dieser Arbeit auf Individual- und Aggregatebene eine hinreichende Größe auf, um die Beziehungen innerhalb und zwischen den Aggregateinheiten sowie die Interaktionseffekte zwischen den Ebenen überprüfen zu können.

Um das Geschehen im Unterricht und die vielfältigen Bedingungen, die die Schülerleistungen beeinflussen, möglichst mehrdimensional und mehrperspektivisch in den Blick nehmen zu können, wurden in der IGLU-Erhebung alle betroffenen Gruppen (Schulleitungen, Lehrkräfte, Eltern, Schülerinnen und Schüler) mit standardisierten Fragebögen befragt.

Sowohl für den internationalen Lesetest am ersten Testtag als auch für die nationalen Erweiterungen am zweiten Testtag wurde ein Testdesign mit rotierten Aufgabenblöcken verwendet. Die verschiedenen Testhefte des zweiten Testtages enthielten dabei überlappende Testaufgaben (Elley, 1992, 1994; Lehmann, Peek, Pieper & Stritzky, 1995).

4.1.2   Umgang mit fehlenden Daten

Das Nichtvorhandensein von systembedingten fehlenden Werten (*sysmis*) in den Daten der zweiten Analyseebene ist eine Voraussetzung für das Rechnen von Hierarchisch Linearen Modellen mit der Software HLM 6 (Raudenbush & Bryk, 2006). Zwar besteht bei der Software HLM 6 die Möglichkeit, auf der ersten Analyseebene einen Datensatz mit fehlenden Werten zu verwenden, jedoch werden hier die fehlenden Daten lediglich gelöscht, was im Vergleich zum Imputationsverfahren eine nur unzureichende Lösung des Umgangs mit fehlenden Daten darstellt. Daher wurden die in den Datensätzen unsystematisch fehlenden Daten imputiert. Zur Imputation der unsystematisch fehlenden Daten wurde der *Expectation-Maximization-Algorithmus* (auch EM-Algorithmus) mit der Software SPSS angewendet. Dieses Verfahren stellt einen angemessenen Ansatz der Imputation fehlender Daten dar (vgl. Dempster, Laird & Rubin, 1977; Ibrahim, Zhu & Tang, 2008).

Zum Expectation-Maximization-Algorithmus:
Hierbei wird davon ausgegangen, dass die Objekte mit einer gewissen Anzahl von Eigenschaften haben. Diese Eigenschaften nehmen zufällige Werte an. Dabei können einige Eigenschaften gemessen werden, andere wiederum nicht. Formal gesehen sind diese Objekte Instanzen der mehrdimensionalen Zufallsvariablen X, die der unbekannten Wahrscheinlichkeitsverteilung p(x) unterliegt. Einige Dimensionen sind dabei „beobachtbar", andere sind „versteckt". Das Ziel ist es, die unbekannte Wahrscheinlichkeitsverteilung zu bestimmen.

Zunächst nimmt man an, dass p(x) bis auf einige Parameter bekannt iat. Meist wählt man p als Mischverteilung, also als gewichtete Summe von so vielen Standardverteilungen, wie beobachtbare Eigenschaften vorliegen. Wählt man beispielsweise als Standardverteilung die Normalverteilung, so sind die unbekannten Parameter jeweils der Mittelwert μ und die Varianz $\sigma2$. Ziel ist es, die Parameter Θ der vermuteten Wahrscheinlichkeitsverteilung zu bestimmen. Wählt man eine Mischverteilung, so enthält Θ auch die Gewichtungsfaktoren der Summe. Für gewöhnlich geht man ein solches Problem mit der Maximum-Likelihood-Methode an. Dies ist hier jedoch nicht möglich, da die gesuchten Parameter von den versteckten Eigenschaften abhängen, und diese sind unbekannt. Um trotzdem zum Ziel zu kommen, wird also eine Methode benötigt, die gleichzeitig mit den gesuchten Endparametern die versteckten Parameter schätzt. Wie zuvor erläutert, erfüllt der Expectation-Maximization-Algorithmus diese Aufgabe.

Der Expectation-Maximization-Algorithmus arbeitet dabei iterativ und führt in jedem Durchgang zwei Schritte aus:

1. Die versteckten Parameter Y werden geschätzt. Zunächst werden die versteckten Parameter aus den im vorherigen Durchgang bestimmten Endparametern Θ und den beobachteten Daten X geschätzt. Dazu wird die sogenannte Q-Funktion verwendet, die einen vorläufigen Erwartungswert der gesuchten Verteilung berechnet.

2. Die Endparameter Θ werden bestimmt. Nach Schätzung der versteckten Parameter wird die Maximum-Likelihood-Methode angewendet, um die eigentlich gesuchten Parameter zu bestimmen.

Der Algorithmus endet, wenn sich die bestimmten Parameter nicht mehr wesentlich ändern. Bewiesenermaßen konvergiert die Folge der bestimmten Θ, das heißt der Algorithmus terminiert. Zudem bilden die bestimmten Parameter Θ ein lokales Optimum (Ibrahim, Zhu & Tang, ebd.).

4.1.3 Erfassung der Kompetenzen, Auswertung und Skalierung

Erfassung der Lesekompetenz
Das Konzept der Lesekompetenz, an dem sich PISA und IGLU orientieren, stammt aus der angelsächsischen literacy-Tradition. Mit *reading literacy* wird die Fähigkeit bezeichnet, Lesen in unterschiedlichen, für die Lebensbewältigung praktisch bedeutsamen Verwendungssituationen einsetzen zu können. Abbildung 2 veranschaulicht die theoretische Struktur der Lesekompetenz, wie sie im Rahmenmodell von IGLU konzipiert wird (vgl. auch Artelt, Stanat, Schneider & Schiefele, 2001; Bos et al., 2003).

Abbildung 2: Theoretische Struktur der Lesekompetenz in IGLU

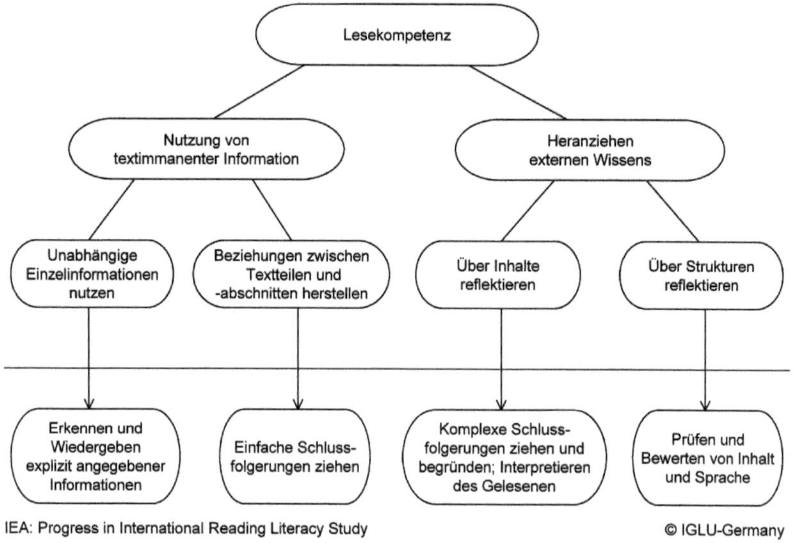

IEA: Progress in International Reading Literacy Study   © IGLU-Germany

Der in IGLU verwendete Test zum Leseverständnis wurde im Rahmen der probabilistischen Testtheorie (IRT-Skalierung) konstruiert. Um die Kompetenzstufen inhaltlich charakterisieren zu können, werden Testaufgaben der einzelnen Kompetenzstufen auf ihr gemeinsames Anforderungsprofil hin untersucht und beschrieben und von den Aufgaben der anderen Kompetenzstufen unterschieden (vgl. Tab. 1).

Tabelle 1: Kompetenzstufen und Skalenwerte – Leseverständnis

	Kompetenzstufe	Skalenbereich der Fähigkeit
I	Gesuchte Wörter in einem Text erkennen	375–450
II	Angegebene Sachverhalte aus einer Textpassage erschließen	451–525
III	Implizit im Text enthaltene Sachverhalte aufgrund des Kontextes erschließen	526–600
IV	Mehrere Textpassagen sinnvoll miteinander in Beziehung setzen	> 600

IEA: Progress in International Reading Literacy Study	© IGLU-Germany

In IGLU werden zwei Leseintentionen unterschieden, das ‚Lesen literarischer Texte' und die ‚Ermittlung und der Gebrauch von Informationen'. Mit der Abbildung 3 wird ein Beispiel für einen literarischen Text gegeben.

Abbildung 3: Beispiel für einen literarischen Text in IGLU

Der Hase kündigt das Erdbeben an   von Rosalind Kerven

Es war einmal ein Hase, der sich ständig Sorgen machte. „Oh je", murmelte er den ganzen Tag, „oh je, oh je, oh jemine." Seine größte Sorge war, dass es eines Tages ein Erdbeben geben könnte. „Denn wenn es eines gäbe", sagte er sich, „was würde dann nur aus mir werden?"

Eines Morgens war er darüber besonders beunruhigt, und genau da fiel plötzlich eine riesige Frucht von einem nahen Baum – *RUMS!* – so dass die Erde erzitterte. Der Hase sprang auf. „Ein Erdbeben!", schrie er. Und er raste über das Feld, um seine Cousins zu warnen. „Ein Erdbeben! Rennt um euer Leben!"

Alle Hasen verließen die Felder und liefen wie verrückt hinter ihm her. Sie rasten über die Ebene, durch Wälder und Flüsse und in die Berge und warnten unterwegs all ihre Cousins. „Ein Erdbeben! Rennt um euer Leben!" Alle Hasen verließen die Flüsse und Ebenen, die Hügel und Wälder, und liefen wie verrückt hinterher. Als sie schließlich die Berge erreichten, donnerten zehntausend Hasen die Hänge hinauf.

Bald erreichten sie den höchsten Gipfel. Der erste Hase schaute sich um, um festzustellen, ob das Erdbeben schon näher kam, aber alles, was er sehen konnte, war eine riesige Horde von flitzenden Hasen. Dann schaute er nach vorn, aber er sah nur noch mehr Berge und Täler und dahinter, ganz weit weg, das glänzende blaue Meer. Während er da stand und keuchte, kam ein Löwe. „Was ist denn los?", wollte er wissen. „Ein Erdbeben, ein Erdbeben!", plapperten alle Hasen durcheinander. „Ein Erdbeben?", fragte der Löwe. „Wer hat es gesehen? Wer hat es gehört?" „Frag ihn, frag ihn!", riefen all die Hasen und zeigten auf den ersten. Der Löwe drehte sich zu dem Hasen um. „Bitte, werter Herr", sagte der Hase schüchtern, „ich saß gerade ganz ruhig zu Hause, da hörte ich plötzlich ein lautes Krachen, und die Erde erzitterte. Da wusste ich, dass es ein Erdbeben sein musste, werter Herr, also bin ich gerannt, so schnell ich nur konnte, um alle anderen zu warnen, damit sie ihr Leben retten." Der Löwe sah den Hasen mit seinen tiefgründigen, weisen Augen an. „Mein Bruder, hättest du wohl genug Mut, mir zu zeigen, wo sich dieses schreckliche Unglück zugetragen hat?" Der Hase fühlte sich eigentlich überhaupt nicht mutig genug dafür, aber er hatte das Gefühl, dass er dem Löwen vertrauen konnte.

Also führte er den Löwen ängstlich über die Berge und die Hügel hinunter, über die Flüsse, Ebenen, Wälder und Felder, bis sie schließlich wieder bei ihm zu Hause ankamen. „Hier habe ich es gehört, werter Herr." Der Löwe sah sich um – und entdeckte sofort die riesige Frucht, die mit solchem Lärm vom Baum gefallen war. Er nahm sie in den Mund, kletterte auf einen Felsen und warf sie wieder auf den Boden. RUMS! Der Hase sprang in die Luft. „Ein Erdbeben! Schnell – renn weg – gerade ist es wieder passiert!" Aber da merkte er plötzlich, dass der Löwe laut lachte. Und dann sah er die Frucht, die bis zu seinen Füßen gerollt war. „Oh", flüsterte er, „dann war es also überhaupt kein Erdbeben, oder?" „Nein", sagte der Löwe, „war es nicht, und es gab eigentlich überhaupt keinen Grund, sich zu fürchten." „Was war ich bloß für ein *dummer* Hase!" Der Löwe lächelte freundlich. „Mach dir nichts daraus, kleiner Bruder. Wir alle – sogar ich – fürchten uns manchmal vor Dingen, die wir nicht verstehen." Und damit trottete er zurück zu den anderen zehntausend Hasen, die immer noch auf dem Berg saßen, um ihnen zu sagen, dass es jetzt völlig ungefährlich war, wieder nach Hause zu gehen.

IEA: Progress in International Reading Literacy Study   © IGLU-Germany

In Abbildung 4 werden ,Wissensbasierte Verstehensleistungen' an einem literarischen Text illustriert.

Abbildung 4: Kompetenzstufen und Beispielaufgaben auf der Subskala ‚Wissensbasierte Verstehensleistungen' für einen literarischen Text in IGLU

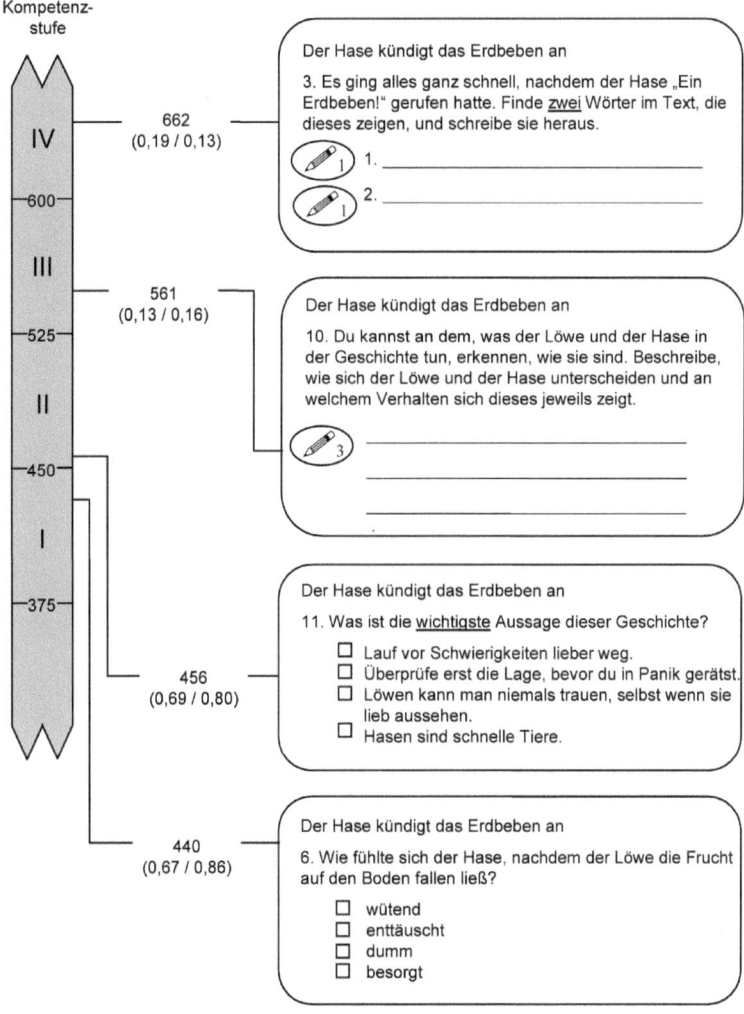

Die Werte an den Verbindungslinien zwischen den Beispielen und der Fähigkeitssäule geben das für eine 65-prozentige Lösungswahrscheinlichkeit erforderliche Fähigkeitsniveau und die Werte in Klammern die relativen internationalen und nationalen Lösungshäufigkeiten an.

IEA: Progress in International Reading Literacy Study   © IGLU-Germany

4.1.4 Rahmenmodell

Die IGLU-Studie, wie auch die IGLU-Erweiterungsstudie (IGLU-E)[2], versuchen, belastbare Aussagen über relevante Kompetenzbereiche deutscher Schülerinnen und Schüler zu treffen. Die gemessenen Leistungen der Kinder werden als Ergebnis eines Lernprozesses betrachtet, der durch Merkmale des Unterrichts, aber auch durch außerschulische und familiäre Merkmale bedingt ist. Das IGLU-Rahmenmodell zur Erfassung von Bedingungsfaktoren schulischer Leistung trägt diesen mehrdimensionalen Verflechtungen Rechnung (vgl. Bos et al., 2003, S. 16). Den Kernbereich dieses theoretischen Rahmenmodells bildet ein Bedingungsgefüge aus schulinternen Rahmenfaktoren sowie Lehrer-, Klassen- und Unterrichtsmerkmalen. Aber auch dieser Kernbereich ist nicht vollständig unabhängig, sondern durch außerschulische Kontextfaktoren beeinflusst (vgl. Abb. 5). Die erworbenen Kompetenzen der Schülerinnen und Schüler werden nach diesem Modell als

Abbildung 5: Rahmenmodell des Zusammenhangs zwischen Schülerleistungen und deren Bedingungen

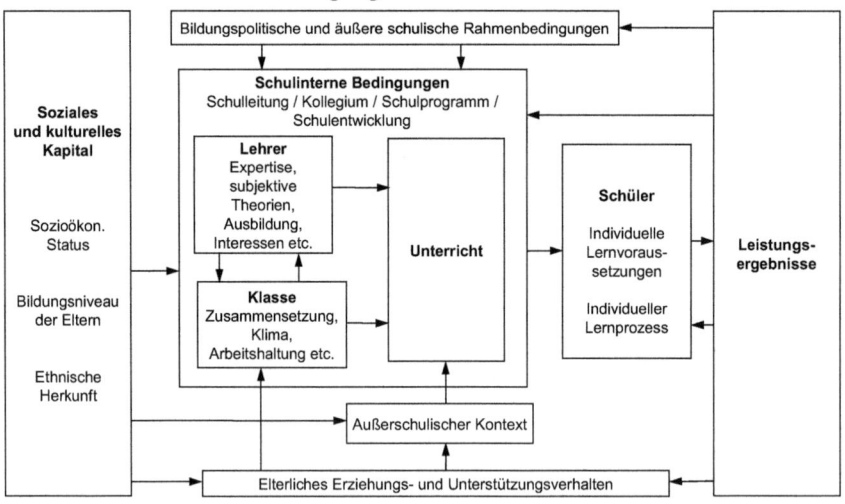

IEA: Progress in International Reading Literacy Study[3] © IGLU-Germany

---

2   Hierzu zählen nationale Erweiterungen wie beispielsweise die Erhebung der orthografischen, naturwissenschaftlichen und mathematischen Kompetenzen (vgl. Lankes et al., 2003).

3   (vgl. Lankes et al., 2003, S. 16)

Wechselwirkung zwischen individuellen Schülervoraussetzungen und schulisch-unterrichtlichen Bedingungsfaktoren betrachtet. Diese Sichtweise auf die Bedingungsfaktoren schulischer Leistung wurde in einer Large-Scale-Untersuchung in dieser expliziten Form zum ersten Mal in der PISA-Untersuchung realisiert, und orientiert sich unter anderem an Arbeiten von Helmke und Weinert (1997).[4]

Möchte man dieses komplexe theoretische Rahmenmodell ganz oder auch nur teilweise als Grundlage für die Modellierung empirischer Daten nutzen, so sind Fragebogeninstrumente erforderlich, die die gesamte Bandbreite familiärer und institutioneller Kontextfaktoren sowie individueller Lernvoraussetzungen auf Seiten der Schülerinnen und Schüler erfassen.

4.2 Verwendete Variablen, Skalen und Instrumente

In der IGLU-Studie wurden Fragebogeninstrumente entwickelt, mit denen relevante Informationen über Bedingungsfaktoren von Schülerkompetenzen erhoben werden können. Die Instrumente für die Eltern und Schüler geben Auskunft über familiäre Hintergründe sowie über lern- und leistungsrelevante Merkmale der Schüler. Die Instrumente für Lehrkräfte und Schulleitungen beinhalten Fragen zur Ausbildung und zum Unterricht sowie Einschätzungen und Wahrnehmungen des Unterrichtsgeschehens. In Abbildung 6 sind die in IGLU zum Einsatz gekommenen Instrumente und die erhobenen Merkmalsbereiche dargestellt (Abbildung nach Lankes et al., 2003, S. 17).

Aus dieser Abbildung geht hervor, dass mit verschiedenen Instrumenten Informationen zu identischen Merkmalsbereichen erhoben wurden. Hierdurch ist es möglich, die Konsistenz der Angaben von verschiedenen Personengruppen miteinander zu vergleichen und gegeneinander zu validieren (Intersubjektive Validität).

Um einen weiteren Beitrag zur intersubjektiven Validität der Daten zu leisten, wurden die für die Analysen relevanten Variablen von der Schülerebene (HISEI, KFT, Migrationsstatus, Erfassung von Lernarrangements und von Unterrichtsaspekten) auf Klassenebene aggregiert und auf Klassenebene in die Analysen einbezogen.

---

4   Zur Umsetzung innerhalb der PISA-Rahmenkonzeption vgl. auch Baumert, Stanat und Demmrich (2001).

Abbildung 6: IGLU-Instrumente und erhobene Merkmalsbereiche

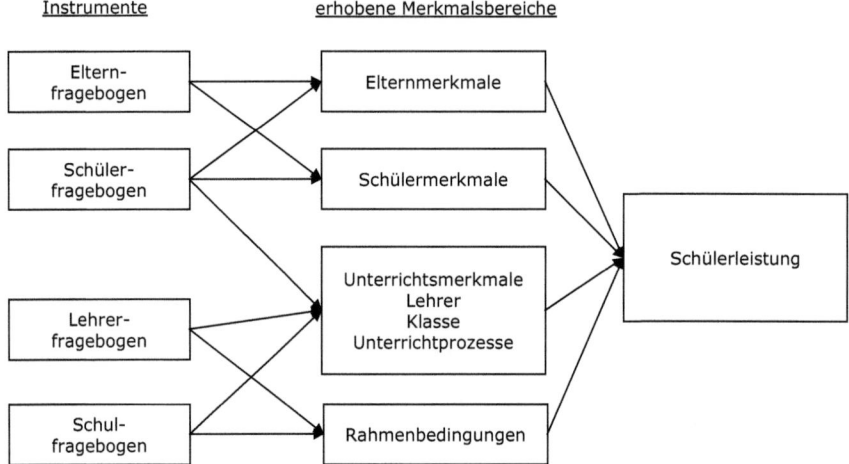

Zusätzlich wurden mittels eines Matching-Verfahrens anhand der Klassen-ID die für die Analysen relevanten Variablen von der Schulebene auf Klassenebene in die Analysen einbezogen. Diese Vorgehensweise wird von Opdenakker und van Damme (2000, S. 121) empfohlen, um in Mehrebenenmodellen mit zwei Ebenen (Individual- und Klassenebene) die Effekte der Schulebene berücksichtigen zu können, um somit zu einer höheren Validität der Daten beizutragen.

Im Folgenden werden die in dieser Arbeit verwendeten Variablen und Skalen der IGLU-Daten vorgestellt.

4.2.1 Verwendete Variablen und Skalen des Schülerfragebogens

Sozioökonomischer Hintergrund auf Basis des HISEI

Der *International Socio-Economic Index of Occupational Status (ISEI)* ist ein sozioökonomischer Index, für dessen Konstruktion die Berufsangabe unter den Aspekten der Ausbildungsdauer, des Einkommens sowie des sozialen Berufsprestiges eingruppiert und hierarchisch geordnet wird. Aus den Angaben der erhobenen ISEI-Werte für beide Elternteile eines jeden Schülers wurde für die Analysen dieser Arbeit der *HISEI* gebildet, der Highest International Socio-Economic Index of Occupational Status. Der HISEI-Index stammt ursprünglich aus einer Meta-Studie von Ganzeboom et al. (1992).

Beim HISEI-Index handelt es sich um ein bewährtes Konstrukt, das auch in großen Schulleistungsstudien wie IGLU und PISA eingesetzt wird und dessen Reliabilität eine ausreichende Güte aufweist. Daher wird der HISEI-Index in den folgenden Analysen nicht differenzierter betrachtet.

Der HISEI wird in dieser und auch in den meisten anderen empirischen Untersuchungen als unabhängige Variable kontrolliert, da der Einfluss des sozioökonomischen Hintergrundes von Schülerinnen und Schülern im Hinblick auf deren kognitive Leistungen mittlerweile als unumstritten gilt (vgl. Kap. 2.7).

Migrationshintergrund

Im Schülerfragebogen wurde für die Elternteile jeweils erhoben, ob diese in Deutschland geboren sind. Dabei waren die ursprünglichen Werte folgende: „Ja" = 1; „Nein" = 2; „weiß nicht" = 3. Um mit den Angaben zum Migrationshintergrund Hierarchisch Lineare Modelle rechnen zu können, mussten diese dummy-kodiert werden, damit ein „sinnvoller" Nullpunkt vorhanden ist (in Kapitel 4.4.3 wird dies näher erläutert.).

Konform zur Vorgehensweise in der IGLU-Studie wurde folgende dummy-Kodierung vorgenommen: „beide Elternteile in Deutschland geboren" = 0; „ein Elternteil nicht in Deutschland geboren „ ODER „beide Elternteile nicht in Deutschland geboren „ = 1. Die neue Dummy-Variable wurde „D_MIGR_R" gelabelt.

Kognitive Fähigkeit

Im Unterschied zu anderen PIRLS-Teilnehmerländern, wurde in Deutschland zusätzlich ein kognitiver Fähigkeitstest (KFT) (vgl. Heller & Perleth, 2000) durchgeführt. Dadurch wird es möglich, das kognitive Vorwissen der Schülerinnen und Schüler auf Individualebene und das aggregierte kognitive Vorwissen auf der Klassenebene in den Mehrebenenanalysen zu berücksichtigen.

Disziplinprobleme im Deutschunterricht

Die Befunde von van de Grift und Houtveen (2009) und Baumert et al. (2004) weisen darauf hin, dass eine störungspräventive Unterrichtsführung und eine effektive Behandlung von kritischen Ereignissen Basisdimensionen qualitätsvollen Unterrichts bilden (vgl. Kap. 2). Daher wurde die Skala „Disziplinprobleme im Deutschunterricht" in den Analysen dieser Arbeit berücksichtigt. Diese Skala besteht aus zwei Hauptkomponenten. Da die Reliabilität der zweiten Hauptkomponente (sfk_6_2) mit einem Cronbachs Alpha (α) von .32 sehr gering ist, wurde die erste Hauptkomponente (sfk_6_1), die eine Reliabilität von .73 aufweist, in die

Analysen einbezogen. Nach Bortz und Döring (2005, S. 199) sollte eine gute Skala eine Reliabilität von über .80 aufweisen. Da zum Aspekt der Disziplin jedoch keine andere Skala vorliegt, wurde die etwas niedrigere Reliabilität in Kauf genommen.

Einschätzung der Schule

Einsiedler (1997), zitiert nach Clausen (2002) und Helmke (2009) betont die Bedeutung eines *„lernförderlichen Klimas"*. Aber auch Befunde aus der Gehirnforschung bekräftigen die Bedeutung eines positiven und angstfreien Lernklimas (Singer, 2002; Spitzer, 2009).

Daher wurde die Skala „Einschätzung der Schule" in die Analysen dieser Arbeit einbezogen. Diese Skala besteht aus zwei Hauptkomponenten und zielt inhaltlich auf das Wohlbefinden der Schülerinnen und Schüler in der Schule ab.

Für die Analysen dieser Arbeit wurde trotz etwas geringerer Reliabilität (α = .64) die zweite Hauptkomponente (sfk_4_2) gewählt, da die erste Hauptkomponente (sfk_4_1) (α = .71) mit der ersten Hauptkomponente der Skala „Disziplinprobleme im Deutschunterricht" (sfk_6_1) auf einem mittlerem Niveau interkorrelierte (r = .431**).

Die Interkorrelation zwischen der zweiten Hauptkomponente (sfk_4_2) und der ersten Hauptkomponente der Skala „Disziplinprobleme im Deutschunterricht" (sfk_6_1) ist jedoch nur sehr gering (r = .041**), weshalb trotz einer etwas geringeren Reliabilität die zweite Hauptkomponente (sfk_4_2) der Skala „Einschätzung der Schule" in die Analysen einbezogen wurde.

Leseaktivitäten im Unterricht / Nachbereitung von Texten im Unterricht

Lankes (2004) konnte mittels einer Latent Class Analyse (LCA) mit einer Stichprobe aus allen Teilnehmerländern von IGLU / PIRLS vier Lehrertypen identifizieren, die schülerorientiert-individualisierende beziehungsweise lehrergelenkt-klassenbezogene Maßnahmen im Leseunterricht unterschiedlich gewichten. Eine ihrer Schlussfolgerungen ist, dass unter anderem Leseaktivitäten im Unterricht sowie das Nachbereiten von Texten im Unterricht einen positiven Einfluss auf die Lesekompetenz haben.

Daher wurde in die Analysen dieser Arbeit zum einen die Skala „Leseaktivitäten im Unterricht" (ASBGtic) einbezogen. Trotz ihrer geringeren Reliabilität (α = .57) wurde diese Skala gewählt, da zu diesem Aspekt keine andere Skala in den Daten von IGLU 2001 vorliegt.

Basierend auf den Befunden von Lankes (ebd.) wurde zum anderen die Skala „Nachbereitung von Texten im Unterricht" (ASBGafr) in die Analysen einbezogen. Die Reliabilität dieser Skala ist angemessen (α = .77).

4.2.2 Verwendete Variablen und Skalen des Lehrerfragebogens

Differenzierung durch unterschiedliches Material

Unter Rückgriff auf Brophy (2000), Ditton (2002), Gruehn (2000) und Helmke (2003) benennen Baumert et al. (2004) unter anderem den intelligenten Umgang mit Heterogenität durch die Differenzierung von Zielsetzungen, die Individualisierung von Aufgabenstellungen und die Variation von Methoden und Sozialformen (adaptivity) als empirisch belegte, allgemeine Basisdimensionen qualitätsvollen Unterrichts. Holtappels und Heerdegen (2005) kommen mit ihren Reanalysen der IGLU 2001-Daten zu ähnlichen Befunden. Daher wurde in die Analysen dieser Arbeit die Variable „Differenzierung durch unterschiedliches Material" (ATBGumat) einbezogen.

Koordination mit Fachkollegen

Befunde von Fend (1998) zeigen, dass es für die Schulleitung von Bedeutung ist, gegenüber dem Kollegium die Erwartungen für wünschenswerte Verhältnisse zum Ausdruck zu bringen und Wert auf die Lehrerkooperation zu legen. Cohen (1983) und Manasse (1985, S. 447) betonen die Bedeutung einer engen Koordination des schulischen Curriculums und der unterrichtlichen Zielerreichung. Daher wurde dieser Aspekt in den Analysen dieser Arbeit durch die Skala „Koordination mit Fachkollegen" (ATGstu) berücksichtigt. Die Reliabilität dieser Skala ist angemessen ($\alpha = .92$).

Kooperation zwischen Schulleitung und Lehrkräften

Die Wirkung des Qualitätsfaktors Lehrerkooperation ist durch zahlreiche empirische Befunde bestätigt. Einer der ersten empirischen Befunde dazu stammt von Rutter (1979), hier wird die kollegiumsinterne Lehrerkooperation als positiver Wirkfaktor hervorgehoben, vor allem die Unterrichtsplanung in Teams und die Unterstützung und Beratung durch die Schulleitung.

Auch die Untersuchung über die Entwicklung von Halbtagsgrundschulen in Hamburg belegt, dass institutionalisierte Teambildungen und eine hohe Intensität der Lehrerkooperation im Alltag eine differenzierte Lernkultur und eine innovative Zeitorganisation fördern (Holtappels, 2002a, S. 156 ff. u. 237 ff.).

Auch in der Primarschulstudie von Holtappels (1997, S. 157 ff.) über die Entwicklung und Schulqualität von Grundschulen mit erweitertem Zeitrahmen (Volle Halbtagsschulen) erweist sich die Intensität der Lehrerkooperation als eine entscheidende Schlüsselvariable für das Erreichen einer differenzierten Lernkultur. Auch in einer Grundschulzusatzstudie zu IGLU in Bremen kommen Holtappels

& Heerdegen (2005) zu dem Ergebnis, dass sich eine intensive Lehrerkooperation als indirekter Einflussfaktor auf die Leseleistung erweist.

Daher wurde dieser Aspekt in den Analysen dieser Arbeit durch die Skala „Kooperation zwischen Schulleitung und Lehrkräften" (ATGkoo) berücksichtigt. Die Reliabilität dieser Skala ist angemessen ($\alpha = .92$).

Schulklima: Ordnung und Disziplin

Wie schon im vorhergehenden Kapitel zur Skala „Disziplinprobleme im Deutschunterricht" erläutert, weisen van de Grift und Houtveen (2009) sowie Baumert et al. (2004) darauf hin, dass eine störungspräventive Unterrichtsführung und eine effektive Behandlung von kritischen Ereignissen Basisdimensionen qualitätsvollen Unterrichts bilden. Daher wurde die Skala „Schulklima: Ordnung und Disziplin" (ATGord) in den Analysen dieser Arbeit berücksichtigt. Die Reliabilität dieser Skala ist angemessen ($\alpha = .77$).

Nachbereitung von Texten im Unterricht

Wie im vorhergehenden Kapitel zur Skala „Nachbereitung von Texten im Unterricht" aus dem Schülerfragebogen erläutert wurde, betont Lankes (2004), dass unter anderem das Nachbereiten von Texten im Unterricht einen positiven Einfluss auf die Lesekompetenz hat. Daher wurde dieser Aspekt in den Analysen dieser Arbeit durch die Skala „Nachbereitung von Texten im Unterricht" (ATBGask) berücksichtigt. Die Reliabilität dieser Skala ist auf einem etwas niedrigerem Niveau ($\alpha = .72$). Da zum Aspekt der Disziplin jedoch keine andere Skala in den Daten der IGLU-Lehrerbefragung vorliegt, wurde die etwas niedrigere Reliabilität in Kauf genommen.

Methoden im Rechtschreibunterricht

Die Bedeutung des Methodenrepertoires im Unterricht als regulative Funktion heben unter anderem Baumert et al. (2004) hervor. Auch Weinert (2001) betont die Bedeutung eines breiten Repertoires der Lehrkräfte an Unterrichtsformen.

Daher wurde dieser Aspekt in den Analysen dieser Arbeit durch die Skala „Methoden im Rechtschreibunterricht" (ATDtun) berücksichtigt. Trotz ihrer geringeren Reliabilität ($\alpha = .68$) wurde diese Skala gewählt, da zu diesem Aspekt keine andere Skala vorliegt.

Zusätzliche personale Ausstattung zur Leseförderung

Grundlegend für die Realisierung eines elaborierten Unterrichts ist eine angemessene personelle Ausstattung von Schulen (vgl. z.B. Pfeifer, Bergmann & Holtappels, 2007).

Daher wurde dieser Aspekt in den Analysen dieser Arbeit durch die Skala „Zusätzliche personale Ausstattung zur Leseförderung" (ATBGdif) berücksichtigt. Trotz der geringeren Reliabilität ($\alpha = .41$) wurde diese Skala gewählt, da zu diesem zentralen Aspekt keine andere Skala vorliegt.

4.2.3 Verwendete Variablen und Skalen des Schulleiterfragebogens

Lesefertigkeit und Aufbau von Lesestrategien

Die angemessene Entwicklung von Lesefertigkeiten und der Aufbau von Lesestrategien sind von zentraler Bedeutung für die Entwicklung der Lesekompetenz, was auch durch zahlreiche empirische Befunde belegt ist (vgl. z.B. Frith, 1985; 1986; Valtin, 1995, 2006; Zöller, Roos & Schöler, 2006).

Daher wurde dieser Aspekt in den Analysen dieser Arbeit durch die Skala „Lesefertigkeit und Aufbau von Lesestrategien" (ACBGme) berücksichtigt. Die Skala besteht aus 2 Hauptkomponenten. Die erste Hauptkomponente weißt eine Reliabilität von ($\alpha = .89$) auf, und die zweite Hauptkomponente eine Reliabilität von ($\alpha = .78$). Die Reliabilität beider Hauptkomponenten ist somit auf einem angemessenen Niveau.

Differenzierung im Leseunterricht

Wie bereits in Kapitel 4.2.2 erläutert, ist die Differenzierung im Unterricht im Hinblick auf den Umgang mit der Heterogenität der Schülerschaft von zentraler Bedeutung (vgl. u.a. Baumert et al., 2004; Holtappels & Heerdegen, 2005).

Daher wurde in die Analysen dieser Arbeit die Variable „Differenzierung im Leseunterricht" (ACBGimpl) einbezogen.

Vorhandensein einer Bibliothek

Die Bibliothek wird in der Literatur häufig als wichtige Institution für die Leseförderung hervorgehoben (vgl. z.B. Bayerisches Staatsministerium für Unterricht und Kultus, 2006; Schraml, 2007). Daher wurde in die Analysen dieser Arbeit die Variable über das Vorhandensein einer „Bibliothek" (ACBGli) einbezogen.

Unterrichtsstunden im Fach Deutsch

Grundlegend für den Erwerb der Lesekompetenz ist das Stattfinden des Deutsch-unterrichts. Auf Grund fehlender personeller Ressourcen an Schulen kann es zu Unterrichtsausfällen kommen (vgl. z.B. Pfeifer et al., 2007).

Um diesen Aspekt in den Analysen dieser Arbeit berücksichtigen zu können, wurde die Variable über die Anzahl der „Unterrichtsstunden im Fach Deutsch" (cfb_47a) einbezogen.

Kontinuität im Lehrpersonal

Die Bedeutung der Kontinuität im Lehrpersonal wird vor dem Hintergrund betont, Schülerinnen und Schülern die Möglichkeit zu geben, Vertrauen zu fassen und um ihnen eine Orientierung geben zu können (vgl. z.B. Augsburg, 2006).

Daher wurde in die Analysen dieser Arbeit die Variable „Kontinuität im Lehr-personal" (cfb_56) einbezogen. Dabei wurde die Frage im Schulleiterfragebogen wie folgt formuliert: „Wie viele Lehrkräfte sind länger als 5 Jahre an Ihrer Schu-le beschäftigt?".

Kommunikation und Kooperation im Kollegium

Die Bedeutung der Kooperation im Kollegium wurde bereits im Kapitel 4.2.2 er-läutert (vgl. z.B. Holtappels, 1997, S. 157 ff.; 2002a, S. 156 ff. u. 237 ff.; Holtap-pels & Heerdegen, 2005; Rutter, 1979).

Daher wurde dieser Aspekt in den Analysen dieser Arbeit durch die Skala „Kommunikation und Kooperation im Kollegium" (cfb_53) berücksichtigt. Die Reliabilität dieser Skala ist angemessen ($\alpha = .86$).

4.3 Zur Verwendung von Subgruppen (Terzilen)

Wie zusammenfassend zu Kapitel 2 festgestellt wurde, ist die Thematik adäquater Unterrichtskonzepte und -merkmale zur kognitiven Förderung, insbesondere un-ter Berücksichtigung der Klassenzusammensetzung (z.B. nach Migrationshinter-grund oder sozioökonomischen Hintergrund), bislang noch weitestgehend uner-forscht. Derartige Analysen werden in der einschlägigen Literatur postuliert (vgl. z.B. Lankes, 2004, S. 567).

Das Mehrebenenmodell für die Gesamtpopulation zur Erklärung der Varianz der Lesekompetenz, das in Kapitel 5.2.1 vorgestellt wird, soll daher auch auf Sub-populationen übertragen werden, die theorie- und empiriegeleitet gebildet wurden.

Diese Vorgehensweise dient der Erkenntnisgewinnung, ob die im Gesamtmodell festgestellten Unterrichtsaspekte in diesen Subpopulationen unterschiedliche Gewichte aufweisen. Des Weiteren wird diese Vorgehensweise gewählt, um
die ohnehin komplexe Struktur der Mehrebenenmodellierung klarer interpretierbar zu gestalten. Diese methodische Vorgehensweise wird auch dem Postulat in
der einschlägigen Literatur gerecht (Janke, 2006; Stanat, 2006; Voss, 2009), solch
komplexe Analysen besser interpretierbar zu gestalten, um die Befunde auch pra-
xisorientierter Klientel (z.B. Lehrkräften) zugänglich zu machen.

Kriterien für die Bildung von Subgruppen
Die Bildung der Subgruppen für die Analysen dieser Arbeit erfolgte theoriegeleitet und basierend auf den Erkenntnissen des zuvor vorgestellten empirischen
Forschungsstandes. Wie aus der Einleitung und aus Kapitel 2 hervorging, besteht
insbesondere im Hinblick auf die kognitive Förderung von Kindern und Jugendlichen aus sozioökonomisch benachteiligten Milieus sowie aus Familien mit einem
Migrationshintergrund ein Forschungs- und Handlungsbedarf. Mit Hinblick darauf wird gefordert, dass die empirische erziehungswissenschaftliche Forschung
die Fragen der Bildungsgerechtigkeit und -benachteiligung ernster nehmen muss,
und dass in empirischen Untersuchungen gruppenbezogene Aussagen über Effekte, zum Beispiel in Abhängigkeit von der sozioökonomischen Herkunft und vom
Migrationsstatus, routinemäßig ermöglicht werden (vgl. Blossfeld et al., 2007).
Eine Zusammenstellung von Unterschieden zwischen den zwanzig Klassen
mit der höchsten und den zwanzig Klassen mit der niedrigsten Lesekompetenz auf
der Grundlage der norwegischen Befunde der Progress in International Reading
Literacy Study (PIRLS) (Solheim & Tonnessen, 2003) weist auf deutliche Unterschiede in den Bereichen der individuellen und schulischen Voraussetzungen des
Lernens hin. Ausgehend von diesen Befunden werden im Folgenden Subgruppen
nach zwei Kriterien gebildet:

1. Das Kriterium für die Bildung der ersten Subgruppe war die durchschnittliche
   Lesekompetenz einer Schulklasse, die im Rahmen der IGLU-Studie gemessen
   wurde (Score: ASREARSC).

Methodik der Bildung von Subgruppen nach der durchschnittlichen
Lesekompetenz von Schulklassen
Zunächst wurde die pro Schüler erhobene Lesekompetenz (ASREARSC) auf
Klassenebene aggregiert. Im nächsten Schritt wurden anhand der aggregierten
Lesekompetenz Terzil-gruppen (3 Subgruppen) von den Schulklassen auf Ebene

2 gebildet, denen dann die jeweiligen Schüler auf Ebene 1 mittels der Klassen-ID
zugeordnet wurden.

Bei der Bildung von Terzilgruppen wird die Gesamtpopulation in 3 gleich große Subgruppen unterteilt. Die Subgruppenbildung erfolgt dabei anhand bestimmter Kriterien (z.B. nach dem HISEI). Die untere Subgruppe (unteres Terzil) enthält
dabei die 33,3 % Schülerinnen und Schüler in Klassen mit dem durchschnittlich
niedrigsten HISEI und die obere Subgruppe (oberes Terzil) enthält dabei die 33,3 %
Schülerinnen und Schüler in Klassen mit dem durchschnittlich höchsten HISEI.

In die nachfolgend dargestellten Mehrebenenanalysen wurden die Subgruppe der 33,3 % Schülerinnen und Schüler in Schulklassen mit der durchschnittlich
niedrigsten Lesekompetenz (unteres Terzil) sowie die Subgruppe der 33,3 % Schülerinnen und Schüler in Schulklassen mit der durchschnittlich höchsten Lesekompetenz (oberes Terzil) einbezogen.

2.   Die Kriterien für die Bildung der zweiten Subgruppe waren zum einen der
     durchschnittliche Migrationshintergrund einer Schulklasse, operationalisiert
     durch den Migrationsstatus beider Elternteile, und zum anderen der durch-
     schnittliche sozioökonomisch Hintergrund einer Schulklasse, operationalisiert
     durch den Highest International Socio-Economic Index of Occupational
     Status (HISEI).

Methodik der Bildung von Subgruppen nach dem durchschnittlichen
Migrationshintergrund und nach dem durchschnittlichen sozioökonomischen
Hintergrund von Schulklassen

Zunächst wurde der pro Schüler erhobene Migrationsstatus sowie der pro Schüler
erhobene sozioökonomische Hintergrund (operationalisiert durch den HISEI) auf
Klassenebene aggregiert. Im nächsten Schritt wurden anhand des aggregierten Migrationsstatus und des aggregierten HISEI Terzilgruppen (3 Subgruppen) von den
Schulklassen auf Ebene 2 gebildet, denen dann die jeweiligen Schüler auf Ebene
1 mittels Klassen-ID zugeordnet wurden.

In die nachfolgend dargestellten Mehrebenenanalysen wurden die Subgruppe der 33,3 % Schülerinnen und Schüler in Schulklassen mit dem durchschnittlich ausgeprägtesten Migrationsstatus und mit dem niedrigsten HISEI (unteres
Terzil) sowie die Subgruppe der 33,3 % Schülerinnen und Schüler in Schulklassen mit dem durchschnittlich unbelastetsten Migrationsstatus und mit dem höchsten HISEI (oberes Terzil) einbezogen.

Bei den Terzilen, die anhand der gruppierungsmerkmale HISEI und Migrationsstatus gebildet wurden, sind den Klassen zunächst Codes (1 bis 3) zugeordnet

worden, je nach Zugehörigkeit zur Terzilgruppe. Die Codes ermöglichten es, Subgruppen nach verschiedenen Gesichtspunkten zu bilden, zum Beispiel bestand die
Subgruppe HISEI (Code 1) und Migrationsstatus (Code 1) aus den 33,3 % Schülerinnen und Schülern in Schulklassen mit dem niedrigsten HISEI und mit dem
ausgeprägtesten Migrationshintergrund.

Stichprobengrößen der Subgruppen

Wie bereits in Kapitel 4.1.1 ausführlicher erläutert, ist bei Mehrebenenanalysen
die Stichprobengröße auf den einzelnen Ebenen zur korrekten Schätzung der Effekte von Bedeutung. In der Literatur werden dabei mindestens 30 bis 50 Einheiten auf Aggregatebene empfohlen (Hox, 2009; Kreft & Leeuw, 2007). Wie aus Tabelle 2 hervorgeht, genügen die Stichprobenumfänge der Subgruppen den in der
einschlägigen Literatur empfohlenen Anforderungen, um die Beziehungen innerhalb und zwischen den Aggregateinheiten sowie die Interaktionseffekten zwischen
den Ebenen überprüfen zu können.

Tabelle 2: Stichprobengrößen der Subgruppen

Terzile	HISEI / MIG		Lesekompetenz	
	n auf L1	n auf L2	n auf L1	n auf L2
unteres	1088	61	1862	101
mittleres	720	36	2070	103
oberes	874	46	1982	103

4.4 Zum Einsatz hierarchischer Analysen in dieser Arbeit

4.4.1 Mehrebenenanalysen

Wie aus dem in Kapitel 3 vorgestellten Forschungsmodell hervorgeht, sollen die
Analysen für diese Arbeit auf ein Modell hinauslaufen, das gleichzeitig die Schü-
ler- und die Klassenebene betrachtet, da davon ausgegangen werden kann, dass
das Gruppierungsmerkmal Klasse für die Lesekompetenz der Schülerinnen und
Schüler von Bedeutung ist.

Die Aussagen von Schülern in einer Klasse, beispielsweise zur Unterrichtsqualität, sind meist nicht unabhängig voneinander, da diesen oft die gleichen Einflüsse und Erfahrungen zugrunde liegen. Das erhöht die Wahrscheinlichkeit, dass

die Mitglieder einer Klasse ähnlicher antworten, beispielsweise im Hinblick auf die Unterrichtsqualität, als es bei einer Zufallsauswahl der Fall wäre.

Jedoch sind es gerade diese Merkmale, die charakteristisch für eine Klasse sind und die zu Unterschieden zwischen den Klassen führen, die für die Fragestellung dieser Arbeit von Interesse sind. Daher ist eine Gesamtanalyse (*total analysis*) nicht angebracht, da hier die Zugehörigkeit zur jeweiligen Klasse unberücksichtigt bleibt. Werden hingegen die Gruppierungsmerkmale in die Analyse einbezogen, können Analysen innerhalb (*within analysis*) oder zwischen (*between analysis*) den Aggregateinheiten gerechnet werden.

Analysen innerhalb der Aggregateinheiten (z.B. innerhalb der Klasse) beziehen sich auch auf die Individualebene, berücksichtigen das Gruppierungsmerkmal aber dadurch, dass die Analysen für jede Klasse einzeln durchgeführt werden. Dabei werden so viele Berechnungen durchgeführt, wie Klassen untersucht werden. Nachfolgend besteht die Möglichkeit, die Ergebnisse zu mitteln (*pooled-within analysis*). Bei Analysen zwischen den Aggregateinheiten, zum Beispiel zwischen den Klassen, werden die Untersuchungen nur auf Klassenebene durchgeführt, indem mit den mittleren Werten pro Klasse gerechnet wird. Durch Mehrebenenanalysen können diese beiden Methoden miteinander verbunden werden (vgl. Ditton, 1998; Janke, 2006). In dieser Arbeit werden die Mehrebenenanalysen mit der Software HLM 6 (Raudenbush & Bryk, 2006) gerechnet.

Im Vorfeld der Mehrebenenanalysen mit HLM 6 muss zunächst die sogenannte Multivariate Data Matrix (MDM) erstellt werden. Hierbei werden die Datensätze für die verschiedenen Ebenen (Individual-, Klassen-, Schulebene) zu einem Datensatz, der MDM, zusammen geführt, mit dem die Software dann rechnet. Dabei ist ein entscheidender Vorteil der Software HLM 6 gegenüber anderer Software mit der Mehrebenenanalysen möglich sind, dass mit HLM 6 die Dateien der Software SPSS beim Erstellen der MDM direkt verwendet werden können. Da die in dieser Arbeit verwendeten Daten der IGLU-Studie 2001 im SPSS-Format vorliegen, ist dies aus arbeitsökonomischen Gesichtspunkten ein Vorteil. Für Mehrebenenanalysen mit der Software Mplus 5 müssen die SPSS-Dateien beispielsweise erst in einem Zwischenschritt in Text-Dateien umgewandelt werden, bevor sie in Mplus 5 verwendet werden können.

Der entscheidende Vorteil der Software HLM 6 gegenüber der Software Mplus 5 ist jedoch, dass mit HLM 6 auch echte Dreiebenenmodelle gerechnet werden können, mit Mplus 5 hingegen nur Zweiebenenmodelle beziehungsweise simulierte Dreiebenenmodelle. In dieser Arbeit mussten im Vorfeld der eigentlichen Mehrebenenanalysen (*Intercept- and Slope-as-Outcome-Model*) neben einem Zweiebenen-Baseline Model jedoch auch ein Dreiebenen-Baseline Model gerechnet werden. Dies war notwendig, um im Vorfeld beurteilen zu können, wie viel Varianz der abhängigen Variable, dem Lesescore (ASREARSC), überhaupt durch unterrichtliche und schulische Aspekte aufgeklärt werden kann.

Dazu wurden mit HLM 6 zunächst zwei MDM's (Multivariate Data Matrix) erstellt, eine für ein Zweiebenen-Baseline Model (Individualebene, Klassenebene) und eine weitere für ein Dreiebenen-Baseline Model (Individualebene, Klassenebene, Schulebene).

Im nächsten Schritt wurde jeweils das Zweiebenen- beziehungsweise Dreiebenen-Baseline Model gerechnet (in der Literatur wird hierfür auch der Begriff *Nullmodell* verwendet.). Dabei wurde die Gesamtvarianz in zwei beziehungsweise drei Komponenten geteilt:

- Schülerebene: Varianz zwischen Schülern innerhalb der Klasse (σ^2)
- Klassenebene: Varianz zwischen Klassen innerhalb Schulen (τ_π)
- Schulebene: Varianz zwischen den Schulen (τ_β)

Mit Hilfe der Ergebnisse dieser Analyse (*Oneway-Anova*) lässt sich die aufklärbare Varianz der abhängigen Variable (AV) für jede einzelne Komponente wie folgt berechnen:

$$\sigma^2 / (\sigma^2 + \tau_\pi + \tau_\beta) = \text{Anteil der Varianz zwischen Schülern innerhalb der Klassen,}$$

$$\tau_\pi / (\sigma^2 + \tau_\pi + \tau_\beta) = \text{Anteil der Varianz zwischen Klassen innerhalb Schulen,}$$

$$\tau_\beta / (\sigma^2 + \tau_\pi + \tau_\beta) = \text{Anteil der Varianz zwischen den Schulen.}$$

Die aufklärbare Varianz der Leseleistung stellt sich wie folgt dar. Ein Großteil der Varianz der Leseleistung wird durch Faktoren auf der Individualebene erklärt, im Zweiebenen-Nullmodell sind es 89 % und im Dreiebenen-Nullmodell sind es 75 %. Dies entspricht auch den Befunden anderer Studien, wie zum Beispiel PISA.

Interessanter, und für die weiteren Analysen dieser Arbeit entscheidend, waren jedoch die aufzuklärenden Varianzen auf der Klassen- und auf der Schulebene. Im Zweiebenen-Nullmodell lassen sich auf der Klassenebene 11 % Varianz der Leseleitung erklären. Im Dreiebenen-Nullmodell verteilt sich die aufklärbare Varianz zu 3 % auf der Klassenebene und zu 10 % auf der Schulebene. Wie man erkennen kann, liegt im Dreiebenen-Baseline Model der größere Anteil der aufklärbaren Varianz auf der Schulebene, wodurch auf der Klassenebene lediglich 3 % aufklärbare Varianz verbleiben.

Für die Klärung der Fragestellungen dieser Arbeit war der Einbezug der Klassenebene in die Mehrebenenanalyse jedoch unumgänglich, da diese die interessierenden Variablen zu den didaktischen Ansätzen der Lehrkräfte beinhaltete. Aus Kapitel 2.3 ging zudem hervor, dass von der Klassenebene proximale Effekte auf die Lesekompetenz zu erwarten sind, von der Schulebene jedoch nur distale Effekte. Somit war aus theoretischer Sicht das Zweiebenen-modell (Individualebene, Klassenebene) vorzuziehen. Auch eine Aggregation der Prädiktoren von der Klassenebene auf Schulebene erschien daher nicht sinnvoll, zudem hätten mit einem solchen Zweiebenenmodell (Individualebene, Schulebene) keine Aussagen zu kompositionellen Effekten auf Klassenebene getroffen werden können.

Aus methodologisch-empirischer Sicht verweisen Opdenakker und van Damme (2000) auf den Deviance-Wert als konkreten Indikator für die Güte eines Modells. Dieser wird bei Analysen mit dem Programm HLM 6 in der Ausgabe jeweils mit aufgeführt. Nach Opdenakker und van Damme (ebd.) ist das Modell mit dem geringsten Deviance-Wert vorzuziehen.

Die Deviance-Werte betrugen für das Dreiebenen-Nullmodell 42978 und für das Zweiebenen-Nullmodell 42569. Damit war auch aus dieser Perspektive das Zweiebenenmodell (Individualebene, Klassenebene) für die Mehrebenenanalysen (*Intercept- and Slope-as-Outcome-Model*) vorzuziehen.

Um trotzdem auch Einflüsse der Schulebene in den Analysen dieser Arbeit berücksichtigen zu können, wurden relevante Variablen und Skalen aus dem Schulleiterdatensatz (Schulebene) an den Lehrerdatensatz (Klassenebene) gematcht, mittels der Klassen-ID. Diese Vorgehensweise wird von Opdenakker und van Damme (2000, S. 121) empfohlen, um in Mehrebenen-analysen mit zwei Ebenen (Individual- und Klassenebene) die Effekte der Schulebene berücksichtigen zu können, und um somit zu einer höheren Validität der Daten beizutragen.

Um die Aussagen der Lehrkräfte zur Unterrichtsqualität zu validieren, wurden aus dem Schülerdatensatz (Individualebene) relevante Variablen und Skalen, die sich auf die Unterrichtsqualität beziehen, auf Klassenebene aggregiert und ebenfalls per Klassen-ID an den Lehrerdatensatz (Klassenebene) gematcht.

Aus dem Schülerdatensatz und aus dem Lehrerdatensatz mit den auf Klassenebene aggregierten Schüler- und Schulleitervariablen wurde die Multivariate Data Matrix erstellt, mit der die Mehrebenenanalysen mit dem Programm HLM 6 gerechnet wurden. Die Auswahl der relevanten Variablen und Skalen zur Unterrichtsqualität und -didaktik erfolgte theoriegeleitet (vgl. Kap. 4.2)

4.4.2   Konditionale Modelle

Wie im vorhergehenden Kapitel (4.4.1) bereits aufgezeigt wurde, wird bei der Mehrebenen-modellierung in einem ersten Schritt zunächst das *Baseline Model* gerechnet, um die Verteilung der Varianzen auf den beiden Ebenen zu berechnen.

Nachfolgend schließt sich dann die eigentliche Mehrebenenmodellierung an. In Kapitel 5.2.1 wird diese Modellierung schrittweise exemplarisch aufgezeigt.

Im Folgenden soll aufgezeigt werden, wie sich die Mehrebenenmodellierung theoretisch darstellt.

Zunächst wird das *Random-Coefficients Regression Model* (Erklärende Variablen auf Schülerebene) gerechnet. Dabei wird die Lesekompetenz als Funktion einer Reihe von Prädiktor-variablen und einem Fehlerterm auf der Individualebene erklärt. Es wird angenommen, dass sowohl β_{0j} als auch β_{1j} zufällig über die Gruppen hinweg variieren.

Dieses einfachste Modell in der Mehrebenenmodellierung bleibt ohne Level-2-Prädiktoren, es wird kein Versuch unternommen, die Zufallseffekte zu erklären:

Level 1: $Y_{ij} = \beta_{0j} + \beta_{1j}X_{ij} + r_{ij}$

Level 2: $\beta_{0j} = \gamma_{00} + u_{0j}$

$\qquad\quad \beta_{1j} = \gamma_{10} + u_{1j}$

$\rightarrow Y_{ij} = \gamma_{00} + \gamma_{10}X_{ij} + u_{1j}X_{ij} + u_{0j} + r_{ij}$

Mit:

β_{0j} = Regressionskonstante (intercept),

β_{1j} = Steigungsparameter (slope),

r_{ij} = Fehlerterm (residual error)

i = Index für Individuum,

j = Index für Level-2-Einheit,

β_{0j} = Jede Klasse j (Level-2-Einheit) hat eine eigene Regressionskonstante β_{0j},

u_{0j} = gruppenspezifische Zufallskomponente der Regressionskonstanten β_{0j},

β_{1j} = Jede Klasse j hat einen eigenen Steigungsparameter β_{1j},

($\rightarrow \beta_{0j}$ und β_{1j} variieren über die Level-2-Einheiten hinweg.)

γ_{10} = Regressionskoeffizient von Y_{ij} auf X_{ij},

γ_{00} = Regressionskonstante,

$\gamma_{10}X_j$ = Effekt des Level-1-Prädiktors X_{ij},

$u_{1j}X_{ij}$ = Heteroskedastizität: Fehlerterm u_{1j} ist multiplikativ verbunden mit X_{1j} je größer X_{1j}, umso größer die Varianzen der Residuen.

In einem weiteren Schritt werden erklärende Variablen auf der Aggregatebene in das Modell aufgenommen *(Intercept- and Slope-as-Outcome-Model)*. Dieses Modell stellt das vollständige Modell mit Level-1- und Level-2-Prädiktoren dar. Sowohl $\beta 0j$ als auch $\beta 1j$ variieren hier zufällig über die Gruppen hinweg. Die Varianz der Lesekompetenz wird neben den Prädiktoren auf Individualebene zusätzlich durch Gruppenmerkmale auf Aggregatebene (Level 2) erklärt.

Level 1: $Y_{ij} = \beta_{0j} + \beta_{1j}X_{ij} + r_{ij}$

Level 2: $\beta_{0j} = \gamma_{00} + \gamma_{01}Z_j + u_{0j}$

$\beta_{1j} = \gamma_{10} + \gamma_{11}Z_j + u_{1j}$

$\rightarrow Y_{ij} = (\gamma_{00} + \gamma_{01}Z_j + u_{0j}) + (\gamma_{10}X_{ij} + \gamma_{11}Z_jX_{ij} + u_{1j}X_{ij}) + r_{ij}$

Zusätzlich mit:

$\gamma_{01}Z_j$ = Effekt des Level-2-Prädiktors Z_j (Einfluss von Z auf β_{0j}),

$\gamma_{11}Z_jX_{ij}$ = Cross-Level-Interaktion Z_jX_{ij};

resultiert daraus, dass Level-1-Regressionssteigung β_{1j} durch die Level-2-Variable Z_j beeinflusst wird (Einfluss von Z auf β_{1j}).

4.4.3 Zentrierung

In diesem Kapitel sollen nach einer allgemeinen Einführung in die Zentrierung die in HLM möglichen Zentrierungsarten erläutert werden. Abschließend soll begründet werden, welche Art der Zentrierung für diese Arbeit gewählt wurde.

Um in Mehrebenenanalysen herauszufinden, ob untersuchte Individualeffekte auch als Aggregateffekte auf der Klassen- oder Schulebene wirken, können diese Individualeffekte auf Klassen- oder Schulebene aggregiert in die Analysen einbezogen werden. Bei der Interpretation der Befunde stellt sich jedoch die Frage, ob diese reine Effekte der Klassen- oder der Schulebene sind (kompositionelle Effekte) oder ob sie eine Mischung aus Gruppen- und Individualeffekten sind. Für die Interpretation von Effekten in Mehrebenenmodellen ist es daher von Bedeutung, welche Zentrierung angewendet wird.

Auch die Verwendung der ursprünglichen Metrik von Prädiktoren ist oft nicht mehr sinnvoll, da diese oft keinen sinnvoll interpretierbaren Nullpunkt haben. Beispielsweise würde β_{0j} in dieser Arbeit die Lesekompetenz eines Schülers mit einem Messwert von Null für den sozioökonomischen Status angeben. Ein Messwert von Null liegt jedoch außerhalb des Wertebereichs, den der Prädiktor sozioökonomischer Status (operationalisiert durch den HISEI) üblicherweise sinnvoll annehmen kann. In einem solchen Fall hat die Regressionskonstante keine definierte und nachvollziehbare Bedeutung. Zudem können sich bei der Schätzung von Koeffizienten, die außerhalb des definierten und sinnvoll möglichen Wertebereichs liegen, Probleme mit der numerischen Stabilität der Ergebnisse ergeben (vgl. Ditton, 1998, S. 74).

Durch die Zentrierung kann dem Nullpunkt einer Skala aber ein sinnvoller Wert zugewiesen werden. Jedoch ist eine Verwendung der ursprünglichen Metrik natürlich nicht in jedem Fall unangebracht. Wenn der Prädiktor beispielsweise ein dichotomes Datenniveau aufweist, wie zum Beispiel beim Geschlecht (männlich = 1; weiblich = 0), macht es durchaus Sinn, denn Wert null zu interpretieren. Auch bei Dummy-Variablen, die in dieser Arbeit zum Beispiel für den Migrationsstatus gebildet wurden (Schülerinnen und Schüler ohne Migrationshintergrund = 0; mindestens ein Elternteil im Ausland geboren = 1), macht die Interpretation dieser dichotomen Metrik durchaus einen Sinn.

Grundsätzlich ähnelt das Verfahren der Zentrierung dem Verfahren der z-Transformation (vgl. z.B. Diedrich, 2008; Schümer, Tillmann & Weiß, 2004), welches beispielsweise mit der Statistiksoftware SPSS vorgenommen werden kann. Ditton (1998, S. 75) betont jedoch, dass die Zentrierung der Prädiktorvariablen um den Gesamt- oder um den Gruppenmittelwert eine ganz besondere Bedeutung hat, trotz einer Vielzahl möglicher Transformationsverfahren. Im Folgenden sollen daher diese beiden Zentrierungsarten näher betrachtet werden.

Zentrierung um den Gesamtmittelwert (Grand Mean Centering)

Eine Variante der Zentrierung der Messwerte von Prädiktorvariablen besteht darin, die Abweichungen vom Gesamtmittelwert der Stichprobe zu bilden. Dabei werden statt der Rohwerte X_{ij} die Prädiktoren in folgender Form verwendet:

$$X_{ij} - X X..$$

Dabei drückt die Regressionskonstante in dieser Form der Zentrierung das zu erwartende Ergebnis für eine Person aus, deren Wert X_{ij} dem Gesamtmittelwert entspricht. Dieser kann als ein adjustierter Mittelwert für die Gruppe j verstanden werden:

$$\beta_{0j} = \mu_{Yj} - \beta_{1j}(X_{.j} - X X..)$$

Dabei ist die Varianz von β_{0j} ($Var(\beta_{0j}) = \tau_{00}$) die Varianz zwischen den Einheiten der zweiten Analyseebene in diesen adjustierten Mittelwerten (Ditton, 1998).

Der Vorteil bei der Zentrierung um den Gesamtmittelwert besteht darin, dass der kompositionelle Effekt (βc) unmittelbar im Output abgelesen werden kann. Von einem kompositionellen Effekt wird dann gesprochen, wenn eine aus Individualdaten gewonnene Aggregatvariable (z.B. der mittlere Migrationsstatus einer Schule) einen Effekt auf die abhängige Variable hat (z.B. die Lesekompetenz), der über den Effekt der entsprechenden Individualvariablen hinaus geht (vgl. ebd.). Das heißt, ein kompositioneller Effekt liegt dann vor, wenn der gefundene Effekt tatsächlich ein zusätzlicher Effekt der Klassen- oder Schulebene ist.

Der Aggregateffekt (βb) hingegen kann bei der Zentrierung um den Gesamt-mittelwert nicht direkt abgelesen werden, sondern muss wie folgt berechnet werden:

βb (Aggregateffekt) = βc (kompositioneller Effekt) - βw (Individualeffekt)

Der Individualeffekt (βw) wird für eine Variable wiederum nur dann korrekt berech-net, wenn diese Variable aggregiert auch in die Aggregatebene des Modells aufge-nommen wird. Falls das forschungsleitende Interesse in der korrekten Schätzung der Individualeffekte liegt, müssten also alle Prädiktoren auf Individualebene auch aggregiert auf Aggregatebene in das Modell aufgenommen werden, was der Prä-misse widerspricht, Mehrebenenmodelle sparsam zu modellieren (vgl. King, 1989).

Daher ist bei einem Erkenntnisinteresse, das sich auf Individualeffekte rich-tet, die Zentrierung um den Gruppenmittelwert vorzuziehen. Diese Art der Zent-rierung wird im folgenden Abschnitt näher erläutert.

Zentrierung um den Gruppenmittelwert (Group Mean Centering)

Bei der Zentrierung um den Gruppenmittelwert werden die Abweichungen der Prä-diktorvariablen vom jeweiligen Mittelwert der Aggregateinheit, der die Individuen angehören, gebildet. So werden beispielsweise die Abweichungen der Messwer-te der einzelnen Schüler vom Mittelwert der Schule, die sie besuchen, gebildet:

$$X_{ij} - X X_j$$

Die Regressionskonstante β_{0j} ist für diesen Fall der nicht adjustierte Mittelwert für die Gruppe j:

$$\beta_{0j} = \mu_{Yj}$$

Die Varianz von β_{0j} ist bei der Zentrierung um den Gruppenmittelwert die Vari-anz zwischen den Mittelwerten der Einheiten auf der zweiten Analyseebene (μ_{Yj}) (vgl. Ditton, 1998).

Bei der Zentrierung um den Gruppenmittelwert können sowohl der Indivi-dualeffekt (βw) als auch der Aggregateffekt (βb) unmittelbar im Output abgelesen werden. Von einem Aggregateffekt spricht man dann, wenn der gefundene Effekt eine Mischung aus Gruppen- und Individualeffekten darstellt.

Die Schätzung der Innerhalbkomponente (βw) und der Zwischenkomponen-te (βb) erfolgt dabei separat in unabhängige Komponenten. Die Innerhalbkom-ponente βw wird auch dann korrekt berechnet, wenn der auf der Individualebene eingeführte Prädiktor nicht auf der zweiten Ebene (Aggregatebene) aggregiert in das Modell aufgenommen wird.

Der kompositionelle Effekt (βc) kann bei dieser Art der Zentrierung nicht direkt abgelesen werden, sondern muss wie folgt berechnet werden:

βc (kompositioneller Effekt) = βb (Aggregateffekt) - βw (Individualeffekt)

Zentrierung in dieser Arbeit

Wie vorangehend erläutert, ist es für die Interpretation der Effekte in Mehrebenenanalysen von Bedeutung, wie die eingeführten Prädiktoren zentriert werden, da sich durch die Art der Zentrierung auch die Interpretation der Effekte unterscheidet.

Die verschiedenen Arten der *Zentrierung auf Individualebene* beeinflussen die Interpretation des Mittelwertes der Lesekompetenz. Die in diesem Modell angewendete Zentrierung um den Gruppenmittelwert auf der Individualebene bewirkt, dass der angegebene x-Achsenabschnitt als durchschnittliche Lesekompetenz interpretiert werden kann (d.h. als Lesekompetenz, die bei einer durchschnittlichen Ausprägung der Variablen auf Gruppierungsebene gegeben wäre).

Bei der *Zentrierung der Prädiktoren auf Klassenebene* um den Gruppenmittelwert wären die Effekte auf Klassenebene als eine Mischung aus den Individualeffekten und den Effekten auf Klassenebene zu interpretieren.

Im Gegensatz dazu können bei einer Zentrierung um den Gesamtmittelwert die Effekte auf Klassenebene direkt als kompositionelle Effekte interpretiert werden, das heißt, als tatsächlich zusätzliche Effekte der Klassen- oder Schulebene. Gerade diese Effekte liegen im Haupterkenntnisinteresse dieser Arbeit (vgl. Kap. 3). In Anbetracht dessen wurde daher für diese Arbeit die Zentrierung um den Gesamtmittelwert gewählt.

Um die korrekten Individualeffekte zu gewinnen, wurden die auf der Individualebene in das Modell eingeführten Prädiktoren (HISEI, KFT, Migrationsstatus) auch aggregiert auf der Klassenebene in das Modell einbezogen (vgl. zur Vorgehensweise Ditton, 1998, S. 89-90 & 94).

5. Ergebnisse

In diesem Kapitel sollen die Befunde dieser Arbeit dargestellt und interpretiert werden. Zunächst sollen einige zentrale Befunde der deskriptiven Analysen dargestellt werden. Danach folgt der zentrale Teil der Arbeit, in dem die Befunde der Mehrebenenanalysen dargestellt und interpretiert werden.

5.1 Deskriptive Ergebnisse

5.1.1 Deskriptive Ergebnisse auf Individualebene

Zunächst wurde die Verteilung der für diese Arbeit abhängigen Variablen, der Lesekompetenz, betrachtet. Wie aus Abbildung 7 hervorgeht, ist die Lesekompetenz in dieser Stichprobe normalverteilt.

Abbildung 7: Verteilung der Lesekompetenz über die Gesamtpopulation

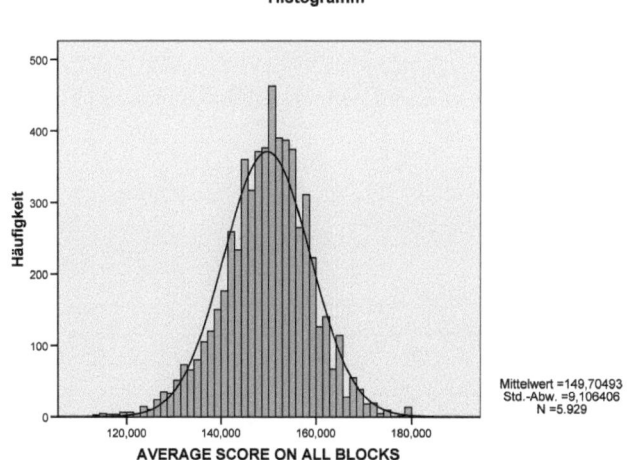

Der Mittelwert der Lesekompetenz liegt in dieser Stichprobe bei 149,71 mit einem Minimalwert von 113,91 und einem Maximalwert von 180,26 (vgl. Tab. 3). Dabei entspricht ein Kompetenzunterschied von 10 Punkten einem praktischen Kompetenzunterschied von einem Schuljahr.

Tabelle 3: Deskriptive Statistik zum Lesekompetenzscore in der Gesamtpopulation

	N	Minimum	Maximum	Mittelwert	Standard-abweichung	Varianz
Lesekompetenz	5929	113,91	180,26	149,71	9,106406	82,927
Gültige Werte (Listenweise)	5929					

In einem weiteren Schritt wurden die deskriptiven Befunde einiger Aspekte aus Schülerperspektive betrachtet, die für die Fragestellungen dieser Arbeit von Bedeutung sind. Die Auswahl dieser Aspekte erfolgte basierend auf den in Kapitel 2 referierten theoretischen Erkenntnissen und empirischen Befunden. In Tabelle 4 sind die Skalenmittelwerte zur Wahrnehmung des Unterrichts aus Schülerperspektive dargestellt. Aus den Befunden geht unter anderen hervor, dass der Skalenmittelwert für die Skala „Zufriedenheit mit der Schule" nahe am Maximalwert 4 liegt (M = 3,31).

Das „Nachbereiten von Texten im Unterricht" findet laut Schülermeinung mit M = 2,16 ein- bis zweimal pro Woche statt, „Leseaktivitäten im Unterricht" tendenziell nur ein- bis zweimal im Monat (M = 2,58). Die „Disziplinprobleme im Deutschunterricht" bewegen sich auf einem mittleren Niveau (M = 2,45).

Tabelle 4: Deskriptive Statistik ausgewählter unterrichtsrelevanter Aspekte aus Schülerperspektive

	N	Mittelwert	Standardabweichung
Disziplinprobleme im Deutschunterricht	5929	2,45	,72405
Leseaktivitäten im Unterricht	5929	2,58	,58881
Nachbereitung von Texten im Unterricht	5929	2,16	,61019
Zufriedenheit mit der Schule	5929	3,31	,54017
Gültige Werte (Listenweise)	5929		

In einem weiteren Schritt wurden diese und weitere zentrale Aspekte der Individualebene mit dem Score der Lesekompetenz korreliert (vgl. Tab. 5). Dabei wird erwartungskonform deutlich, dass der Migrationsstatus, der HISEI und vor allem der KFT einen Zusammenhang zur Lesekompetenz aufweisen. Weiterhin wird deutlich, dass ein Zusammenhang zwischen Disziplinproblemen und der Lesekompetenz besteht. Die Zusammenhänge der Unterrichtsmerkmale aus Schülerperspektive und der Lesekompetenz sind tendenziell eher gering, ebenso der Zusammenhang zwischen der Lesekompetenz und dem Geschlecht.

Tabelle 5: Korrelationen zwischen dem Lesekompetenzscore und zentralen Aspekten auf Individualebene

		Lesekompetenz
Geschlecht	Korrelation nach Pearson	-,080**
	Signifikanz (2-seitig)	,000
Migrationsstatus	Korrelation nach Pearson	-,267**
	Signifikanz (2-seitig)	,000
KFT	Korrelation nach Pearson	,518**
	Signifikanz (2-seitig)	,000
HISEI	Korrelation nach Pearson	,359**
	Signifikanz (2-seitig)	,000
Disziplinprobleme im Deutschunterricht	Korrelation nach Pearson	-,297**
	Signifikanz (2-seitig)	,000
Leseaktivitäten im Unterricht	Korrelation nach Pearson	-,060**
	Signifikanz (2-seitig)	,000
Nachbereitung von Texten im Unterricht	Korrelation nach Pearson	-,151**
	Signifikanz (2-seitig)	,000
Zufriedenheit mit der Schule	Korrelation nach Pearson	,010
	Signifikanz (2-seitig)	,437

(N = 5929); ** Die Korrelation ist auf dem Niveau von 0,01 (2-seitig) signifikant.

5.1.2 Deskriptive Ergebnisse auf Klassenebene

Im Folgenden werden die deskriptiven Befunde von Aspekten betrachtet, die aus der Lehrerperspektive für die Fragestellungen dieser Arbeit von Bedeutung sind. Auch hier erfolgte die Auswahl dieser Aspekte basierend auf den theoretischen Erkenntnissen und empirischen Befunden in Kapitel 2.

Aus den Befunden geht unter anderen hervor, dass im Hinblick auf die Differenzierung im Unterricht durch unterschiedliches Material (M = 2,32) tendenziell
zwar eher dasselbe Material für Schüler verwendet wird, dass die Lehrkräfte hier
aber je nach dem Niveau unterschiedliche Geschwindigkeitsvorgaben machen.
Weiterhin wird deutlich, dass zwischen den Lehrkräften tendenziell „oft" (M =
1,79) eine Koordination über die Bewertung von Klassenarbeiten stattfindet. Der
Einsatz von verschiedenen Textsorten im Unterricht wird tendenziell ein- bis zweimal pro Woche praktiziert (M = 2,04). Das Nachbereiten von Texten im Unterricht geschieht tendenziell nur ein- bis zweimal im Monat (M = 2,61) (vgl. Tab. 6).

Tabelle 6:   Deskriptive Statistik ausgewählter unterrichtsrelevanter Aspekte auf
             Klassenebene

	N	Mittelwert	Standardabweichung
Differenzierung durch unterschiedliches Material	308	2,32	,756
Koordination über Bewertung von Klassenarbeiten	308	1,79	,800
Einsatz von verschiedenen Textsorten im Unterricht	308	2,04	,417
Nachbereitung von Texten im Unterricht	308	2,61	,434
Gültige Werte (Listenweise)	308		

In einem weiteren Schritt wurden diese und weitere zentrale Merkmale auf der
Klassenebene mit dem auf Klassenebene aggregierten Score der Lesekompetenz
korreliert (vgl. Tab. 7). Dabei wird deutlich, dass ein Zusammenhang zwischen
einem disziplinierten Schulklima und der Lesekompetenz besteht. Bereits auf Individualebene wurde ein Zusammenhang zwischen dem Aspekt der Disziplin im
Leseunterricht und der Lesekompetenz deutlich.
      Weiterhin wird deutlich, dass zwischen der Koordination mit Fachkollegen
im Allgemeinen und der Lesekompetenz ein Zusammenhang besteht, wobei jedoch
die Zusammenhänge zwischen der Koordination im Hinblick auf Inhalte, Anforderungen und Bewertungen von Klassenarbeiten und der Lesekompetenz deutlicher
ausgeprägt sind, als die Zusammenhänge zwischen der Koordination im Hinblick
auf Unterrichtsinhalte und Unterrichtsmethoden und der Lesekompetenz. Darüber
hinaus besteht auch zwischen der durch die Lehrkräfte wahrgenommenen sozialen Kompetenz der Schulleitung im Hinblick auf deren Einfühlungsvermögen in
Probleme und Schwierigkeiten der Lehrkräfte und der Lesekompetenz ein leich-
ter Zusammenhang.

Tabelle 7: Korrelationen zwischen dem auf Klassenebene aggregierten Score
der Lesekompetenz und ausgewählten Merkmalen auf Klassenebene

		Lesekompetenz (auf Klassenebene aggr.)
Schulklima von Ordnung und Disziplin geprägt	Korrelation nach Pearson	-,229**
	Signifikanz (2-seitig)	,000
Koordination über Unterrichtsinhalte	Korrelation nach Pearson	-,269**
	Signifikanz (2-seitig)	,000
Koordination über Unterrichtsmethoden	Korrelation nach Pearson	-,217**
	Signifikanz (2-seitig)	,000
Koordination über Inhalte von Klassenarbeiten	Korrelation nach Pearson	-,359**
	Signifikanz (2-seitig)	,000
Koordination über Anforderungen von Klassenarbeiten	Korrelation nach Pearson	-,335**
	Signifikanz (2-seitig)	,000
Koordination über Bewertung von Klassenarbeiten	Korrelation nach Pearson	-,345**
	Signifikanz (2-seitig)	,000
Soziale Kompetenz der Schulleitung (Einfühlungsvermögen in Probleme und Schwierigkeiten der Lehrkräfte) (Lehrerstatement)	Korrelation nach Pearson	-,114*
	Signifikanz (2-seitig)	,046

(N = 308);
* Die Korrelation ist auf dem Niveau von 0,05 (2-seitig) signifikant.
** Die Korrelation ist auf dem Niveau von 0,01 (2-seitig) signifikant.

Wie in Kapitel 4.4.1 erläutert und begründet worden ist, wurde für die Mehrebenenanalysen dieser Arbeit ein Zweiebenendesign gewählt (Individualebene, Klassenebene). Konform zur empfohlenen Vorgehensweisen von Opdenakker und van Damme (2000) wurden die für die Fragestellungen dieser Arbeit relevanten Merkmale von der Schulebene an die Daten der Klassenebene gematcht, um diese in einem Zweiebenendesign berücksichtigen zu können.

Im Folgenden werden daher deskriptive Befunde ausgewählter unterrichtsrelevanter Aspekte aus der *Perspektive der Schulleitung (Schulebene)* betrachtet, die für die Fragestellungen dieser Arbeit von Bedeutung sind.

In Tabelle 8 sind die entsprechenden Skalenmittelwerte dargestellt. Aus den Befunden geht unter anderem hervor, dass das Schulklima im Bezug auf das soziale Verhalten an der Schule nur als „geringfügiges Problem" (M = 1,96) eingeschätzt wird (1 = ‚kein Problem' … 4 = ‚ernsthaftes Problem').

Zudem erfolgt der Aufbau von Lesestrategien tendenziell frühzeitig, insbesondere im Hinblick auf grundlegende Lesefertigkeiten, wie das Erkennen von Buchstaben des Alphabets (M = 1,07), das Erkennen von Zusammenhängen zwischen Buchstaben und Lauten (M = 1,02) sowie das Lesen von Wörtern (M = 1,01) und einzelnen Sätzen (M = 1,06) (1 = Klassenstufe 1 ... 4 = Klassenstufe 4).

Es wird weiterhin deutlich, dass die Anzahl der Unterrichtsstunden, die wöchentlich in der 4. Jahrgangsstufe im Fach Deutsch erteilt werden, mit einem Mittelwert von M = 5,53 nahe am Maximalwert 6 (= 6 Stunden Deutschunterricht pro Woche) liegt.

Tabelle 8: Deskriptive Statistik ausgewählter unterrichtsrelevanter Aspekte auf Schulebene

	N	Mittelwert	Standardabweichung
Schulklima: soziales Verhalten	308	1,96	,509
Aufbau von Lesestrategien: Buchstaben des Alphabets	308	1,07	,246
Aufbau von Lesestrategien: Zusammenhänge zwischen Buchstaben und Lauten	308	1,02	,114
Aufbau von Lesestrategien: Lesen von Wörtern	308	1,01	,081
Aufbau von Lesestrategien: Lesen von einzelnen Sätzen	308	1,06	,222
Aufbau von Lesestrategien: Lesen von zusammenhängenden Sätzen	308	1,49	,540
Aufbau von Lesestrategien: Hauptaussagen im Text erkennen	308	1,91	,671
Anzahl Unterrichtsstunden Deutsch (wöchentlich)	308	5,53	,479
Gültige Werte (Listenweise)	308		

In einem weiteren Schritt wurden ausgewählte unterrichtsrelevante Aspekte der Schulebene (die zuvor an die Daten der Klassenebene gematcht wurden) mit dem auf Klassenebene aggregierten Score der Lesekompetenz korreliert.

Dabei wird deutlich, dass zwischen dem frühzeitigen Aufbau von Lesestrategien, insbesondere im Hinblick auf das Lesen einzelner Sätze und das Erkennen von Hauptaussagen im Text, leichte bis mittlere Zusammenhänge bestehen. Weiterhin zeigt sich ein deutlicher Zusammenhang zwischen dem Schulklima (soziales Verhalten an der Schule) und dem aggregierten Score der Lesekompetenz. Es wird weiterhin deutlich, dass zwischen der Anzahl der Unterrichtsstunden, die wöchentlich in der 4. Jahrgangsstufe im Fach Deutsch erteilt werden und dem aggregierten Score der Lesekompetenz ein Zusammenhang besteht (vgl. Tab. 9).

Tabelle 9: Korrelationen zwischen dem aggregierten Score der Lesekompetenz und ausgewählten Merkmalen von Schulebene

		Lesekompetenz (auf Klassenebene aggr.)
Schulklima: soziales Verhalten	Korrelation nach Pearson	-,315**
	Signifikanz (2-seitig)	,000
Aufbau von Lesestrategien: Zusammenhänge zwischen Buchstaben und Lauten	Korrelation nach Pearson	-,087
	Signifikanz (2-seitig)	,129
Aufbau von Lesestrategien: Lesen von Wörtern	Korrelation nach Pearson	-,140*
	Signifikanz (2-seitig)	,014
Aufbau von Lesestrategien: Lesen von einzelnen Sätzen	Korrelation nach Pearson	-,264**
	Signifikanz (2-seitig)	,000
Aufbau von Lesestrategien: Lesen von zusammenhängenden Sätzen	Korrelation nach Pearson	-,134*
	Signifikanz (2-seitig)	,018
Aufbau von Lesestrategien: Hauptaussagen im Text erkennen	Korrelation nach Pearson	-,203**
	Signifikanz (2-seitig)	,000
Anzahl Unterrichtsstunden Deutsch (wöchentlich)	Korrelation nach Pearson	,208**
	Signifikanz (2-seitig)	,000

(N = 308);
** Die Korrelation ist auf dem Niveau von 0,01 (2-seitig) signifikant.
* Die Korrelation ist auf dem Niveau von 0,05 (2-seitig) signifikant.

Im Folgenden werden die Befunde der Mehrebenenanalysen vorgestellt, mit Hilfe derer die forschungsleitenden Fragestellungen dieser Arbeit beantwortet werden sollen.

5.2 Ergebnisse der Mehrebenenanalysen

In Kapitel 3 wurde das für diese Arbeit forschungsleitende Modell sowie die darin implizit enthaltenen forschungsleitenden Fragen vorgestellt. Um diese zu überprüfen, werden in diesem Kapitel die Befunde der Mehrebenenanalysen vorgestellt.[5]

Um zu untersuchen, ob das Modell, das für die Gesamtpopulation spezifiziert werden kann, für unterschiedliche Klassenpopulationen in gleicher oder un-

---

5   Im Hinblick auf eine übersichtliche, leserfreundliche Gestaltung werden in Kapitel 5 nicht die kompletten HLM-Ausgaben der Analysen abgebildet, diese können jedoch bei Bedarf vom Autor zur Verfügung gestellt werden. Weiterhin werden aus Gründen der Übersichtlichkeit und der Lesefreundlichkeit in den Tabellen die Kurzbezeichnungen der Variablen verwendet, eine Legende mit den ausführlichen Bezeichnungen befindet sich im Anhang.

terschiedlicher Weise gilt, wird das Modell im Anschluss noch einmal für folgende Subpopulationen getrennt getestet:

1. Klassen mit einer niedrigen / hohen Lesekompetenz,
2. Klassen mit einem niedrigem / hohem HISEI und mit gleichzeitig belastetem / unbelastetem Migrationshintergrund.

Da im Fokus dieser Arbeit jedoch die Schülerinnen und Schüler stehen, die einen „benachteiligten" sozioökonomischen Hintergrund (HISEI, Migrationsstatus) sowie eine niedrige Lesekompetenz aufweisen, sollen für diese Subpopulationen in einem nächsten Schritt jeweils eigene Modelle entwickelt werden (siehe Kap. 5.2.4 und 5.2.5). Auf diese Weise soll überprüft werden, welche unterrichtlichen Aspekte zur Erklärung der Lesekompetenz in diesen Subpopulationen beitragen und ob eigens entwickelte Modelle positivere Zusammenhänge im Hinblick auf den Erwerb der Lesekompetenz und die Verringerung der Kopplung von Lesekompetenz und sozioökonomischen Status der Elternhäuser hervorbringen.

Für die Interpretation der in Kapitel 5 dargestellten Befunde muss berücksichtigt werden, dass diese nicht kausal zu interpretieren sind, da im Rahmen dieser Arbeit die Querschnittsdaten der IGLU-Studie 2001 reanalysiert werden. Vielmehr werden Zusammenhänge dargestellt die wiederum die Grundlage für Kausalanalysen bilden können.

5.2.1 Der Zusammenhang von Unterrichtsqualität, Lesekompetenz und der Kopplung zwischen sozioökonomischem Hintergrund und Lesekompetenz

Wie aus den vorangegangenen Ausführungen hervorgeht, implizieren die in Kapitel 3 formulierten forschungsleitenden Hypothesen eine Mehrebenenmodellierung mit unterschiedlichen Populationen. In diesem Kapitel wird zunächst die Modellentwicklung mit der Gesamtpopulation durchgeführt.

One-Way Anova

(Baseline Model)

Um klären zu können, inwiefern die Klassenzugehörigkeit dazu beitragen kann, die Lesekompetenz der Schülerinnen und Schüler durch Variablen auf Klassenebene zu erklären, wurde zunächst eine One-Way Anova gerechnet, mit deren Hilfe bestimmt werden konnte, welche Varianzanteile auf Unterschiede innerhalb der Klassen und zwischen den Klassen zurückzuführen sind (vgl. Bryk & Raudenbush, 1992; Ditton, 2002 sowie Kap. 4.4.2 in dieser Arbeit).

Die Gesamtvarianz der Lesekompetenz wird dabei in zwei Komponenten geteilt:

- auf Schülerebene: Varianz zwischen Schülern innerhalb der Klassen,
- auf Klassenebene: Varianz zwischen Klassen innerhalb der Schulen.

Dabei ist:

$\sigma^2 / (\sigma^2 + \tau_\pi + \tau_\beta)$ = Anteil der Varianz zwischen Schülern innerhalb der Klassen,

$\tau_\pi / (\sigma^2 + \tau_\pi + \tau_\beta)$ = Anteil der Varianz zwischen Klassen innerhalb Schulen.

Die One-Way Anova zur Lesekompetenz wurde für dieses Modell über die Gesamtpopulation gerechnet (vgl. Tab. 10). Für den Mittelwert der Lesekompetenz wurde der in der IGLU-Studie skalierte Mittelwert (M = 150) mit einer Standardabweichung von 30 verwendet. Dabei entspricht ein Kompetenzunterschied von 10 Punkten einem praktischen Kompetenzunterschied von einem Schuljahr (1/3 Standardabweichung).

Wie aus dem Baseline Model hervorgeht, ist der Gesamtmittelwert für die Lesekompetenz der Schülerinnen und Schüler γ_{00} mit einem Wert von 150,06 signifikant[6] von Null verschieden.

Tabelle 10: Ergebnisse der One-Way Anova für die Lesekompetenz (Gesamtpopulation)

Fixed Effect	Coefficient	Standard Error	T-ratio	Approx. d.f.	P-value
For INTRCPT1, B0					
INTRCPT2, G00	150.064367	0.232280	646.049	307	0.000

Final estimation of variance components:

Random Effect		Standard Deviation	Variance Component	df	Chi-square	P-value
INTRCPT1,	U0	2.90782	8.45542	307	988.05040	0.000
level-1,	R	8.41436	70.80140			

---

6   Alle im Folgenden berichteten signifikanten Zusammenhänge sind auf einem mindestens 5 %-igem Niveau (p < .05) signifikant (wenn nicht anders berichtet).

Sowohl die Varianz zwischen den Schülerinnen und Schülern als auch zwischen den Klassen ist statistisch signifikant. Der Varianzanteil auf Individualebene, der die Abweichungen der individuellen Schülerwerte vom Klassenmittelwert angibt, liegt bei 70,80. Der Varianzanteil auf Klassenebene beschreibt die Streuung der Klassenmittelwerte um den Gesamtmittelwert und liegt bei 8,46.

Der Anteil der Variation auf Klassenebene berechnet sich wie folgt:

$U0 / (U0 + R)$

$8,46 / (8,46 + 70,80) = 0,11$ (11 %)

Somit liegen 11 % der Varianz der Leseleistung zwischen den Klassen.

Der größte Anteil der Varianz (89 %) liegt auf der Individualebene zwischen den Schülerinnen und Schülern:

$R / (U0 + R)$

$70,80 / (8,46 + 70,80) = 0,89$ (89 %)

Diese Befunde sind erwartungskonform, denn auch in anderen deutschen Large-Scale-Studien (vgl. z.B. PISA 2001 & 2006) liegen die Verteilungen der Varianzen auf einem ähnlichen Niveau.

Im Folgenden soll nun durch die schrittweise Hinzunahme verschiedener Prädiktoren versucht werden, die Varianz auf beiden Ebenen, insbesondere die Varianz auf der Klassenebene zu erklären (vgl. Kap. 3).

Schrittweise Entwicklung des Gesamtmodells

Um zu überprüfen, welcher Zusammenhang zwischen Unterrichtsaspekten, der Lesekompetenz, der Kopplung zwischen HISEI und Lesekompetenz sowie der Kopplung zwischen Migrationshintergrund und Lesekompetenz für die Gesamtpopulation besteht, soll ein Modell für die Gesamtpopulation schrittweise entwickelt werden.

Das schrittweise Vorgehen zur Entwicklung des Gesamtmodells orientiert sich an der Vorgehensweise von bewährten, methodisch ähnlichen Arbeiten u.a. von Jahnke (2006) und Ditton (1998).

Erklärende Variablen auf Individualebene

(Random-Coefficients Regression Model)

Zunächst wurden auf der Individualebene der Highest International Socio-Economic Index of Occupational Status (HISEI) (um den Gruppenmittelwert zentriert), der Migrationsstatus (unzentriert) und die Intelligenz – operationalisiert durch den

KFT-Score (um den Gruppenmittelwert zentriert) als erklärende Prädiktoren in das
Modell eingeführt (siehe Tab. 11).

Die verschiedenen Arten der Zentrierung auf Individualebene beeinflussen die
Interpretation des angegebenen Mittelwertes der Lesekompetenz. Die in diesem
Modell angewendete Zentrierung um den Gruppenmittelwert auf der Individualebene bewirkt, dass der angegebene x-Achsenabschnitt als durchschnittliche Lesekompetenz interpretiert werden kann (d.h. als Lesekompetenz, die bei einer durchschnittlichen Ausprägung der Variablen auf Gruppierungsebene gegeben wäre).

Die in dieses Modell einbezogene Variable des Migrationsstatus weist jedoch
kein metrisches sondern ein dichotomes Skalenniveau auf, eine durchschnittliche
Ausprägung dieser Dummy-Variablen sagt daher nichts aus. Deshalb wird diese
Variable unzentriert in das Modell aufgenommen. Der x-Achsenabschnitt kann bezüglich dieser Variablen als der Wert interpretiert werden, der erwartet wird, wenn
der Prädiktor den Wert 0 aufweist.

Für dieses Modell (vgl. Tab. 11) kann die Interpretation wie folgt vorgenommen werden: Schülerinnen und Schüler ohne Migrationshintergrund (= 0; mindestens ein Elternteil im Ausland geboren = 1) weisen bei durchschnittlicher Intelligenz und bei durchschnittlichem HISEI einen signifikanten Lesekompetenzwert
von $\gamma = 150,85$ auf.

Den Haupteffekten ist zu entnehmen, dass die Lesekompetenz durch die Intelligenz, den sozioökonomischen Hintergrund und insbesondere durch den Migrationsstatus auf Individualebene signifikant beeinflusst wird. Der Lesekompetenzwert verringert sich um 2,66 Punkte, wenn die Schülerinnen und Schüler einen
Migrationshintergrund haben (mindestens ein Elternteil im Ausland geboren = 1).

Für die Interpretation der Befunde in dieser Arbeit ist es von Bedeutung zu
berücksichtigen, dass ein Lesekompetenzunterschied von 10 Punkten einem praktischen Kompetenzunterschied von einem Schuljahr (1/3 Standardabweichung)
entspricht. Die durch den Migrationshintergrund bedingte Mittelwertdifferenz
von 2,66 entspricht somit einem praktischen Kompetenzunterschied von einem
Viertel Schuljahr.

Tabelle 11: Ergebnisse des Modells für die Lesekompetenz mit erklärenden
Variablen auf Individualebene

```
                              Standard           Approx.
  Fixed Effect     Coefficient  Error    T-ratio  d.f.    P-value
---------------------------------------------------------------------
For        INTRCPT1, B0
  INTRCPT2, G00     150.847921  0.204217  738.665   307    0.000
For   HISEI slope, B1
  INTRCPT2, G10       0.105925  0.008094   13.088   307    0.000
For   KFT_ALL slope, B2
  INTRCPT2, G20       0.494071  0.016848   29.326   307    0.000
For D_MIGR_R slope, B3
  INTRCPT2, G30      -2.659368  0.266763   -9.969   307    0.000
---------------------------------------------------------------------
```

```
Final estimation of variance components:
---------------------------------------------------------------------
Random Effect        Standard    Variance   df   Chi-square  P-value
                     Deviation   Component
---------------------------------------------------------------------
INTRCPT1,       U0     2.49739     6.23693   283   671.91284   0.000
  HISEI slope,  U1     0.04368     0.00191   283   291.98056   0.344
KFT_ALL slope,  U2     0.09886     0.00977   283   283.27178   0.484
D_MIGR_R slope, U3     1.10990     1.23187   283   262.18703   >.500
level-1,        R      7.05532    49.77751
---------------------------------------------------------------------
```

Alle auf Individualebene eingeführten Prädiktoren weisen einen signifikanten Effekt auf. Wie man den Zufallseffekten jedoch entnehmen kann, variieren die Regressionssteigungen des HISEI, des KFT-Scores und des Migrationsstatus nicht signifikant zwischen den Schulklassen. Um das Modell so sparsam wie möglich zu halten, was eine Prämisse bei der Modellierung darstellt, wurden die Fehlerterme für die Parameter mit den nicht signifikant variierenden Regressionssteigungen schrittweise fixiert. Das bedeutet, dass die Fehlerterme für diese Parameter nicht weiter geschätzt werden. Dies führt zu unterschiedlichen Freiheitsgraden (vgl. Tab. 12), denn die durchschnittlichen Werte für die Regressionssteigungen werden nicht auf Basis der Klassen, sondern auf Grundlage aller Schülerinnen und Schüler der Gesamtpopulation berechnet. Daher sind die zugrunde liegenden Freiheitsgrade für diese Regressionssteigungen viel höher, als für die nicht fixierten Regressionssteigungen, bei denen die Parameter basierend auf den Klassen geschätzt werden.

Nach schrittweiser Fixierung der nichtsignifikanten Regressionssteigungen ergibt sich somit das in Tabelle 12 dargestellte Modell.

Tabelle 12: Ergebnisse des Modells für die Lesekompetenz mit erklärenden
Variablen auf Individualebene und fixierten Regressionssteigungen

```
                                   Standard          Approx.
Fixed Effect          Coefficient  Error    T-ratio  d.f.    P-value
```

Fixed Effect		Coefficient	Standard Error	T-ratio	Approx. d.f.	P-value
For INTRCPT1,	B0					
INTRCPT2, G00		150.814554	0.206401	730.687	307	0.000
For HISEI slope,	B1					
INTRCPT2, G10		0.107682	0.008148	13.216	307	0.000
For KFT_ALL slope,	B2					
INTRCPT2, G20		0.488485	0.016700	29.250	5925	0.000
For D_MIGR_R slope,	B3					
INTRCPT2, G30		-2.748494	0.273712	-10.042	5925	0.000

Final estimation of variance components:

Random Effect		Standard Deviation	Variance Component	df	Chi-square	P-value
INTRCPT1,	U0	2.82890	8.00267	307	1205.02839	0.000
HISEI slope,	U1	0.04492	0.00202	307	360.45709	0.019
level-1,	R	7.10313	50.45449			

Wie aus den Zufallseffekten hervorgeht, variieren die Regressionssteigung des HI-
SEI sowie der Intercept signifikant zwischen den Schulklassen, nachdem die Regressionssteigungen des KFT-Scores und des Migrationsstatus schrittweise entfernt wurden. Das bedeutet, dass sich der Intercept, das heißt der Achsenabschnitt
und damit das Niveau der Lesekompetenz, signifikant zwischen den untersuchten
Klassen unterscheidet. Für die Regressionssteigung HISEI bedeuten die Zufallseffekte, dass sich die Kopplung zwischen dem sozioökonomischen Hintergrund
(operationalisiert durch den HISEI) und der Lesekompetenz signifikant zwischen
den untersuchten Klassen unterscheidet.

Den Haupteffekten ist zu entnehmen, dass die Lesekompetenz durch die Intelligenz, den sozioökonomischen Hintergrund und insbesondere durch den Migrationsstatus auf Individualebene signifikant beeinflusst wird. Das heißt, dass
insbesondere Schülerinnen und Schüler mit einem Migrationshintergrund einen
niedrigeren Lesekompetenzwert aufweisen.

Durch den Vergleich der Zufallseffekte des Baseline Models und des aktuellen
Modells zeigt sich, dass durch das Einbeziehen der signifikanten Prädiktoren auf
Individualebene der Varianzanteil der Residuen innerhalb der Klassen zurückge-
gangen ist und nur noch bei 50,45 liegt (gegenüber 70,80 im Baseline Model). Mit

folgender Gleichung kann der Anteil der Varianz bestimmt werden, der durch die auf Individualebene eingefügten Prädiktoren erklärt werden konnte (vgl. Bryk & Raudenbush, 1992, S. 65):

$$(70,80 - 50,45) / 70,80 = 0,29 \ (29 \ \%)$$

Durch die Einführung der vorliegenden Variablen konnten also 29 % der Varianz der Lesekompetenz zwischen den Schülerinnen und Schülern innerhalb der Klassen erklärt werden.

Die Ergebnisse dieses Modells, insbesondere das signifikante Variieren der Regressionssteigung HISEI sowie des Intercepts zwischen den Schulklassen zeigen an, weitere Analysen durchzuführen, um die verbleibende signifikante Varianz zwischen den Schulklassen in einem komplexeren Mehrebenenmodell zu erklären.

Hinzunahme erklärender Variablen auf Aggregatebene

(Intercept-as-Outcome-Model)   ◆

In einem weiteren Modell soll untersucht werden, ob die zuvor identifizierten individuellen Effekte auch auf Aggregatebene einen Einfluss auf die Lesekompetenz haben. Wie in Kapitel 4.4.3 bereits aufgezeigt wurde, ist es für die Interpretation der Effekte von Bedeutung, wie die auf Aggregatebene eingeführten Prädiktoren zentriert werden, da sich durch die Art der Zentrierung der Effekte auf Aggregatebene auch deren Interpretation unterscheidet.

Bei einer Zentrierung der Prädiktoren auf Klassenebene um den Gruppenmittelwert wären die Effekte auf Klassenebene als eine Mischung aus den Individualeffekten und den Effekten auf der Klassenebene zu interpretieren.

Im Gegensatz dazu können bei einer Zentrierung um den Gesamtmittelwert die Effekte auf der Klassenebene direkt als kompositionelle Effekte interpretiert werden. Die Zentrierung um den Gesamtmittelwert hat zwar den Nachteil, dass die korrekten Individualeffekte nur gewonnen werden können, wenn die Prädiktoren auch aggregiert auf der höheren Ebene in das Modell einbezogen werden (vgl. Ditton, 1998, S. 89-90, 94). Jedoch liegen die Variablen auf der Klassenebene und deren kompositionelle Effekte im Haupterkenntnisinteresse dieser Arbeit (vgl. Kap. 3). In Anbetracht dessen wurde daher die Zentrierung um den Gesamtmittelwert gewählt. Es wurden die auf Individualebene signifikanten Prädiktoren auf Klassenebene aggregiert und als Prädiktoren auf Klassenebene in das zuvor erläuterte Modell (vgl. Tab. 12) eingeführt. Der auf Klassenebene aggregierte Migrationsstatus hatte in diesem Modell keinen signifikanten Einfluss auf den Intercept Lesekompetenz und wurde daher in einem Zwischenschritt aus dem Modell entfernt. Das bedeutet, dass der Migrationseffekt ein Effekt ist, der auf Individualebene besteht. Dieser Befund ist erwartungskonform, da die IGLU 2001-Gesamtstichprobe einen Anteil von Schülern mit Migrationshintergrund von 28,7 % aufweist (vgl. Tab. 13), und sich nach Stanat (2006) erst ein Migrantenanteil von 40 bis 50 % in Schulen / Klassen nachteilig auf den Erwerb kognitiver Kompetenzen auswirkt.

Konform zur Vorgehensweise in der IGLU-Studie wurde zur Berechnung dieses prozentualen Anteils die Dummy-Variable „D_MIGR_R" verwendet, deren Kodierung wie folgt zu interpretieren ist: 0 = „beide Elternteile in Deutschland geboren"; 1 = „ein Elternteil nicht in Deutschland geboren „ ODER „beide Elternteile nicht in Deutschland geboren „.

Damit ergibt sich das in Tabelle 14 dargestellte Intercept-as-Outcome-Model mit signifikanten erklärenden Variablen auf Individualebene und signifikanten aggregierten Variablen auf Aggregatebene:

Tabelle 13: Anteil an Schülern mit und ohne Migrationshintergrund in der IGLU-Gesamtpopulation

d_migr_r

		Häufigkeit	Prozent	Gültige Prozente	Kumulierte Prozente
Gültig	,00	4226	71,3	71,3	71,3
	1,00	1703	28,7	28,7	100,0
	Gesamt	5929	100,0	100,0	

Tabelle 14: Ergebnisse eines Modells zur Erklärung der Lesekompetenz
mit signifikanten erklärenden Variablen auf Individualebene
und signifikanten aggregierten Variablen auf Aggregatebene bei
Zentrierung der Variablen um den Gesamtmittelwert

```
--------------------------------------------------------------------------
                                      Standard              Approx.
  Fixed Effect          Coefficient   Error      T-ratio    d.f.     P-value
--------------------------------------------------------------------------
For           INTRCPT1, B0
    INTRCPT2, G00         150.579618   0.150431   1000.987   305      0.000
    HISEI_ME, G01           0.221416   0.029668      7.463   305      0.000
     KFT_ALL, G02           0.513437   0.063431      8.094   305      0.000
For     HISEI slope, B1
    INTRCPT2, G10           0.106704   0.008121     13.140   5923     0.000
For   KFT_ALL slope, B2
    INTRCPT2, G20           0.491466   0.016720     29.394   5923     0.000
For D_MIGR_R slope, B3
    INTRCPT2, G30          -2.435049   0.257002     -9.475   5923     0.000
--------------------------------------------------------------------------
```

```
Final estimation of variance components:
--------------------------------------------------------------------------
Random Effect           Standard      Variance      df    Chi-square  P-value
                        Deviation     Component
--------------------------------------------------------------------------
INTRCPT1,        U0      1.41084        1.99048     305    530.74147   0.000
  level-1,       R       7.12957       50.83083
--------------------------------------------------------------------------
```

In einem nächsten Schritt soll nun überprüft werden, welche Unterrichtsvariablen
auf der Aggregatebene einen Einfluss auf die Lesekompetenz haben.

Hinzunahme erklärender Unterrichtsvariablen auf Aggregatebene
(Intercept- and Slope-as-Outcome-Model)

Zunächst soll überprüft werden, welche Unterrichtsvariablen einen signifikanten Einfluss auf den Unterschied der Intercepts zwischen den Klassen haben. Dabei erfolgte die Auswahl der Variablen theoriegeleitet.

Wie aus Tabelle 15 hervorgeht, erweisen sich unter anderem die Leseaktivitäten im Unterricht (ASBGtic), Disziplinprobleme im Deutschunterricht (SFK_6_1), die Einschätzung der Schule (SFK_4_2), der Aufbau von Lesestrategien und Lesefertigkeiten (ACBGME2 & ACBGME4) sowie die erteilten Unterrichtsstunden im Fach Deutsch (CFB_47A) als signifikante Effekte im Hinblick auf den Intercept Lesekompetenz.

Für die Interpretation des Modells in Tabelle 15 und der folgenden in den Tabellen abgebildeten Mehrebenenmodelle in dieser Arbeit muss berücksichtigt werden, dass mit Hinblick auf eine übersichtliche, leserfreundliche Gestaltung des Kapitels 5.2 und entsprechend der postulierten Vorgehensweise von Kleinbaum, Klein und Pryor (2002) die Kovariaten in den Mehrebenenmodellen, die für die Klärung der Fragestellungen dieser Arbeit nicht relevant sind, auch nicht näher erläutert werden. Gemäß Kleinbaum, Klein und Pryor (ebd.) werden diese jedoch im Modell belassen, insofern sie einen moderierenden Einfluss haben. Im Skalenhandbuch zur Dokumentation der Erhebungsinstrumente der Internationalen Grundschul- und Lese-Untersuchung (IGLU) (Bos et al., 2005) können bei Bedarf ausführlichere Informationen zu diesen Kovariaten eingeholt werden.

Auf Grund der unterschiedlich formulierten Antwortvorgaben (Polung der Variablen) in den IGLU-Fragebögen können die Vorzeichen der Variablen in den Tabellen unterschiedliche Bedeutungen haben. Beispielsweise kann ein negatives Vorzeichen bei einer entsprechenden Formulierung im Fragebogen eine positive Bedeutung haben. Im Sinne der Leserfreundlichkeit wurden daher die Vorzeichen der zentralen Ergebnisse in den zusammenfassenden Abbildungen und in den schriftlichen Erläuterungen entsprechend ihrer Bedeutung angepasst (z.B. negative Bedeutung = negatives Vorzeichen). Aus Gründen der Nachvollziehbarkeit wurde die Polung der Variablen in den Tabellen im Originalzustand belassen. Im IGLU-Skalenhandbuch (Bos et al. ebd.) können bei Bedarf ausführlichere Informationen zur Polung der Variablen und deren Bedeutung eingeholt werden.

Tabelle 15: Ergebnisse eines Modells zur Erklärung der Lesekompetenz unter
Hinzunahme erklärender Unterrichtsvariablen auf Aggregatebene
(zur Erklärung der Varianz der Intercepts)

```
------------------------------------------------------------------------
                                      Standard            Approx.
Fixed Effect              Coefficient Error     T-ratio   d.f.   P-value
------------------------------------------------------------------------
For          INTRCPT1, B0
  INTRCPT2, G00            150.344595  0.124097  1211.507   278   0.000
  ATBGDIFU, G01             -0.114852  0.051912    -2.212   278   0.028
  ATBGUMAT, G02             -0.525258  0.183798    -2.858   278   0.005
  ATBGMEET, G03              0.089039  0.076423     1.165   278   0.245
  ATGSTU05, G04             -0.670470  0.183380    -3.656   278   0.001
  ATGKOO02, G05              0.778221  0.203327     3.827   278   0.000
  ATGKOO06, G06             -0.446572  0.223623    -1.997   278   0.046
  ATBGDEV, G07               0.446050  0.241838     1.844   278   0.066
  ATBGDIF, G08              -0.631303  0.359053    -1.758   278   0.079
  ATBGBRDB, G09              0.383284  0.393031     0.975   278   0.331
  ATBGPFMA, G010            -0.157482  0.326374    -0.483   278   0.629
  HISEI_ME, G011            0.172061  0.023757     7.243   278   0.000
  KFT_ALL, G012             0.351041  0.051269     6.847   278   0.000
  ASBGTIC, G013            -1.578515  0.682468    -2.313   278   0.021
  ASBGAFR, G014            -0.940300  0.716685    -1.312   278   0.191
  SFK_6_1, G015            -1.545337  0.459918    -3.360   278   0.001
  ASBGAGGR, G016            1.124946  1.207556     0.932   278   0.353
  SFK_4_2, G017            -2.264245  0.676575    -3.347   278   0.001
  ACBGME2, G018             1.234915  0.546823     2.258   278   0.025
  ACBGME4, G019            -1.206222  0.448409    -2.690   278   0.008
  ACBGME6, G020            -0.597597  0.243676    -2.452   278   0.015
  ACBGME7, G021             0.610405  0.213006     2.866   278   0.005
  ACBGIMPL, G022           -0.241495  0.139576    -1.730   278   0.084
  ACBGLI, G023             -0.650775  0.250623    -2.597   278   0.010
  ACBGTSTM, G024           -0.077792  0.096226    -0.808   278   0.420
  CFB_47A, G025             1.106073  0.265371     4.168   278   0.000
  CFB_56, G026             -0.054553  0.018058    -3.021   278   0.003
  CFB_46, G027              0.747090  0.509131     1.467   278   0.143
  CFB_53, G028              0.964516  0.403162     2.392   278   0.018
  CFB_54, G029             -0.071715  0.162580    -0.441   278   0.659
For     HISEI slope, B1
  INTRCPT2, G10             0.108741  0.008129    13.377   307   0.000
For   KFT_ALL slope, B2
  INTRCPT2, G20             0.491950  0.016791    29.298  5896   0.000
For D_MIGR_R slope, B3
  INTRCPT2, G30            -2.256881  0.250339    -9.015  5896   0.000
------------------------------------------------------------------------


Final estimation of variance components:
------------------------------------------------------------------------
Random Effect         Standard    Variance    df   Chi-square  P-value
                      Deviation   Component
------------------------------------------------------------------------
INTRCPT1,       U0    0.87507     0.76574     278  354.27120   0.002
  HISEI slope, U1     0.04615     0.00213     307  361.57611   0.017
  level-1,      R     7.09651    50.36040
------------------------------------------------------------------------
```

Nach schrittweiser Eliminierung der nicht-signifikanten Variablen erweist sich nun auch die Differenzierung im Leseunterricht (ACBGimpl) als ein signifikanter Prädiktor (vgl. Tab. 16).

Tabelle 16: Ergebnisse eines Modells zur Erklärung der Lesekompetenz unter Hinzunahme signifikanter erklärender Unterrichtsvariablen auf Aggregatebene (zur Erklärung der Varianz der Intercepts)

Fixed Effect		Coefficient	Standard Error	T-ratio	Approx. d.f.	P-value
For	INTRCPT1, B0					
INTRCPT2,	G00	150.347128	0.129990	1156.608	292	0.000
ATBGUMAT,	G01	-0.603272	0.203227	-2.968	292	0.004
ATGSTU05,	G02	-0.648488	0.182205	-3.559	292	0.001
ATGKOO02,	G03	0.533612	0.177737	3.002	292	0.003
HISEI_ME,	G04	0.176431	0.023626	7.468	292	0.000
KFT_ALL,	G05	0.374799	0.052257	7.172	292	0.000
ASBGTIC,	G06	-1.869324	0.547126	-3.417	292	0.001
SFK_6_1,	G07	-1.608230	0.403183	-3.989	292	0.000
SFK_4_2,	G08	-2.046471	0.654177	-3.128	292	0.002
ACBGME2,	G09	1.421424	0.414134	3.432	292	0.001
ACBGME4,	G010	-1.106532	0.516358	-2.143	292	0.033
ACBGIMPL,	G011	-0.304825	0.147343	-2.069	292	0.039
ACBGLI,	G012	-0.643987	0.246428	-2.613	292	0.010
CFB_47A,	G013	0.840878	0.242574	3.466	292	0.001
CFB_56,	G014	-0.050885	0.017875	-2.847	292	0.005
CFB_53,	G015	0.881724	0.374481	2.355	292	0.019
For	HISEI slope, B1					
INTRCPT2,	G10	0.108815	0.008183	13.297	307	0.000
For	KFT_ALL slope, B2					
INTRCPT2,	G20	0.492104	0.016743	29.392	5910	0.000
For	D_MIGR_R slope, B3					
INTRCPT2,	G30	-2.235979	0.249326	-8.968	5910	0.000

Final estimation of variance components:

Random Effect		Standard Deviation	Variance Component	df	Chi-square	P-value
INTRCPT1,	U0	0.93545	0.87507	292	386.95694	0.000
HISEI slope,	U1	0.04464	0.00199	307	361.29035	0.018
level-1,	R	7.09966	50.40512			

Die markantesten Befunde dieses Intercept-as-Outcome-Models lassen sich wie folgt interpretieren: Die Lesekompetenz ist umso höher, je häufiger im Unterricht

Leseaktivitäten stattfinden (ASBGtic), je weniger Disziplinprobleme es im Deutschunterricht gibt (SFK_6_1), je positiver die Einschätzung der Schule ist (SFK_4_2)
und je früher mit dem Aufbau von Lesestrategien und Lesefertigkeiten im Bezug
auf das Lesen einzelner Sätze (ACBGME4) begonnen wird. Der Aufbau von Lesestrategien und Lesefertigkeiten im Bezug auf das Kennenlernen von Zusammenhängen zwischen Buchstaben und Lauten (ACBGME2) ist zwar von signifikanter
Bedeutung, sollte jedoch nicht frühestmöglich stattfinden. Desweiteren ist die Lesekompetenz höher, je mehr Unterrichtsstunden im Fach Deutsch erteilt werden
(CFB_47A). Die Differenzierung im Leseunterricht (ACBGimpl) erweist sich als
positiv für die Lesekompetenz, wenn die Schülerinnen und Schüler im Lesen zwar
demselben Lehrplan bzw. denselben Unterrichtsanweisungen folgen, aber mit jeweils unterschiedlicher Geschwindigkeit lernen können. Ein ähnlicher Effekt im
Hinblick auf die Bedeutung der Arbeitsgeschwindigkeit zeigt sich auch bei der
Differenzierung durch unterschiedliches Material (ATBGUMAT).

Eine detaillierte Interpretation dieses Intercept-as-Outcome- und des folgenden Slope-as-Outcome-Models erfolgt abschließend in der Zusammenfassung und
Interpretation dieses Teilkapitels.

Aus den Varianzanteilen der Zufallseffekte in Tabelle 16 geht hervor, dass
durch die in dieses Modell einbezogenen Variablen auf Aggregatebene der Varianzanteil der Residuen des Intercepts zwischen den Klassen deutlich verringert
werden konnte. Im Vergleich zu 8,00 (vgl. Tab. 12) liegt der Wert im aktuellen
Modell nur noch bei rund 0,88. Der Anteil der Varianz, der durch die auf Klassenebene eingefügten Prädiktoren erklärt werden konnte, berechnet sich wie folgt:

$$(8,00 - 0,88) / 8,00 = 0,89 (89\text{ \%})$$

Durch die Einführung der Variablen auf Klassenebene konnten demnach 89 % der
Varianz der Lesekompetenz zwischen den Klassen erklärt werden. Dabei wurden
aber nicht nur Variablen aus der Lehrerbefragung berücksichtigt, sondern auch
aggregierte Merkmale von der Schülerbefragung (Leseaktivitäten im Unterricht;
Disziplinprobleme im Deutschunterricht; Einschätzung der Schule) und von der
Schulleiterbefragung (Lesefertigkeit und Aufbau von Lesestrategien im Bezug auf
das Erkennen von Zusammenhängen zwischen Buchstaben und Lauten sowie im
Bezug auf das Lesen einzelner Sätze; Differenzierung im Leseunterricht; Vorhan-
densein einer Bibliothek in der Schule; Anzahl der erteilten Unterrichtsstunden im
Fach Deutsch; Kontinuität im Lehrpersonal; Kommunikation und Kooperation im
Kollegium), was zu einer höheren intersubjektiven Validität beiträgt.

Im letzten Schritt soll nun überprüft werden, welche Variablen auf der Aggregatebene einen Einfluss auf die Regressionssteigung HISEI haben (*Slope-as-*

Outcome-Model). Der Effekt des HISEI auf die Lesekompetenz soll modelliert werden, da der Zufallseffekt für diese Variable anzeigt, dass diese Regressionssteigung auf der Klassenebene signifikant variiert (vgl. Tab. 12).

Nach Eliminierung der nicht signifikanten Prädiktoren zur Modellierung des Effekts der Regressionssteigung HISEI auf die Lesekompetenz, ergibt sich das in Tabelle 17 dargestellte Endmodell.

Der Einfluss des HISEI auf die Lesekompetenz wird durch die Variablen AS-BGAFR, ACBGME2, ACBGME8, CFB_47A und CFB_53 moderiert. Die Kopplung zwischen dem HISEI und der Lesekompetenz kann demnach verringert werden, je öfter Texte im Unterricht nachbereitet werden (ASBGAFR) und je früher erstmals ein besonderes Gewicht auf die Lesefertigkeit / Lesestrategie des Erkennens von Zusammenhängen zwischen Buchstaben und Lauten (ACBGME2) gelegt wird.

Die Kopplung zwischen HISEI und der Lesekompetenz wird zudem geringer, je mehr Unterrichtsstunden in der 4. Jahrgangsstufe wöchentlich im Fach Deutsch erteilt werden (CFB_47A) und je intensiver im Kollegium kommuniziert und kooperiert wird (CFB_53).

Wie aus Tabelle 17 hervorgeht, sind die Effekte dieser Koeffizienten über die Gesamtpopulation jedoch relativ gering.

Die Lesefertigkeit / Lesestrategie des Vergleichens von Texten mit persönlichen Erfahrungen (ACBGME8) wird aufgrund des geringen Betagewichtes nicht interpretiert. Die Variable hat jedoch einen moderierenden Einfluss und wurde daher im Modell behalten.

Durch die in das Modell eingeführten Variablen konnte der Varianzanteil der Residuen der Regressionssteigung HISEI verringert werden. Im Vergleich zu 0,00199 (vgl. Tab. 16) liegt der Wert im aktuellen Modell nur noch bei 0,00123. Der Anteil der Varianz, der durch die auf Klassenebene eingefügten Prädiktoren erklärt werden konnte, berechnet sich wie folgt:

$$(0,00199 - 0,00123) / 0,00199 = 0,38 \ (38 \ \%)$$

Durch die Einführung der Variablen auf Klassenebene konnten somit 38 % der Varianz der Regressionssteigung HISEI zwischen den Klassen erklärt werden.

Der nicht mehr signifikante Prüfwert (p-value) von 0,21 des Zufallseffektes für diese Regressionssteigung zeigt an, dass diese auf Klassenebene nicht mehr signifikant variiert, was ein Indikator für die Güte dieses Slope-as-Outcome-Models ist (vgl. Ditton, 1998).

Darüber hinaus zeigte der „Reliability Estimate", der eine Angabe zum Verhältnis der Anteile der Parameter- und der Fehlervarianz im Modell macht, dass die Parametervarianz des Intercepts rund 25 % beträgt (vgl. Tab. 17). Die ist ein

Hinweis darauf, dass der „Fit" der Prädiktoren des Intercept-as-Outcome-Models angemessen ist. Die Parametervarianz der Prädiktoren des Slope-as-Outcome-Models ist mit rund 8 % jedoch nur gering (vgl. Cheung & Keeves, 1990, S. 294). In den folgenden Kapiteln soll überprüft werden, wie sich die Werte des „Reliability Estimate" darstellen, wenn für die Subpopulationen eigene Modelle entwickelt werden (vgl. Kap. 5.2.4 und 5.2.5).

Zusammengefasst ergibt sich für die Erklärung der Lesekompetenz über die Gesamtpopulation das in Abbildung 8 grafisch dargestellte Intercept-and Slope-as-Outcome-Model.

Abbildung 8: Mehrebenen-Modell zur Erklärung der Lesekompetenz

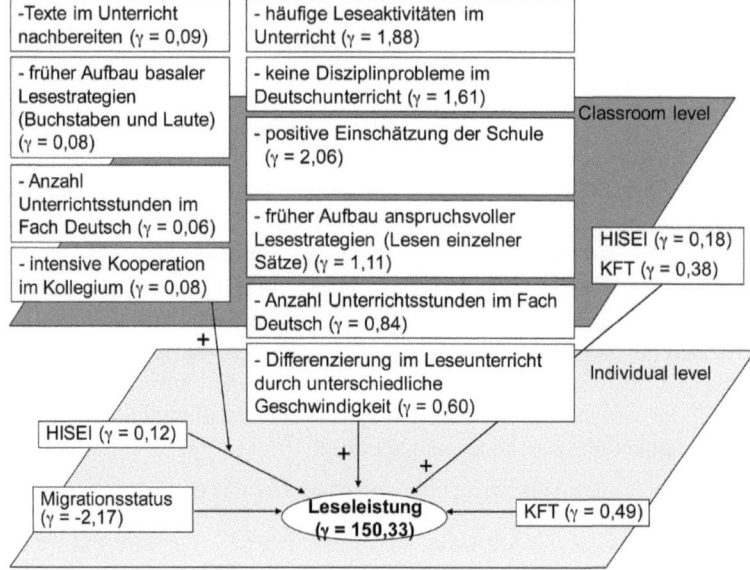

Tabelle 17: Ergebnisse eines Modells zur Erklärung der Lesekompetenz unter
Hinzunahme signifikanter erklärender Unterrichtsvariablen auf
Aggregatebene (zur Erklärung der Varianz der Intercepts und der
Slopes)

```
-----------------------------------------------------
Random level-1 coefficient   Reliability estimate
-----------------------------------------------------
  INTRCPT1, B0                       0.245
     HISEI, B1                       0.079
-----------------------------------------------------
```

Fixed Effect		Coefficient	Standard Error	T-ratio	Approx. d.f.	P-value
For	INTRCPT1, B0					
INTRCPT2,	G00	150.328630	0.130045	1155.976	292	0.000
ATBGUMAT,	G01	-0.603288	0.202979	-2.972	292	0.004
ATGSTU05,	G02	-0.648571	0.182384	-3.556	292	0.001
ATGKOOO2,	G03	0.532876	0.177580	3.001	292	0.003
HISEI_ME,	G04	0.176860	0.023667	7.473	292	0.000
KFT_ALL,	G05	0.375288	0.052236	7.184	292	0.000
ASBGTIC,	G06	-1.879620	0.549828	-3.419	292	0.001
SFK_6_1,	G07	-1.612163	0.403664	-3.994	292	0.000
SFK_4_2,	G08	-2.054579	0.653379	-3.145	292	0.002
ACBGME2,	G09	1.437067	0.413004	3.480	292	0.001
ACBGME4,	G010	-1.104739	0.516032	-2.141	292	0.033
ACBGIMPL,	G011	-0.306056	0.147520	-2.075	292	0.039
ACBGLI,	G012	-0.640841	0.246763	-2.597	292	0.010
CFB_47A,	G013	0.834503	0.242624	3.439	292	0.001
CFB_56,	G014	-0.051109	0.017921	-2.852	292	0.005
CFB_53,	G015	0.872813	0.374170	2.333	292	0.020
For	HISEI slope, B1					
INTRCPT2,	G10	0.117348	0.007915	14.825	302	0.000
ASBGAFR,	G11	0.087402	0.039702	2.201	302	0.028
ACBGME2,	G12	0.083123	0.021686	3.833	302	0.000
ACBGME8,	G13	0.018584	0.009030	2.058	302	0.040
CFB_47A,	G14	-0.060988	0.016048	-3.800	302	0.000
CFB_53,	G15	-0.076302	0.019674	-3.878	302	0.000
For	KFT_ALL slope, B2					
INTRCPT2,	G20	0.491371	0.016708	29.409	5905	0.000
For D_MIGR_R slope, B3						
INTRCPT2,	G30	-2.167375	0.251310	-8.624	5905	0.000

```
Final estimation of variance components:
-------------------------------------------------------------------
Random Effect        Standard    Variance    df   Chi-square  P-value
                     Deviation   Component
-------------------------------------------------------------------
INTRCPT1,      U0    0.93901     0.88174     292  387.74929   0.000
  HISEI slope, U1    0.03513     0.00123     302  321.52120   0.211
  level-1,     R     7.08853     50.24726
-------------------------------------------------------------------
```

Interpretation und Zusammenfassung

Mit Hinblick auf die Forschungsfrage 1 dieser Arbeit *(Welche pädagogischen Gestaltungsansätze und Konzeptionen in Unterricht und Schule und welche inneren Organisationsformen lassen sich identifizieren, um die Lesekompetenz (Intercept) zu verbessern sowie die Kopplung von Lesekompetenz und sozioökonomischem Status der Elternhäuser (Regressionssteigung) zu verringern?)* sollen im Folgenden die zentralen Befunde des zuvor vorgestellten Mehrebenen-Modells zur Erklärung der Lesekompetenz interpretiert und zusammengefasst werden.

Wie aus dem Befund der One-Way Anova zu Beginn dieses Kapitels hervor ging, fällt in der Gesamtpopulation ein Großteil der Varianz der Lesekompetenz (89 %) auf die Individualebene (Varianz zwischen Schülern innerhalb der Klassen). 11 % der Varianz der Lesekompetenz entfallen auf die Klassenebene (Varianz zwischen Klassen innerhalb der Schulen). Diese Befunde sind erwartungskonform, denn auch in anderen deutschen Large-Scale-Studien, wie zum Beispiel PISA 2001 und PISA 2006, liegen die Verteilungen der Varianzen auf einem ähnlichen Niveau.

Aus den Zufallseffekten des Random-Coefficients Regression Models ging hervor, dass die Regressionssteigung HISEI sowie der Intercept Lesekompetenz signifikant zwischen den Schulklassen variieren. Nachfolgend wurden diese Effekte schrittweise modelliert. Das in Tabelle 17 bzw. in Abbildung 8 dargestellte Endmodell lässt sich wie folgt zusammenfassend interpretieren:

Intercept Lesekompetenz

Die Lesekompetenz ist höher, je häufiger im Unterricht Leseaktivitäten stattfinden (ASBGtic), je weniger Disziplinprobleme es im Deutschunterricht gibt (SFK_6_1), je positiver die Einschätzung der Schule ist (SFK_4_2) und je früher mit dem Aufbau von Lesestrategien und Lesefertigkeiten begonnen wird, im Bezug auf das Lesen einzelner Sätze (ACBGME4).

Der Aufbau von Lesestrategien und Lesefertigkeiten im Bezug auf das Kennenlernen von Zusammenhängen zwischen Buchstaben und Lauten (ACBGME2) ist zwar von signifikanter Bedeutung, sollte jedoch nicht so früh wie möglich stattfinden.

Vermutlich sind die Lesestrategien und Lesefertigkeiten in der Gesamtpopulation durchschnittlich bereits auf einem höheren Niveau, so dass hier der Aufbau der relativ basalen Fähigkeit des Kennenlernens von Zusammenhängen zwischen Buchstaben und Lauten (ACBGME2) keine positiven Effekte mehr hervorbringen kann. Somit könnten also für diese Population anspruchsvollere Leseübungen, wie beispielsweise sinnverstehende Leseübungen von ganzen Sätzen (ACBGME4) förderlich im Hinblick auf den Lesekompetenzerwerb sein.

Diese Befunde sind konform zum „Stufenentwicklungsmodell" nach Frith (1985; 1986). Danach wird das Niveau des Schriftspracherwerbs in drei Stufen mit jeweils unterschiedlichen Entwicklungsstadien eingeordnet (vgl. Kap. 2.1). Die zuvor vorgestellten Befunde für diese Population lassen darauf schließen, dass diese Schülerinnen und Schüler von ihrem Niveau her bereits mindestens auf der zweiten, *alphabetischen Stufe*, oder aber auf der dritten, *orthographischen Stufe*, einzuordnen sind. Nach Frith (ebd.) ist die *alphabetische* Stufe als Einstieg in die komplexe Welt der Schriftsprache zu sehen, für die das synthetisierende Lesen und Schreiben kennzeichnend ist. Dabei ist sich der Lesende jedoch noch nicht der Vorgaben des Rechtschreibsystems bewusst. In der höchsten, *orthographischen Stufe*, werden Rechtschreibregeln implizit oder explizit erlernt und angewendet.

Das Projekt „EVES" (Evaluation eines Vorschultrainings zur Prävention von Schriftspracherwerbsproblemen sowie Verlauf und Entwicklung des Schriftspracherwerbs in der Grundschule) kommt im Hinblick auf den Aspekt des Einübens der „Graphem-Phonem-Korrespondenz" bei Schülerinnen und Schülern mit einem unterschiedlichen sozioökonomischen Hintergrund zu ähnlichen Befunden (vgl. Zöller et al., 2006). Somit wird deutlich, dass Einsichten in die geschriebene Sprache nicht für alle Schülerinnen und Schüler so früh wie möglich standfinden sollten, dass dies aber für bestimmte Klassenzusammensetzungen von Schülerinnen und Schülern förderlich im Hinblick auf den Lesekompetenzerwerb sein kann. Diese Befunde widersprechen zwar den Ergebnissen von Gräsel, Göbel und Stark (2007), sie sind aber konform mit anderen empirischen Befunden (vgl. z.B. Valtin, 1995, 2006).

Des Weiteren ist die Lesekompetenz höher, je mehr Unterrichtsstunden im Fach Deutsch erteilt werden (CFB_47A). Bei der Differenzierung im Leseunterricht (ACBGimpl) ist ein positiver Zusammenhang im Hinblick auf die Entwicklung der Lesekompetenz festzustellen, wenn Schüler mit einem unterschiedlichem Niveau im Lesen zwar demselben Lehrplan / denselben Unterrichtsanweisungen folgen, aber mit jeweils unterschiedlicher Geschwindigkeit lernen können.

Der letztgenannte Effekt hat zwar ein geringeres Beta-Gewicht, jedoch ist die Erkenntnis interessant, dass es für eine Implementierung einer inneren Differenzierung nicht zwingend notwendig ist, unterschiedliche Lehrpläne oder unterschiedliche Unterrichtsanweisungen zu einzusetzen, sondern dass es ausreichend sein kann, den Schülern unterschiedliche Zeitvorgaben zu machen, in Abhängigkeit von deren Fähigkeitsniveau.

Ein ähnlicher Effekt im Hinblick auf die Bedeutung einer angemessenen, adaptiven Geschwindigkeit, mit der die Schülerinnen und Schüler lernen können, zeigt sich auch bei der Differenzierung durch unterschiedliches Material (ATBGU-

MAT). Auch hier wird deutlich, dass sich eine alleinige Verwendung unterschiedlichen Materials nicht als förderlich erweist.

Einige der zuvor diskutierten Befunde sind konform zu bereits bestehenden empirischen Befunden. So weißen Baumert et al. (2004) darauf hin, dass unter anderem eine störungspräventive Unterrichtsführung und effektive Behandlung von kritischen Ereignissen (management) sowie eine angemessene – nicht maximale – Geschwindigkeit bei der Behandlung des Stoffs und ein moderates Interaktionstempo, das Nachdenken erlaubt (pace), die Basisdimensionen qualitätsvollen Unterrichts bilden.

Auch van de Grift und Houtveen (2009) betonen die Bedeutung eines disziplinierten Deutschunterrichts sowie des häufigen Stattfindens von Leseaktivitäten im Unterricht als förderliche Aspekte im Hinblick auf den Lesekompetenzerwerb.

Regressionssteigung HISEI

Die Kopplung zwischen dem HISEI und der Lesekompetenz kann verringert werden, je öfter Texte im Unterricht nachbereitet werden (ASBGAFR), je früher erstmals ein besonderes Gewicht auf die Lesefertigkeiten / Lesestrategien des Erkennens von Zusammenhängen zwischen Buchstaben und Lauten (ACBGME2) gelegt wird, je mehr Unterrichtsstunden in der 4. Jahrgangsstufe wöchentlich im Fach Deutsch erteilt werden (CFB_47A) und je intensiver im Kollegium kommuniziert und kooperiert wird (CFB_53).

Zur Lesefertigkeit / Lesestrategie des Erkennens von Zusammenhängen zwischen Buchstaben und Lauten (ACBGME2) ist unter Bezugnahme auf das Stufenentwicklungsmodell von Frith (1985; 1986) festzuhalten, dass die Befunde des Slope-as-Outcome-Models darauf hinweisen, dass von dieser Kopplung zwischen der Lesekompetenz und dem sozioökonomischen Status der Elternhäuser (operationalisiert durch den HISEI), vor allem Schülerinnen und Schüler betroffen sind, die der *logographischen Stufe* zuzuordnen sind. Diese Entwicklungsstufe beschreibt das unterste schriftsprachliche Entwicklungsstadium, auf welchem das Kind Worte vornehmlich mit Bildern oder Symbolen verbindet. Dementsprechend zeigen die Befunde des Slope-as-Outcome-Models, dass die Kopplung zwischen der Lesekompetenz und dem sozioökonomischen Status der Elternhäuser (operationalisiert durch den HISEI) verringert werden kann, je früher erstmals ein besonderes Gewicht auf die Lesefertigkeiten / Lesestrategien des Erkennens von Zusammenhängen zwischen Buchstaben und Lauten (ACBGME2) gelegt wird. Wie aus Tabelle 17 hervorgeht, sind die Betagewichte dieser Koeffizienten über die Gesamtpopulation jedoch relativ gering.

Zusammenfassend lässt sich feststellen, dass die Lesekompetenz höher ist, je häufiger im Unterricht Leseaktivitäten stattfinden (ASBGtic), je weniger Diszip-

linprobleme es im Deutschunterricht gibt (SFK_6_1), je positiver die Einschätzung der Schule ist (SFK_4_2) und je früher mit dem Aufbau von Lesestrategi-
en und Lesefertigkeiten begonnen wird, im Bezug auf das Lesen einzelner Sätze
(ACBGME4).

Der in der Literatur oft postulierte positive Effekt der Praxis der inneren Differenzierung im Unterricht (vgl. z.b. Ditton, 2007), operationalisiert durch die
Variable „Differenzierung im Leseunterricht" (ACBGimpl) sowie durch die Variable „Differenzierung durch unterschiedliches Material" (ATBGUMAT), weist
zwar einen positiven Zusammenhang zur Lesekompetenz auf, jedoch sind die Beta-Gewichte jeweils deutlich geringer als bei den zuvor berichteten Prädiktoren.
Interessant ist dabei die Erkenntnis, dass es für die Implementierung einer inneren
Differenzierung nicht zwingend notwendig ist, unterschiedliche Lehrpläne oder
unterschiedliche Unterrichtsanweisungen einzusetzen, sondern dass es ausreichend
sein kann, den Schülern unterschiedliche Zeitvorgaben zu machen, in Abhängigkeit von deren Fähigkeitsniveau.

Wie zusammenfassend zu Kapitel 2 festgestellt wurde, ist die Thematik adäquater Unterrichtskonzepte und -merkmale zur kognitiven Förderung insbesondere
unter Berücksichtigung der Klassenzusammensetzung (z.B. nach Migrationshintergrund oder sozioökonomischen Hintergrund) bislang noch weitestgehend unerforscht. Derartige Analysen werden in der einschlägigen Literatur postuliert (vgl.
z.B. Lankes, 2004, S. 567). Dem soll in dieser Arbeit Rechnung getragen werden.

In den folgenden Ausführungen wird das zuvor vorgestellte Modell, das die
Varianz der Lesekompetenz für die Schülerinnen und Schüler der Gesamtpopulation erklärt, über Subgruppen getestet, die aus der Gesamtpopulation theorie- und
empiriegeleitet gebildet wurden (vgl. Kap. 4.3).

*5.2.2 Der Zusammenhang von Unterrichtsqualität, Lesekompetenz und der
Kopplung zwischen sozioökonomischem Hintergrund und Lesekompetenz
unter Berücksichtigung der Zusammensetzung von Klassen nach der
durchschnittlichen Lesekompetenz*

In Kapitel 4.3 wurde bereits ausführlich erläutert, anhand welcher Kriterien und
Methoden die Subgruppen gebildet wurden, über die das Gesamtmodell in diesem
und im folgenden Kapitel getestet wird.

Wie aus dem in Kapitel 2 berichteten Forschungsstand hervorgeht, beschäftigen sich empirische Untersuchungen mit der Frage des 3-gliedrigen Schulsystems in
Deutschland im Hinblick auf die damit verbundene Homogenität bzw. Heterogenität
in Schulklassen. Das Ziel dieser äußeren Differenzierung war die Schaffung möglichst

leistungshomogener Schulklassen, mit der Intention, die Schülerschaft so besser fördern zu können, aufgrund des homogeneren Kompetenzniveaus in diesen Klassen. Wie Metaanalysen jedoch gezeigt haben (vgl. z.b. Gröhlich, Scharenberg & Bos, 2009), wird die Homogenisierung diesem Anspruch nicht gerecht. Vielmehr wird deutlich, dass insbesondere in Schulen mit leistungshomogen niedrigen Klassen ein Förderbedarf besteht.

Daher soll im Folgenden das zuvor vorgestellte Gesamtmodell zur Erklärung der Lesekompetenz über Schulklassen getestet werden, die zum einen zusammengesetzt sind aus Schülerinnen und Schülern mit einer homogen niedrigen Lesekompetenz. Zum anderen soll das Gesamtmodell über Schulklassen getestet werden, die zusammengesetzt sind aus Schülerinnen und Schülern mit einer homogen hohen Lesekompetenz.

Wie in Kapitel 4.3 ausführlich erläutert, wurden dazu aus der Gesamtstichprobe die 33,3 % Schülerinnen und Schüler in Schulklassen mit der niedrigsten (unteres Terzil) und die 33,3 % Schülerinnen und Schüler in Schulklassen mit der höchsten Lesekompetenz (oberes Terzil) in die nachfolgend dargestellten Analysen einbezogen.

Diese Vorgehensweise dient der Unterscheidung, ob die im Gesamtmodell festgestellten Unterrichtsaspekte in diesen Subgruppen einen unterschiedlichen Einfluss haben. Auf Grund der Befunde von Solheim & Tonnessen (2003) kann angenommen werden, dass die Unterrichtsaspekte auf die Lesekompetenz in Klassen mit einer unterschiedlichen Schülerschaft auf unterschiedlicher Weise wirken.

Des Weiteren wird diese Vorgehensweise gewählt, um die ohnehin komplexe Struktur der Mehrebenenmodellierung klarer interpretierbar zu gestalten. Diese methodische Vorgehensweise wird auch dem Postulat gerecht, solch komplexe Analysen besser interpretierbar zu strukturieren (Janke, 2006; Stanat, 2006; Voss, 2009).

Wie zuvor bereits erwähnt, sollen in diesem Kapitel Analysen vorgestellt werden, in denen das Gesamtmodell zur Erklärung der Lesekompetenz über zwei Subgruppen getestet wird. Dabei handelt es sich um die Subgruppen der Schulklassen mit einer durchschnittlich niedrigen und mit einer durchschnittlich hohen Lesekompetenz. Zu der Subgruppe mit der durchschnittlich niedrigen Lesekompetenz zählen 101 Schulklassen mit 1862 Schülerinnen und Schülern. Zu der Subgruppe mit der durchschnittlich hohen Lesekompetenz zählen 103 Schulklassen mit 1982 Schülerinnen und Schülern.

Um klären zu können, inwiefern die Klassenzugehörigkeit dazu beitragen kann, die Lesekompetenz der Schülerinnen und Schüler durch Variablen auf Klassenebene zu erklären, wurde zunächst jeweils eine One-Way Anova gerechnet, mit

deren Hilfe bestimmt werden kann, welche Varianzanteile auf Unterschiede innerhalb der Klassen und zwischen den Klassen zurückzuführen sind.

One-Way Anova

(Baseline Model)

Die Ergebnisse der One-Way Anova zeigen, dass in Schulklassen mit einer durchschnittlich niedrigen Lesekompetenz der Hauptanteil der Varianz der Lesekompetenz (97 %) auf Unterschiede zwischen den Schülerinnen und Schülern zurückzuführen ist. Nur 3 % der Varianz der Lesekompetenz entfallen auf Unterschiede
zwischen den Schulklassen. Beide Varianzanteile sind signifikant.

In Schulklassen mit einer durchschnittlich hohen Lesekompetenz entfällt keine Varianz (0 %) auf Unterschiede zwischen den Schulklassen. Die gesamte Varianz der Lesekompetenz (100 %) ist auf Unterschiede zwischen den Schülerinnen
und Schülern zurückzuführen.

Anwendung des Gesamtmodells auf die Subpopulationen (unteres und oberes Terzil)

(Intercept- and Slope-as-Outcome-Model)

Das Gesamtmodell, das auf beide Subpopulationen (Schulklassen mit durchschnittlich niedriger und hoher Lesekompetenz) übertragen werden soll, wurde zuvor
schrittweise für die Gesamtpopulation entwickelt (vgl. Kap. 5.2.1). Dieses Mehrebenenmodell zur Erklärung der Lesekompetenz wurde getrennt für beide Klas-
sen-Subpopulationen analysiert.

In den *Schulklassen mit einer durchschnittlich niedrigen Lesekompetenz (unteres Terzil)* erweist sich, konform mit dem Modell für die Gesamtpopulation und
im Gegensatz zum Modell für Schulklassen mit einer durchschnittlich hohen Lesekompetenz, die Differenzierung durch unterschiedliches Material (ATBGUMAT)
als signifikant im Hinblick auf die Lesekompetenz. Wie auch beim Modell für die
Gesamtpopulation wird hier deutlich, dass eine angemessene, adaptive Geschwindigkeit, mit der die Schülerinnen und Schüler lernen können, den positivsten Einfluss auf die Lesekompetenz hat. In den Schulklassen mit einer durchschnittlich
niedrigen Lesekompetenz erweist sich, ebenfalls konform mit den Modellen für
die Gesamtpopulation und für Schulklassen mit einer durchschnittlich hohen Lesekompetenz, ein von Disziplin geprägter Deutschunterricht (SFK_6_1) als signifikanter Prädiktor im Hinblick auf den Lesekompetenzerwerb. Im oberen Terzil
ist dieser Prädiktor nur tendenziell signifikant (p < .10) (vgl. Tab. 18).

Tabelle 18: Übertragenes Gesamtmodell zur Erklärung der Lesekompetenz für
Schulklassen mit einer durchschnittlich niedrigen Lesekompetenz
(unteres Terzil = 101 Schulklassen)

```
Random level-1 coefficient    Reliability estimate

INTRCPT1, B0                          0.049
   HISEI, B1                          0.116
```

```
                                   Standard        Approx.
   Fixed Effect         Coefficient Error   T-ratio d.f.    P-value

For     INTRCPT1, B0
   INTRCPT2, G00          146.620920 0.327751 447.355     85  0.000
   ATBGUMAT, G01           -0.626903 0.320711  -1.955     85  0.053
   ATGSTU05, G02           -0.495962 0.313237  -1.583     85  0.117
   ATGKOO02, G03            0.329216 0.312611   1.053     85  0.296
   HISEI_ME, G04            0.038848 0.038412   1.011     85  0.315
   KFT_ALL, G05             0.285950 0.113501   2.519     85  0.014
   ASBGTIC, G06            -1.970683 0.713321  -2.763     85  0.007
   SFK_6_1, G07            -2.470931 0.777911  -3.176     85  0.002
   SFK_4_2, G08            -1.528311 1.162430  -1.315     85  0.192
   ACBGME2, G09            -5.341157 3.555510  -1.502     85  0.137
   ACBGME4, G010           -1.336653 0.443863  -3.011     85  0.004
   ACBGIMPL, G011          -0.154422 0.217410  -0.710     85  0.479
   ACBGLI, G012            -0.038693 0.439650  -0.088     85  0.931
   CFB_47A, G013           -0.651130 0.394090  -1.652     85  0.102
   CFB_56, G014            -0.051077 0.023143  -2.207     85  0.030
   CFB_53, G015             0.904266 0.587674   1.539     85  0.127
For     HISEI slope, B1
   INTRCPT2, G10            0.137685 0.016401   8.395     95  0.000
   ASBGAFR, G11            0.075388 0.103058   0.732     95  0.466
   ACBGME2, G12           -0.137430 0.165203  -0.832     95  0.408
   ACBGME8, G13            0.072548 0.021021   3.451     95  0.001
   CFB_47A, G14           -0.052935 0.033996  -1.557     95  0.123
   CFB_53, G15             0.001222 0.047685   0.026     95  0.980
For   KFT_ALL slope, B2
   INTRCPT2, G20            0.577620 0.038436  15.028   1838  0.000
For D_MIGR_R slope, B3
   INTRCPT2, G30           -2.730783 0.410273  -6.656   1838  0.000
```

```
Final estimation of variance components:

Random Effect         Standard   Variance   df   Chi-square  P-value
                      Deviation  Component

INTRCPT1,      U0      0.39906    0.15925    85   90.92058    0.310
   HISEI slope, U1     0.05199    0.00270    95  102.83033    0.274
   level-1,     R      7.31512   53.51096
```

In den Schulklassen mit einer durchschnittlich niedrigen Lesekompetenz erweist sich, ebenfalls konform mit dem Modell für die Gesamtpopulation und im Gegensatz zum oberen Terzil, das häufige Stattfinden von Leseaktivitäten im Unterricht (ASBGtic) als signifikant positiv im Hinblick auf die Lesekompetenz.

Im Gegensatz zum Modell für die Gesamtpopulation erweist sich der frühe Aufbau von Lesestrategien und Lesefertigkeiten, in Bezug auf das Kennenlernen von Zusammenhängen zwischen Buchstaben und Lauten (ACBGME2) nicht als signifikant positiv in dieser Subpopulation. Konform mit dem Modell für die Gesamtpopulation sollte mit dem Aufbau von Lesestrategien und Lesefertigkeiten im Bezug auf das Lesen einzelner Sätze (ACBGME4) in dieser Subpopulation so früh wie möglich begonnen werden.

Der Einfluss des HISEI auf die Lesekompetenz *(Slope-as-Outcome-Model)* wird durch die Variable ACBGME8 moderiert. Die Kopplung zwischen dem HISEI und der Lesekompetenz wird danach geringer, je früher im Unterricht erstmals ein besonderes Gewicht auf den Aufbau von Lesestrategien und Lesefertigkeiten im Bezug auf das Vergleichen von Texten mit persönlichen Erfahrungen (ACBGME8) gelegt wird. Wie aus Tabelle 18 jedoch hervorgeht, ist das Betagewicht dieses Koeffizienten ($\gamma = 0{,}07$) relativ gering. Wie aus den Zufallseffekten hervorgeht, variieren die Regressionssteigung HISEI sowie der Intercept nach Übertragung des Gesamtmodells nicht mehr signifikant zwischen den Schulklassen. Das bedeutet, dass sich der Intercept, das heißt der Achsenabschnitt und damit das Niveau der Lesekompetenz, nicht mehr signifikant zwischen den untersuchten Klassen unterscheidet. Für die Regressionssteigung HISEI bedeuten die Zufallseffekte, dass die Kopplung zwischen dem sozioökonomischen Hintergrund (operationalisiert durch den HISEI) und der Lesekompetenz nicht mehr signifikant zwischen den untersuchten Klassen variiert. Das übertragene Gesamtmodell hat somit die im Baseline Modell festgestellte Varianz auf Klassenebene aufgeklärt.

Abbildung 9: Mehrebenen-Modell zur Erklärung der Lesekompetenz für
Schulklassen mit einer durchschnittlich niedrigen Lesekompetenz
(unteres Terzil)

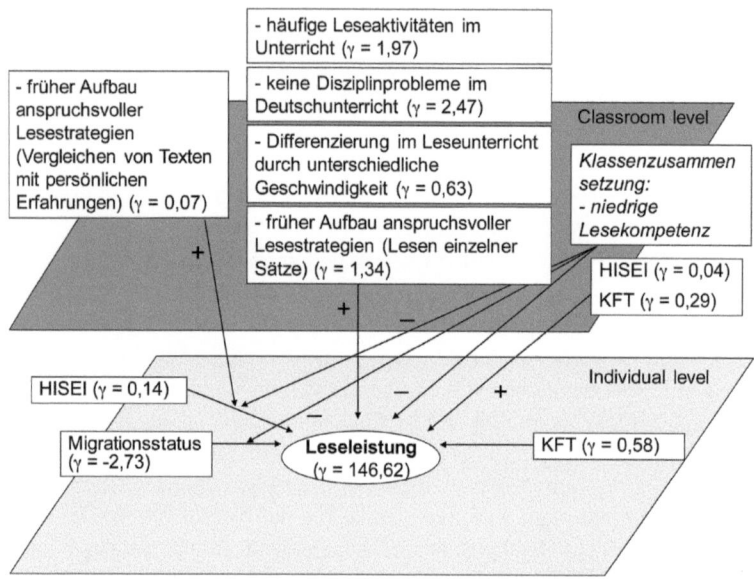

In den *Schulklassen mit einer durchschnittlich hohen Lesekompetenz (oberes Terzil)*
erweist sich, konform mit dem Modell für die Gesamtpopulation und im Gegensatz zum Modell für Schulklassen mit einer durchschnittlich niedrigen Lesekompetenz (vgl. Tab. 19), das Bemühen der Schulleitung, aufkommende Frustration
und Konflikte unter den Lehrkräften auszugleichen (ATGKOO02) zwar als signifikant positiv im Hinblick auf die Lesekompetenz, jedoch sind die Beta-Gewichte
jeweils nur gering (Gesamtpopulation $\gamma = 0{,}53$; oberes Terzil $\gamma = 0{,}34$). Das Vorhandensein einer Bibliothek (ACBGLI) hat im Intercept-as-Outcome-Model dieser
Subgruppe das größte signifikante Betagewicht ($\gamma = 1{,}04$), und erweist sich damit
als positivster Prädiktor im Hinblick auf die Lesekompetenz. Zudem hat die wö-
chentliche Anzahl an Unterrichtsstunden in der 4. Jahrgangsstufe im Fach Deutsch
(CFB_47A) einen positiven Einfluss ($\gamma = 0{,}80$).

Anders als bei den Modellen für die Gesamtpopulation und für das untere Terzil erweist sich ein von Disziplin geprägter Deutschunterricht (SFK_6_1) als nur
tendenziell signifikanter Effekt (p < .10) in Schulklassen mit einer durchschnitt-

lich hohen Lesekompetenz. Zudem ist das Betagewicht dieses Prädiktors im oberen Terzil geringer (γ = 1,07) als in der Gesamtpopulation (γ = 1,61) und als im
unteren Terzil (γ = 2,47).

Der Effekt des HISEI auf die Lesekompetenz *(Slope-as-Outcome-Model)* wird
in dieser Subgruppe moderiert durch die Variablen CFB53, CFB_47A, ACBG-
ME2 und ASBGAFR.

Die Kopplung zwischen dem HISEI und der Lesekompetenz wird geringer, je
mehr Unterrichtsstunden in der 4. Jahrgangsstufe wöchentlich im Fach Deutsch erteilt werden (CFB_47A), je intensiver im Kollegium kommuniziert und kooperiert
wird (CFB_53), je früher im Unterricht erstmals ein besonderes Gewicht auf die
Lesefertigkeiten / Lesestrategien des Erkennens von Zusammenhängen zwischen
Buchstaben und Lauten (ACBGME2) gelegt wird und je öfter Texte im Unterricht
nachbereitet werden (ASBGAFR; $p < .10$). Wie aus Tabelle 19 hervorgeht, sind die
Betagewichte dieser Koeffizienten über diese Subpopulation jedoch relativ gering.

Eine detaillierte Interpretation der Befunde der Intercept- and Slope-as-Out-
come-Modelle beider Subpopulationen erfolgt abschließend zu diesem Teilkapi-
tel in der „Interpretation und Zusammenfassung".

Tabelle 19: Übertragenes Gesamtmodell zur Erklärung der Lesekompetenz
für Schulklassen mit einer durchschnittlich hohen Lesekompetenz
(oberes Terzil = 103 Schulklassen)

```
-----------------------------------------------------
Random level-1 coefficient   Reliability estimate
-----------------------------------------------------
INTRCPT1, B0                        0.008
   HISEI, B1                        0.074
-----------------------------------------------------
```

```
---------------------------------------------------------------------
                                   Standard          Approx.
   Fixed Effect        Coefficient Error    T-ratio  d.f.    P-value
---------------------------------------------------------------------
For     INTRCPT1, B0
   INTRCPT2, G00        153.863615  0.153505 1002.334   87   0.000
   ATBGUMAT, G01         -0.039941  0.215745   -0.185   87   0.854
   ATGSTU05, G02         -0.271172  0.205932   -1.317   87   0.192
   ATGKOO02, G03          0.340939  0.172936    1.971   87   0.051
   HISEI_ME, G04          0.074884  0.028440    2.633   87   0.010
    KFT_ALL, G05          0.220404  0.066568    3.311   87   0.002
    ASBGTIC, G06         -0.215490  0.780219   -0.276   87   0.783
    SFK_6_1, G07         -1.065501  0.555502   -1.918   87   0.058
    SFK_4_2, G08         -0.836074  0.803464   -1.041   87   0.301
    ACBGME2, G09          0.813662  0.600628    1.355   87   0.179
    ACBGME4, G010        -0.867881  0.740381   -1.172   87   0.245
   ACBGIMPL, G011         0.034609  0.166380    0.208   87   0.836
     ACBGLI, G012        -1.043843  0.317665   -3.286   87   0.002
     CFB_47A, G013        0.795694  0.379231    2.098   87   0.039
     CFB_56, G014        -0.004394  0.015157   -0.290   87   0.773
     CFB_53, G015        -0.127310  0.405853   -0.314   87   0.754
For     HISEI slope, B1
   INTRCPT2, G10          0.103726  0.011260    9.212   97   0.000
    ASBGAFR, G11          0.100539  0.059971    1.676   97   0.096
    ACBGME2, G12          0.052074  0.024532    2.123   97   0.036
    ACBGME8, G13          0.001214  0.012352    0.098   97   0.922
    CFB_47A, G14         -0.061650  0.022662   -2.720   97   0.008
    CFB_53, G15          -0.086229  0.026289   -3.280   97   0.002
For    KFT_ALL slope, B2
   INTRCPT2, G20          0.423637  0.026205   16.166 1958   0.000
For D_MIGR_R slope, B3
   INTRCPT2, G30         -1.785042  0.451125   -3.957 1958   0.000
---------------------------------------------------------------------
```

```
Final estimation of variance components:
-----------------------------------------------------------------------
Random Effect          Standard     Variance    df   Chi-square  P-value
                       Deviation    Component
-----------------------------------------------------------------------
INTRCPT1,       U0     0.13962      0.01949     87    57.29236    >.500
   HISEI slope, U1     0.03064      0.00094     97   100.38232     0.387
   level-1,     R      6.83134     46.66715
-----------------------------------------------------------------------
```

Abbildung 10: Mehrebenen-Modell zur Erklärung der Lesekompetenz für
Schulklassen mit einer durchschnittlich hohen Lesekompetenz
(oberes Terzil)

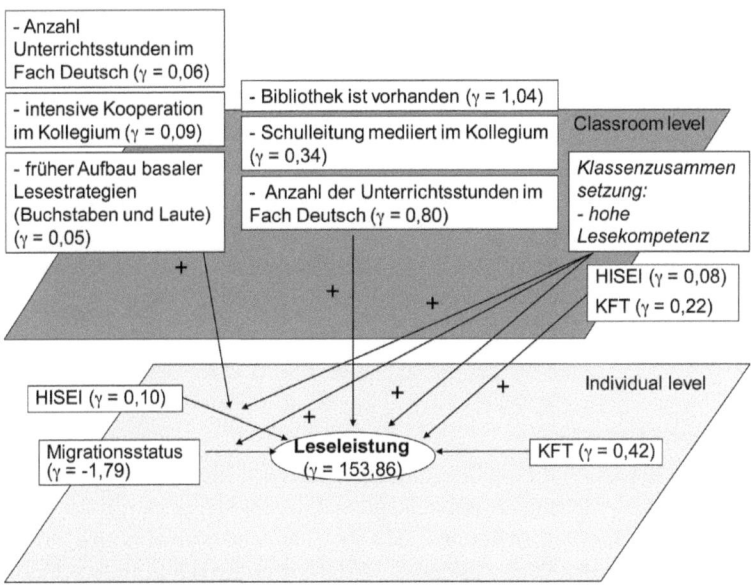

Interpretation und Zusammenfassung

Mit Hinblick auf die Forschungsfrage 2 dieser Arbeit *(Welche Zusammenhänge
zeigen sich zwischen diesen pädagogischen Gestaltungsansätzen in Klassen mit
unterschiedlicher Schülerzusammensetzung (in Abhängigkeit von der durchschnittlichen Lesekompetenz sowie vom durchschnittlichen sozioökonomischen Hintergrund und Migrationsstatus) im Hinblick auf die Lesekompetenz (Intercept) und
auf die Kopplung von Lesekompetenz und sozioökonomischem Status der Elternhäuser (Regressionssteigung)?)* sollen im Folgenden die zentralen Befunde des
zuvor vorgestellten, von der Gesamtpopulation übertragenen Mehrebenen-Modells zur Erklärung der Lesekompetenz interpretiert und zusammengefasst werden.

Wie aus den Befunden der One-Way Anova für beide Subgruppen hervorgeht,
ist in Schulklassen mit einer durchschnittlich niedrigen Lesekompetenz (unteres
Terzil) der Hauptanteil der Varianz der Lesekompetenz (97 %) auf Unterschiede
zwischen den Schülerinnen und Schülern zurückzuführen. Nur 3 % der Varianz der
Lesekompetenz entfallen auf Unterschiede zwischen den Schulklassen.

In Schulklassen mit einer durchschnittlich hohen Lesekompetenz (oberes Terzil) entfällt auf Klassenebene keine Varianz (0 %) auf Unterschiede zwischen den Schulklassen. Die gesamte Varianz der Lesekompetenz (100 %) ist auf Unterschiede zwischen den Schülerinnen und Schülern zurückzuführen.

Die jeweils geringe Varianz der Lesekompetenz auf Klassenebene ist nachvollziehbar, da die beiden Subgruppen anhand der auf Klassenebene aggregierten, durchschnittlichen Lesekompetenz gebildet wurden (obere und untere 33,3 % der Gesamtpopulation). Somit können für das obere Terzil keine und für das untere Terzil nur geringe Unterschiede (3 %) in der Lesekompetenz durch die Klassenzugehörigkeit erklärt werden.

Das für die Gesamtpopulation entwickelte Endmodell wurde jedoch auf beide Terzile übertragen, um zu überprüfen, ob und welche Unterrichtsaspekte im jeweiligen Terzil ein besonderes Gewicht haben.

Schulklassen mit einer durchschnittlich geringen Lesekompetenz (unteres Terzil)

Intercept Lesekompetenz

Wie auch beim Modell für die Gesamtpopulation wird auch für diese Subpopulation deutlich, dass eine angemessene, adaptive Geschwindigkeit, mit der die Schülerinnen und Schüler lernen können, sich als bedeutender im Hinblick auf die Lesekompetenz erweist, als die alleinige Differenzierung durch unterschiedliches Material (ATBGUMAT).

Noch bedeutender im Hinblick auf die Lesekompetenz sind das häufige Stattfinden von Leseaktivitäten im Unterricht (ASBGtic) sowie ein von Disziplin geprägter Deutschunterricht (SFK_6_1).

Interessant hinsichtlich der Disziplin im Deutschunterricht (SFK_6_1) ist die Tatsache, dass das Beta-Gewicht in diese Subpopulation (Klassen mit durchschnittlich niedriger Lesekompetenz) größer ist ($\gamma = 2{,}47$) als in der Gesamtpopulation ($\gamma = 1{,}61$). Demnach ist ein von Disziplin geprägter Deutschunterricht in Klassen mit durchschnittlich niedriger Lesekompetenz noch bedeutsamer im Hinblick auf den Lesekompetenzerwerb.

Zur Verringerung der Kopplung zwischen dem HISEI und der Lesekompetenz *(Slope-as-Outcome-Model)* kann lediglich der frühe Aufbau von Lesestrategien und Lesefertigkeiten im Bezug auf das Vergleichen von Texten mit persönlichen Erfahrungen (ACBGME8) einen signifikanten Beitrag leisten. Das Betagewicht dieses Koeffizienten ist jedoch nur gering.

Weiterhin wird deutlich, dass der Intercept Lesekompetenz in dieser Subpopulation (Zusammensetzung der Population aus Schülerinnen und Schülern mit einer niedrigen Lesekompetenz) unter der Kontrolle aller Prädiktoren niedriger ist, als in der Gesamtpopulation (γ = 146,62). Zudem ist die Kopplung zwischen dem HISEI und dem Lesekompetenzscore ausgeprägter als in der Gesamtpopulation (γ = 0,14). Der gleiche Effekt zeigt sich für die Kopplung zwischen dem Migrationsstatus und dem Lesekompetenzscore (γ = -2,73), das heißt die sozialen Disparitäten werden verstärkt.

In den *Schulklassen mit einer durchschnittlich hohen Lesekompetenz (oberes Terzil)* erweist sich das Vorhandensein einer Bibliothek (ACBGLI) als bedeutendster Aspekt im Hinblick auf den Lesekompetenzerwerb. Wie aus Tabelle 19 hervorgeht, ist das Lesekompetenzniveau dieser Subgruppe auf einem höheren Niveau als das des unteren Terzils und das der Gesamtpopulation. Schülerinnen und Schüler in Klassen mit einer durchschnittlich hohen Lesekompetenz scheinen das Potential von Bibliotheken also besser nutzen zu können, so dass sich das Vorhandensein einer Bibliothek, für solche Schülerinnen und Schüler als positiv im Hinblick auf deren Lesekompetenz erweist.

Anders als bei den Modellen für die Gesamtpopulation und für das untere Terzil zeigt sich der von Disziplin geprägte Deutschunterricht (SFK_6_1) als nur tendenziell signifikanter Effekt in Schulklassen mit einer durchschnittlich hohen Lesekompetenz (p < .10).

Die Kopplung zwischen dem HISEI und der Lesekompetenz *(Slope-as-Outcome-Model)* wird geringer, je mehr Unterrichtsstunden in der 4. Jahrgangsstufe wöchentlich im Fach Deutsch erteilt werden (CFB_47A), je intensiver im Kollegium kommuniziert und kooperiert wird (CFB_53), je früher im Unterricht erstmals ein besonderes Gewicht auf die Lesefertigkeiten / Lesestrategien des Erkennens von Zusammenhängen zwischen Buchstaben und Lauten (ACBGME2) gelegt wird und je öfter Texte im Unterricht nachbereitet werden (ASBGAFR; p < .10). Die Betagewichte dieser Prädiktoren sind jedoch nur gering, doch es wird auch in dieser Subpopulation deutlich, ähnlich wie beim Slope-as-Outcome-Model für die Gesamtpopulation (vgl. Kap. 5.2.1), dass die Befunde des Slope-as-Outcome-Models darauf hinweisen, dass von der Kopplung zwischen der Lesekompetenz und dem sozioökonomischen Status der Elternhäuser (operationalisiert durch den HISEI), vor allem Schülerinnen und Schüler betroffen sind, die der *logographischen Stufe* zuzuordnen sind. Dementsprechend zeigen die Befunde des Slope-as-Outcome-Models an, dass die Kopplung zwischen der Lesekompetenz und dem sozioökonomischen Status der Elternhäuser verringert werden kann, je früher erstmals ein besonderes Gewicht auf die basalen Lesefertigkeiten / Lesestrategien des Erkennens von Zusammenhängen zwischen Buchstaben und Lauten (ACBGME2) gelegt wird.

Weiterhin wird deutlich, dass der Intercept Lesekompetenz in dieser Subpopulation (Zusammensetzung der Population aus Schülerinnen und Schülern mit einer hohen Lesekompetenz) unter der Kontrolle aller Prädiktoren höher ist, als in der Gesamtpopulation (γ = 153,86). Zudem ist die Kopplung zwischen dem HISEI und dem Lesekompetenzscore geringer als in der Gesamtpopulation (γ = 0,10), der gleiche Effekt zeigt sich für die Kopplung zwischen dem Migrationsstatus und dem Lesekompetenzscore (γ = -1,79), die sozialen Disparitäten sind in dieser Subpopulation also geringer.

Zusammenfassend lässt sich schlussfolgern, dass in Abhängigkeit von der Zusammensetzung der Klassen nach deren durchschnittlicher Lesekompetenz identische Unterrichtsaspekte unterschiedliche Zusammenhänge zur Lesekompetenz aufweisen. Zum anderen weisen je nach der Zusammensetzung der Klassen unterschiedliche Unterrichtsaspekte einen positiven Zusammenhang zur Lesekompetenz auf, so dass die Hypothese geäußert werden kann, dass Unterricht für Schülerinnen und Schüler in Klassen mit einer homogen niedrigen Lesekompetenz (unteres Terzil) anders strukturiert sein muss als Unterricht für Schülerinnen und Schüler in Klassen mit einer homogen hohen Lesekompetenz (oberes Terzil).

Weiterhin wird deutlich, dass in Schulklassen, die überwiegend aus einer Schülerschaft mit einer niedrigen Lesekompetenz zusammengesetzt sind, soziale Disparitäten verstärkt werden. In Schulklassen, die sich überwiegend aus einer Schülerschaft mit einer hohen Lesekompetenz zusammensetzen, sind die sozialen Disparitäten hingegen geringer.

Die Überprüfung der Kausalität dieser Hypothese verweist auf den weiteren diesbezüglichen Forschungsbedarf in Form einer längsschnittlichen Untersuchung.

5.2.3 Der Zusammenhang von Unterrichtsqualität, Lesekompetenz und der Kopplung zwischen sozioökonomischem Hintergrund und Lesekompetenz unter Berücksichtigung der Zusammensetzung von Klassen nach durchschnittlichem HISEI und Migrationshintergrund

Wie aus der Einleitung und aus Kapitel 2 hervorgeht, besteht insbesondere im Hinblick auf die kognitive Förderung von Kindern und Jugendlichen aus sozioökonomisch benachteiligten Milieus sowie aus Familien mit einem Migrationshintergrund ein Forschungs- und Handlungsbedarf. Mit Hinblick darauf wird gefordert, dass die empirische erziehungswissenschaftliche Forschung die Fragen der Bildungsgerechtigkeit und -benachteiligung ernster nehmen muss, und dass in empirischen Untersuchungen gruppenbezogene Aussagen über Effekte, zum Beispiel in Abhängigkeit von der sozioökonomischen Herkunft und vom Migrationsstatus, routinemäßig ermöglicht werden (vgl. Blossfeld et al., 2007; Lankes, 2004, S. 567).

Daher waren die Kriterien für die Bildung der zweiten Subgruppe zum einen
der durchschnittliche Migrationshintergrund einer Schulklasse, operationalisiert
durch den Migrationsstatus beider Elternteile, und zum anderen der durchschnittliche sozioökonomische Hintergrund einer Schulklasse, operationalisiert durch
den Highest International Socio-Economic Index of Occupational Status (HISEI).
Wie in Kapitel 4.3 ausführlich erläutert, wurden dazu aus der Gesamtstichprobe die 33,3 % Schülerinnen und Schüler in Schulklassen mit dem durchschnittlich
am höchsten belasteten (unteres Terzil) und die 33,3 % Schülerinnen und Schüler in Schulklassen mit dem durchschnittlich am geringsten belasteten HISEI und
Migrationshintergrund (oberes Terzil) in die nachfolgend dargestellten Analysen
einbezogen.

Diese Vorgehensweise dient der Unterscheidung, ob die im Gesamtmodell
festgestellten Unterrichtsaspekte in diesen Subgruppen unterschiedliche Zusammenhänge aufweisen. Wie im vorhergehenden Kapitel schon erwähnt wurde, kann
auf Grund der Befunde von Solheim und Tonnessen (2003) angenommen werden,
dass die Zusammenhänge zwischen Unterrichtsaspekten und der Lesekompetenz
in Klassen mit einer unterschiedlichen Schülerschaft unterschiedlich sind.

Des Weiteren wird diese Vorgehensweise gewählt, um die ohnehin komplexe Struktur der Mehrebenenmodellierung klarer interpretierbar zu gestalten. Wie
vorhergehend schon erläutert, wird diese methodische Vorgehensweise auch dem
Postulat gerecht, solch komplexe Analysen besser interpretierbar zu strukturieren.

Wie zuvor bereits erwähnt, sollen in diesem Kapitel Analysen vorgestellt
werden, in denen das Gesamtmodell zur Erklärung der Lesekompetenz über zwei
Subgruppen (unteres und oberes Terzil) getestet wird. Zum unteren Terzil zählen
61 Schulklassen mit 1088 Schülerinnen und Schülern. Zum oberen Terzil zählen
46 Schulklassen mit 874 Schülerinnen und Schülern.

Um klären zu können, inwiefern die Klassenzugehörigkeit dazu beitragen
kann, die Lesekompetenz der Schülerinnen und Schüler durch Variablen auf Klassenebene zu erklären, wurden zunächst One-Way Anova gerechnet, mit deren Hilfe bestimmt werden kann, welche Varianzanteile auf Unterschiede innerhalb der
Klassen und zwischen den Klassen zurückzuführen sind.

One-Way Anova

(Baseline Model)

Die Ergebnisse der One-Way Anova zeigen, dass in Schulklassen mit dem durchschnittlich am höchsten belasteten HISEI und Migrationshintergrund (unteres Terzil) der Hauptanteil der Varianz der Lesekompetenz (90 %) auf Unterschiede zwischen den Schülerinnen und Schülern zurückzuführen ist. 10 % der Varianz der Lesekompetenz entfallen auf Unterschiede zwischen den Schulklassen. Beide Varianzanteile sind signifikantIn Schulklassen mit dem durchschnittlich am geringsten belasteten HISEI und Migrationshintergrund (oberes Terzil) entfallen 98 % der Varianz der Lesekompetenz auf Unterschiede zwischen den Schülerinnen und Schülern. 2 % der Varianz der Lesekompetenz entfallen auf Unterschiede zwischen den Schulklassen. Beide Varianzanteile sind signifikant.

Anwendung des Gesamtmodells auf die Subpopulationen (unteres und oberes Terzil)

(Intercept- and Slope-as-Outcome-Model)

Das Gesamtmodell, das auf beide Subpopulationen übertragen werden soll, wurde zuvor schrittweise entwickelt (vgl. Kap. 5.2.1).

Die Subpopulation mit dem durchschnittlich am höchsten belasteten HISEI und Migrationshintergrund weist bei durchschnittlicher Ausprägung der im Modell herangezogenen erklärenden Variablen eine niedrigere Lesekompetenz (M = 146,76) im Vergleich zum Mittelwert der Gesamtpopulation (M = 150,33) auf.

Die Subpopulation mit dem durchschnittlich am geringsten belasteten HISEI und Migrationshintergrund weist bei durchschnittlicher Ausprägung der im Modell herangezogenen erklärenden Variablen eine höhere Lesekompetenz (M = 152,85) im Vergleich zum Mittelwert der Gesamtpopulation (M = 150,33) auf.

In den *Schulklassen mit dem durchschnittlich am höchsten belasteten HISEI und Migrationshintergrund (unteres Terzil)* erweist sich, konform mit dem Modell für die Gesamtpopulation und konform mit dem Modell für Schulklassen mit dem durchschnittlich am geringsten belasteten HISEI und Migrationshintergrund (oberes Terzil), die Differenzierung durch unterschiedliches Material (ATBGUMAT) als signifikanter Prädiktor im Hinblick auf die Lesekompetenz. Wie auch beim Modell für die Gesamtpopulation wird hier deutlich, dass sich eine angemessene, adaptive Geschwindigkeit, mit der die Schülerinnen und Schüler lernen können, als am positivsten im Hinblick auf den Lesekompetenzerwerb erweist. Jedoch ist das Betagewicht dieses Prädiktors im unteren Terzil mit $\gamma = 1{,}23$ doppelt so groß wie in der Gesamtpopulation ($\gamma = 0{,}60$).

In den Schulklassen mit einer durchschnittlich niedrigen Lesekompetenz erweist sich, ebenfalls konform mit dem Modell für die Gesamtpopulation und mit
dem Modell für das obere Terzil, ein von Disziplin geprägter Deutschunterricht
(SFK_6_1) als signifikant positiv im Hinblick auf die Lesekompetenz. Jedoch
ist auch das Betagewicht dieses Prädiktors im unteren Terzil mit γ = 3,08 nahezu
doppelt so groß wie in der Gesamtpopulation (γ = 1,61) und größer als im oberen Terzil (γ = 2,00).

Als noch positiver im Hinblick auf die Lesekompetenz erweist sich in diesem
Terzil das häufige Stattfinden von Leseaktivitäten im Unterricht (ASBGtic). Dieser Prädiktor ist tendenziell signifikant (p < .10) und hat ein Betagewicht von γ =
3,42 (Gesamtpopulation γ = 1,88; oberes Terzil nicht signifikant).

Im Gegensatz zum Modell für die Gesamtpopulation zeigt sich der frühe Aufbau von Lesestrategien und Lesefertigkeiten, in Bezug auf das Kennenlernen von
Zusammenhängen zwischen Buchstaben und Lauten (ACBGME2) als tendenziell signifikant positiver Effekt (p < .10). Dieser Prädiktor weist mit einem Betagewicht von γ = 5,32 den positivsten Zusammenhang zur Lesekompetenz im Intercept-as-Outcome-Model für diese Subpopulation auf.

Dieser Befund ist konform mit dem Stufenentwicklungsmodell von Frith
(1985; 1986). Die Schülerinnen und Schüler dieser Subpopulation sind nach Frith
der *logographischen Stufe* zuzuordnen. Diese Entwicklungsstufe beschreibt das unterste schriftsprachliche Entwicklungsstadium, auf welchem das Kind Worte vornehmlich mit Bildern oder Symbolen verbindet. Dementsprechend kann anhand
der Befunde des Intercept-as-Outcome-Models die Hypothese aufgestellt werden,
dass die Lesekompetenz gefördert werden kann, je früher erstmals ein besonderes
Gewicht auf die basale Lesefertigkeit / Lesestrategie des Erkennens von Zusammenhängen zwischen Buchstaben und Lauten (ACBGME2) gelegt wird.

Die Kopplung zwischen dem HISEI und der Lesekompetenz *(Slope-as-Outcome-Model)* wird durch die Variablen ACBGME8 und CFB_47A moderiert (p
< .10). Diese Kopplung wird demnach geringer, je früher im Unterricht erstmals
ein besonderes Gewicht auf den Aufbau von Lesestrategien und Lesefertigkeiten
im Bezug auf das Vergleichen von Texten mit persönlichen Erfahrungen (ACBG-
ME8) gelegt wird und je mehr Unterrichtsstunden in der 4. Jahrgangsstufe wöchentlich im Fach Deutsch erteilt werden (CFB_47A). Wie aus Tabelle 20 jedoch
hervorgeht, ist das Betagewicht beider Koeffizienten relativ gering (ACBGME8
γ = 0,05; CFB_47A γ = 0,09).

Tabelle 20: Übertragenes Gesamtmodell zur Erklärung der Lesekompetenz
für Schulklassen mit dem durchschnittlich am höchsten belasteten
HISEI und Migrationshintergrund (unteres Terzil = 61 Schulklassen)

```
--------------------------------------------------------
Random level-1 coefficient   Reliability estimate
--------------------------------------------------------
INTRCPT1, B0                         0.408
   HISEI, B1                         0.035
--------------------------------------------------------
```

```
--------------------------------------------------------------------------
                                        Standard          Approx.
Fixed Effect              Coefficient   Error    T-ratio  d.f.    P-value
--------------------------------------------------------------------------
For    INTRCPT1, B0
   INTRCPT2,  G00          146.755351   0.459616  319.300    45    0.000
   ATBGUMAT,  G01           -1.224907   0.524097   -2.337    45    0.024
   ATGSTU05,  G02           -0.631042   0.543781   -1.160    45    0.252
   ATGKOO02,  G03            0.536182   0.567897    0.944    45    0.351
   HISEI_ME,  G04            0.228545   0.170522    1.340    45    0.187
   KFT_ALL,   G05            0.433282   0.151995    2.851    45    0.007
   ASBGTIC,   G06           -3.422290   1.925262   -1.778    45    0.082
   SFK_6_1,   G07           -3.084410   1.030184   -2.994    45    0.005
   SFK_4_2,   G08           -2.893567   2.282965   -1.267    45    0.212
   ACBGME2,   G09           -5.323016   3.135619   -1.698    45    0.096
   ACBGME4,   G010          -1.338078   1.159918   -1.154    45    0.255
   ACBGIMPL,  G011          -0.409449   0.366743   -1.116    45    0.271
   ACBGLI,    G012          -0.104853   0.810134   -0.129    45    0.898
   CFB_47A,   G013          -0.001143   0.607708   -0.002    45    0.999
   CFB_56,    G014          -0.046603   0.054492   -0.855    45    0.397
   CFB_53,    G015           0.731766   1.561592    0.469    45    0.641
For    HISEI slope, B1
   INTRCPT2,  G10            0.140101   0.025155    5.569    55    0.000
   ASBGAFR,   G11            0.064735   0.115169    0.562    55    0.576
   ACBGME2,   G12           -0.207311   0.134945   -1.536    55    0.130
   ACBGME8,   G13            0.048235   0.025133    1.919    55    0.060
   CFB_47A,   G14           -0.089396   0.049381   -1.810    55    0.075
   CFB_53,    G15           -0.095142   0.088459   -1.076    55    0.287
For    KFT_ALL slope, B2
   INTRCPT2,  G20            0.583327   0.047156   12.370  1064    0.000
For    D_MIGR_R slope, B3
   INTRCPT2,  G30           -2.921948   0.541765   -5.393  1064    0.000
--------------------------------------------------------------------------
```

```
Final estimation of variance components:
--------------------------------------------------------------------------
Random Effect          Standard     Variance     df   Chi-square  P-value
                       Deviation    Component
--------------------------------------------------------------------------
INTRCPT1,      U0       1.51726      2.30206      45   76.81825    0.002
   HISEI slope, U1      0.02994      0.00090      55   45.57354   >.500
   level-1,     R       7.39667     54.71069
--------------------------------------------------------------------------
```

Wie aus den Zufallseffekten hervorgeht, variiert der Intercept nach der Übertragung des Gesamtmodells weiterhin signifikant zwischen den Schulklassen. Das bedeutet, dass der Intercept, das heißt der Achsenabschnitt und damit das Niveau der Lesekompetenz, signifikant zwischen den untersuchten Klassen variiert. Die Regressionssteigung HISEI variiert nicht mehr signifikant zwischen den Schulklassen. Dies bedeutet, dass die Kopplung zwischen dem sozioökonomischen Hintergrund (operationalisiert durch den HISEI) und der Lesekompetenz nicht mehr signifikant zwischen den untersuchten Klassen variiert. Das übertragene Gesamtmodell hat somit die im Baseline Model festgestellte Varianz der Regressionssteigung HISEI auf Klassenebene erklärt. Die im Baseline Model festgestellte Varianz des Intercepts konnte durch das übertragene Gesamtmodell jedoch nicht erklärt werden.

In Kapitel 5.2.5 soll daher eigens für diese Subgruppe ein Modell entwickelt werden, mit dem versucht werden soll, die Varianz auf Klassenebene vollständig aufzuklären. Damit soll auch die dritte Forschungsfrage dieser Arbeit beantwortet werden (vgl. Kap. 3). Dabei soll überprüft werden, ob Unterrichtsmodelle, die speziell für Subgruppen mit bestimmten Klassenzusammensetzungen entwickelt wurden, sich als positiver im Hinblick auf die Lesekompetenz erweisen, als das für die Gesamtpopulation entwickelte und übertragene Gesamtmodell.

Abbildung 11: Mehrebenen-Modell zur Erklärung der Lesekompetenz für
Schulklassen mit dem durchschnittlich am höchsten belasteten
HISEI und Migrationshintergrund (unteres Terzil)

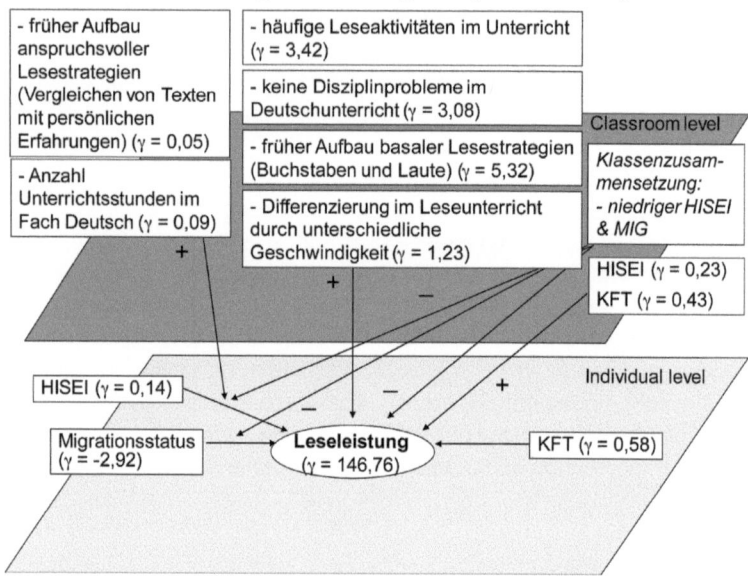

In den *Schulklassen mit dem durchschnittlich am geringsten belasteten HISEI und Migrationshintergrund (oberes Terzil)* erweist sich, konform mit dem Modell für die Gesamtpopulation und konform mit dem Modell für Schulklassen mit dem durchschnittlich am höchsten belasteten HISEI und Migrationshintergrund (unteres Terzil), die Differenzierung durch unterschiedliches Material (ATBGU-MAT) als signifikanter Prädiktor für die Lesekompetenz. Wie auch beim Modell für die Gesamtpopulation wird hier deutlich, dass eine angemessene, adaptive Geschwindigkeit, mit der die Schülerinnen und Schüler lernen können, den positivsten Zusammenhang zur Lesekompetenz aufweist. Jedoch ist das Betagewicht dieses Prädiktors im oberen Terzil (ähnlich wie im unteren Terzil) mit $\gamma = 1{,}51$ mehr als doppelt so groß als in der Gesamtpopulation ($\gamma = 0{,}60$).

In den Schulklassen mit dem durchschnittlich am geringsten belasteten HISEI und Migrationshintergrund erweist sich, ebenfalls konform mit dem Modell für die Gesamtpopulation und konform mit dem Modell für das untere Terzil, ein von Disziplin geprägter Deutschunterricht (SFK_6_1) als signifikant positiv im

Hinblick auf die Lesekompetenz. Das Betagewicht dieses Prädiktors ist im oberen Terzil (γ = 2,00) größer als in der Gesamtpopulation (γ = 1,61), jedoch geringer als im unteren Terzil (γ = 3,08).

Konform zum Modell für die Gesamtpopulation und im Gegensatz zum unteren Terzil sollte der Aufbau von Lesestrategien und Lesefertigkeiten, in Bezug auf das Kennenlernen von Zusammenhängen zwischen Buchstaben und Lauten (ACBGME2) nicht so früh wie möglich erfolgen. Ebenfalls übereinstimmend zum Modell für die Gesamtpopulation erweisen sich eine höhere Anzahl erteilter Unterrichtsstunden im Fach Deutsch (CFB_47A) sowie das Vorhandensein einer Bibliothek (ACBGLI) als tendenziell signifikant (p < .10) positiv im Hinblick auf die Lesekompetenz. Das größte Betagewicht (γ = 2,34) in dieser Subpopulation zeigt sich hinsichtlich einer intensiven Kommunikation und Kooperation im Kollegium (CFB_53).

Auch im *Slope-as-Outcome-Model* kann die Kopplung zwischen dem HISEI und der Lesekompetenz durch eine intensivere Kommunikation und Kooperation im Kollegium (CFB_53) verringert werden.

Wie aus den Zufallseffekten hervorgeht, variiert der Intercept nach Übertragung des Gesamtmodells nicht mehr signifikant zwischen den Schulklassen (vgl. Tab. 21). Das bedeutet, dass der Intercept, das heißt der Achsenabschnitt und damit das Niveau der Lesekompetenz, nicht mehr signifikant zwischen den untersuchten Klassen variiert. Auch die Regressionssteigung HISEI variiert nicht mehr signifikant zwischen den Schulklassen. Dies bedeutet, dass die Kopplung zwischen dem sozioökonomischen Hintergrund (operationalisiert durch den HISEI) und der Lesekompetenz nicht mehr signifikant zwischen den untersuchten Klassen variiert. Das übertragene Gesamtmodell hat somit die im Baseline Model festgestellte Varianz des Intercepts und der Regressionssteigung HISEI auf Klassenebene erklärt.

Tabelle 21: Übertragenes Gesamtmodell zur Erklärung der Lesekompetenz für Schulklassen mit dem durchschnittlich am geringsten belasteten HISEI und Migrationshintergrund (oberes Terzil = 46 Schulklassen)

```
-----------------------------------------------------
Random level-1 coefficient   Reliability estimate
-----------------------------------------------------
INTRCPT1, B0                       0.012
   HISEI, B1                       0.264
-----------------------------------------------------
```

Fixed Effect	Coefficient	Standard Error	T-ratio	Approx. d.f.	P-value
For INTRCPT1, B0					
INTRCPT2, G00	152.854263	0.228105	670.105	29	0.000
ATBGUMAT, G01	-1.505651	0.240309	-6.265	29	0.000
ATGSTU05, G02	0.462827	0.197764	2.340	29	0.026
ATGKOO02, G03	0.051022	0.383740	0.133	29	0.896
ATBGDIF, G04	-1.728591	0.719075	-2.404	29	0.023
HISEI_ME, G05	0.147199	0.066529	2.213	29	0.035
KFT_ALL, G06	0.108698	0.099967	1.087	29	0.286
ASBGTIC, G07	-1.979222	1.427826	-1.386	29	0.176
SFK_6_1, G08	-2.003714	0.785965	-2.549	29	0.017
SFK_4_2, G09	-1.942369	1.374423	-1.413	29	0.168
ACBGME2, G010	1.722274	0.838989	2.053	29	0.049
ACBGME4, G011	2.052418	7.689172	0.267	29	0.791
ACBGIMPL, G012	-0.408863	0.279646	-1.462	29	0.154
ACBGLI, G013	-0.722223	0.411460	-1.755	29	0.089
CFB_47A, G014	1.024251	0.587472	1.743	29	0.091
CFB_56, G015	0.030000	0.032498	0.923	29	0.364
CFB_53, G016	2.344412	0.653663	3.587	29	0.001
For HISEI slope, B1					
INTRCPT2, G10	0.107441	0.020534	5.232	40	0.000
ASBGAFR, G11	0.007579	0.098566	0.077	40	0.940
ACBGME2, G12	-0.013283	0.039565	-0.336	40	0.739
ACBGME8, G13	-0.023717	0.022798	-1.040	40	0.305
CFB_47A, G14	-0.035367	0.046145	-0.766	40	0.448
CFB_53, G15	-0.121113	0.052740	-2.296	40	0.027
For KFT_ALL slope, B2					
INTRCPT2, G20	0.479586	0.055821	8.592	849	0.000
For D_MIGR_R slope, B3					
INTRCPT2, G30	-0.322098	1.192792	-0.270	849	0.787

```
Final estimation of variance components:
```

Random Effect	Standard Deviation	Variance Component	df	Chi-square	P-value
INTRCPT1, U0	0.18272	0.03339	29	23.23290	>.500
HISEI slope, U1	0.06919	0.00479	40	53.05463	0.081
level-1, R	7.01211	49.16972			

Abbildung 12: Mehrebenen-Modell zur Erklärung der Lesekompetenz für
Schulklassen mit dem durchschnittlich am geringsten belasteten
HISEI und Migrationshintergrund (oberes Terzil)

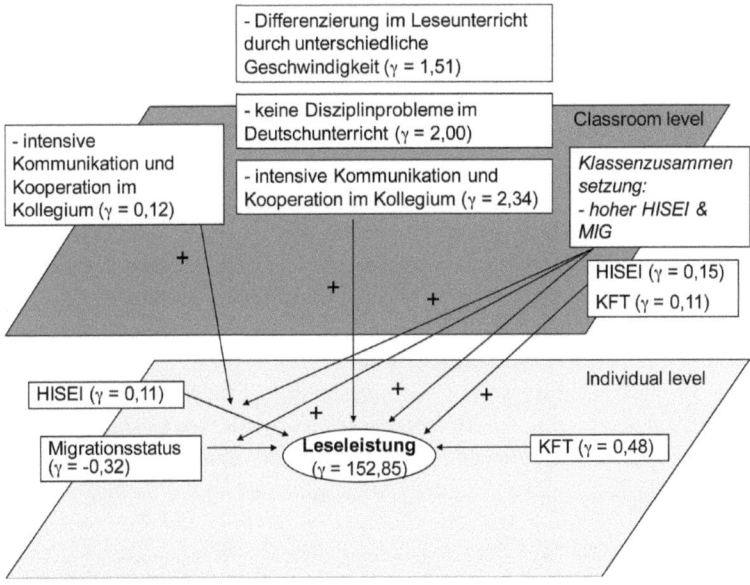

Interpretation und Zusammenfassung

Mit Hinblick auf die Forschungsfrage 2 dieser Arbeit *(Welche Zusammenhänge zeigen sich zwischen diesen pädagogischen Gestaltungsansätzen in Klassen mit unterschiedlicher Schülerzusammensetzung (in Abhängigkeit von der durchschnittlichen Lesekompetenz sowie vom durchschnittlichen sozioökonomischen Hintergrund und Migrationsstatus) im Hinblick auf die Lesekompetenz (Intercept) und auf die Kopplung von Lesekompetenz und sozioökonomischem Status der Elternhäuser (Regressionssteigung)?)* sollen im Folgenden die zentralen Befunde des zuvor vorgestellten, von der Gesamtpopulation übertragenen Mehrebenen-Modells zur Erklärung der Lesekompetenz interpretiert und zusammengefasst werden.

Wie aus den Befunden der One-Way Anova für beide Subgruppen hervorgeht, ist in Schulklassen mit dem durchschnittlich am höchsten belasteten HISEI und Migrationshintergrund (unteres Terzil) der Hauptanteil der Varianz der Lesekompetenz (90 %) auf Unterschiede zwischen den Schülerinnen und Schülern zurückzuführen. 10 % der Varianz der Lesekompetenz entfallen auf Unterschiede zwischen den Schulklassen. Beide Varianzanteile sind signifikant.

In Schulklassen mit dem durchschnittlich am geringsten belasteten HISEI und Migrationshintergrund (oberes Terzil) entfällt auf Klassenebene nur eine geringe Varianz (2 %) auf Unterschiede zwischen den Schulklassen. Der Großteil der Varianz der Lesekompetenz (98 %) ist auf Unterschiede zwischen den Schülerinnen und Schülern zurückzuführen. Beide Varianzanteile sind signifikant.

Ähnlich, zu den in Kapitel 5.2.2 gebildeten Subgruppen und zur Gesamtpopulation, ist der Hauptanteil der Varianz der Lesekompetenz auf Unterschiede zwischen den Schülerinnen und Schülern zurückzuführen. Dabei wurde jedoch auch deutlich, dass insbesondere bei den unteren Terzilen (Schulklassen mit einer durchschnittlich niedrigen Lesekompetenz und Schulklassen mit dem durchschnittlich am geringsten belasteten HISEI und Migrationshintergrund) tendenziell ein größerer Varianzanteil der Lesekompetenz auf Unterschiede zwischen den Schulklassen (Klassenebene) zurückzuführen ist.

Im Hinblick auf die zweite forschungsleitende Frage dieser Arbeit *(Welche Zusammenhänge zeigen sich zwischen diesen pädagogischen Gestaltungsansätzen in Klassen mit unterschiedlicher Schülerzusammensetzung (in Abhängigkeit von der durchschnittlichen Lesekompetenz sowie vom durchschnittlichen sozioökonomischen Hintergrund und Migrationsstatus) im Hinblick auf die Lesekompetenz (Intercept) und auf die Kopplung von Lesekompetenz und sozioökonomischem Status der Elternhäuser (Regressionssteigung)?)* kann damit die Hypothese geäußert werden, dass vor allem eine „benachteiligte" Schülerschaft (niedrige Lesekompetenz; belasteter sozioökonomischer Hintergrund und Migrationsstatus) von *unterrichtlichen Gestaltungsansätzen* profitieren kann, da in diesen Subpopulationen der größte Varianzanteil der Lesekompetenz auf Klassenebene vorhanden ist.

Das für die Gesamtpopulation entwickelte Endmodell wurde auf beide Terzile übertragen, um zu überprüfen, ob und welche Unterrichtsaspekte im jeweiligen Terzil ein besonderes Gewicht haben.

In den *Schulklassen mit dem durchschnittlich am höchsten belasteten HISEI und Migrationshintergrund (unteres Terzil)* erweist sich, konform mit dem Modell für die Gesamtpopulation und mit dem Modell für Schulklassen mit dem durchschnittlich am geringsten belasteten HISEI und Migrationshintergrund (oberes Terzil), die Differenzierung durch unterschiedliches Material (ATBGUMAT) als signifikanter Prädiktor im Hinblick auf die Lesekompetenz. Wie auch beim Modell für die Gesamtpopulation wird hier deutlich, dass eine angemessene, adaptive Geschwindigkeit, mit der die Schülerinnen und Schüler lernen können, den positivsten Zusammenhang zur Lesekompetenz aufweist. Das Betagewicht dieses Prädiktors in diesem Terzil ist mit $\gamma = 1{,}23$ jedoch doppelt so groß wie in der Gesamtpopulation ($\gamma = 0{,}60$). Damit wird deutlich, dass die Praxis der Differenzierung im Hinblick auf die Lesekompetenz von noch größerer Bedeutsamkeit ist für Schulklassen mit dem durchschnittlich am höchsten belasteten HISEI und Migrationshintergrund.

Ähnliche Befunde ergeben sich für die Aspekte des von Disziplin geprägten Deutschunterrichts (SFK_6_1) ($\gamma = 3{,}08$; Gesamtpopulation $\gamma = 1{,}61$; oberes Terzil $\gamma = 2{,}00$) und des häufigen Stattfindens von Leseaktivitäten im Unterricht (AS-BGtic) ($p < .10$) ($\gamma = 3{,}42$; Gesamtpopulation $\gamma = 1{,}88$; oberes Terzil nicht sign.).

Im Gegensatz zum Modell für die Gesamtpopulation kann für den frühen Aufbau von Lesestrategien und Lesefertigkeiten, im Bezug auf das Kennenlernen von Zusammenhängen zwischen Buchstaben und Lauten (ACBGME2) ein tendenziell signifikant ($p < .10$) positiver Zusammenhang festgestellt werden. Dieser Prädiktor erweist sich mit einem Betagewicht von $\gamma = 5{,}32$ als am bedeutsamsten im Intercept-as-Outcome-Model für diese Subpopulation. Insbesondere mit diesem Befund wird deutlich, dass es sich in dieser Subpopulation um Klassen mit „benachteiligten" Schülern handelt, denn im Gegensatz zur Gesamtpopulation zeigt sich hier der frühe Aufbau der basalen Fähigkeit des Kennenlernens von Zusammenhängen zwischen Buchstaben und Lauten (ACBGME2) als positiver Effekt mit einem hohen Betagewicht.

Im Gegensatz zur Gesamtpopulation ist der frühe Aufbau der komplexeren Lesestrategie des Lesens einzelner Sätze (ACBGME4) in dieser Subpopulation kein signifikanter Prädiktor, was die Interpretation des zuvor genannten Befundes untermauert.

Diese Befunde sind konform zum Stufenentwicklungsmodell von Frith (1985; 1986). Diese Subpopulation besteht aus den 33,3 % Schülerinnen und Schülern der Gesamtpopulation mit dem am höchsten belasteten HISEI und Migrationshintergrund, die auf Grund der vorliegenden Befunde der *logographischen Stufe* zuzuordnen sind. Diese Entwicklungsstufe beschreibt das unterste schriftsprachliche Entwicklungsstadium, auf welchem das Kind Worte vornehmlich mit Bildern oder Symbolen verbindet. Dementsprechend deuten die Befunde darauf hin, dass eine frühe Förderung der basalen Lesefertigkeiten / Lesestrategien des Erkennens von Zusammenhängen zwischen Buchstaben und Lauten (ACBGME2) zu einer Verbesserung der Lesekompetenz führen kann.

Im Slope-as-Outcome-Model erweisen sich der Aufbau von Lesestrategien und Lesefertigkeiten im Bezug auf das Vergleichen von Texten mit persönlichen Erfahrungen (ACBGME8) sowie die Anzahl der Unterrichtsstunden im Fach Deutsch in der 4. Jahrgangsstufe (CFB_47A) als tendenziell signifikante Prädiktoren ($p <$

10 %), welche die Kopplung zwischen dem HISEI und der Lesekompetenz verringern können. Die Betagewichte sind hier jedoch jeweils gering. Weiterhin wird deutlich, dass der Intercept Lesekompetenz in dieser Subpopulation (Schülerschaft mit durchschnittlich am höchsten belasteten HISEI und Migrationshintergrund) unter der Kontrolle aller Prädiktoren niedriger ist, als in der Gesamtpopulation (γ = 146,76). Zudem ist die Kopplung zwischen dem HISEI und dem Lesekompetenzscore ausgeprägter als in der Gesamtpopulation (γ = 0,14), der gleiche Effekt zeigt sich für die Kopplung zwischen dem Migrationsstatus und dem Lesekompetenzscore (γ = -2,92), das heißt die sozialen Disparitäten werden verstärkt.

In den *Schulklassen mit dem durchschnittlich am geringsten belasteten HISEI und Migrationshintergrund (oberes Terzil)* erweist sich die Differenzierung durch unterschiedliches Material (ATBGUMAT) als signifikanter Prädiktor im Hinblick auf die Lesekompetenz. Wie auch beim Modell für die Gesamtpopulation wird hier deutlich, dass eine angemessene, adaptive Geschwindigkeit, mit der die Schülerinnen und Schüler lernen können, den positivsten Zusammenhang zur Lesekompetenz aufweist. Das Betagewicht dieses Prädiktors ist im oberen Terzil (ähnlich dem Befund im unteren Terzil) mit γ = 1,51 doppelt so groß wie in der Gesamtpopulation (γ = 0,60).

Ein von Disziplin geprägter Deutschunterricht (SFK_6_1) erweist sich in dieser Subpopulation als signifikant positiv im Hinblick auf die Lesekompetenz. Das Betagewicht dieses Prädiktors ist in diesem (oberen) Terzil mit γ = 2,00 zwar größer als in der Gesamtpopulation (γ = 1,61), jedoch geringer als im unteren Terzil (γ = 3,08). Ein von Disziplin geprägter Deutschunterricht ist demnach sowohl in der Gesamtpopulation, als auch für beide Subpopulationen von Bedeutung, jedoch wird deutlich, dass dieser Aspekt für die Klassen des unteren Terzils (durchschnittlich am höchsten belasteter HISEI und Migrationshintergrund) am bedeutsamsten ist.

Konform zum Modell für die Gesamtpopulation und im Gegensatz zum unteren Terzil ist für den frühen Aufbau von Lesestrategien und Lesefertigkeiten, in Bezug auf das Kennenlernen von Zusammenhängen zwischen Buchstaben und Lauten (ACBGME2) kein positiver Zusammenhang zur Lesekompetenz festzustellen. Das größte Betagewicht (γ = 2,34) in dieser Subpopulation hat die intensive Kommunikation und Kooperation im Kollegium (CFB_53).

Auch im *Slope-as-Outcome-Model* ist eine intensive Kommunikation und Kooperation im Kollegium von signifikanter Bedeutung. Hier ist dieser Prädiktor der einzig signifikante Aspekt.

Weiterhin wird deutlich, dass der Intercept Lesekompetenz in dieser Subpopulation (Schülerschaft mit durchschnittlich am geringsten belasteten HISEI und

Migrationshintergrund) unter der Kontrolle aller Prädiktoren höher ist als in der Gesamtpopulation (γ = 152,85). Zudem ist die Kopplung zwischen dem HISEI und dem Lesekompetenzscore geringer als in der Gesamtpopulation (γ = 0,11), der gleiche Effekt zeigt sich für die Kopplung zwischen dem Migrationsstatus und dem Lesekompetenzscore (γ = -0,32). Die sozialen Disparitäten sind in dieser Subpopulation also geringer.

Zusammenfassend lässt sich feststellen, dass die im Baseline Model für das untere Terzil festgestellte Varianz des Intercepts durch das übertragene Gesamtmodell nicht erklärt werden konnte. Damit sind weitere Analysen zur Aufklärung der verbleibenden Varianz angezeigt. In Kapitel 5.2.5 soll daher eigens für diese Subgruppe ein Modell entwickelt werden, mit dem versucht werden soll, die Varianz auf Klassenebene vollständig aufzuklären. Damit soll auch ein Beitrag zur Klärung der dritten Forschungsfrage dieser Arbeit geleistet werden (vgl. Kap. 3). Dabei soll überprüft werden, ob Unterrichtsmodelle, die speziell für Subgruppen mit bestimmten Klassenzusammensetzungen entwickelt wurden, sich als positiver im Hinblick auf die Förderung der Lesekompetenz erweisen, als das für die Gesamtpopulation entwickelte und übertragene Gesamtmodell.

Darüber hinaus wurde deutlich, dass sich für beide Subgruppen Aspekte wie die innere Differenzierung durch eine angemessene, adaptive Geschwindigkeit und ein von Disziplin geprägter Deutschunterricht im Hinblick auf die Lesekompetenz als förderlich erweisen können.

Besonders markant und aufschlussreich ist der Aspekt des frühen Aufbaus von Lesestrategien im Bezug auf das Kennenlernen von Zusammenhängen zwischen Buchstaben und Lauten (ACBGME2). Dieser Prädiktor erweist sich für Klassen mit dem *durchschnittlich am höchsten belasteten HISEI und Migrationshintergrund (unteres Terzil)* mit einem Betagewicht von γ = 5,32 als am bedeutsamsten im Intercept-as-Outcome-Model für diese Subpopulation.

Weiterhin wird deutlich, dass in Schulklassen, die überwiegend aus einer Schülerschaft mit einem belasteten HISEI und Migrationshintergrund zusammengesetzt sind, soziale Disparitäten verstärkt werden. In Schulklassen, die überwiegend aus einer Schülerschaft mit einem gering belasteten HISEI und Migrationshintergrund zusammengesetzt sind, sind die sozialen Disparitäten hingegen geringer.

Um einen weiteren Beitrag (neben Kap. 5.2.5) zur Klärung der dritten Forschungsfrage dieser Arbeit zu leisten, soll in einem nächsten Schritt überprüft werden, ob sich Modelle, die speziell für Subpopulationen mit bestimmten Klassenzusammensetzungen entwickelt wurden, als positiver im Hinblick auf den Lesekompetenzerwerb erweisen, als das für die Gesamtpopulation entwickelte und auf die Subpopulationen (vgl. Kap. 5.2.2 & 5.2.3) übertragene Gesamtmodell.

In Kapitel 5.2.4 soll daher für die Subgruppe der Schulklassen mit einer niedrigen durchschnittlichen Lesekompetenz ein Modell zur Erklärung der Varianz der Lesekompetenz entwickelt werden.

5.2.4 Entwicklung eines Modells für Klassen mit einer durchschnittlich niedrigen Lesekompetenz

Um der dritten Forschungsfrage dieser Arbeit gerecht werden zu können (vgl. Kap. 3), und um dem Postulat der einschlägigen empirischen Forschung gerecht zu werden (vgl. Kap. 2), soll in einem nächsten Schritt überprüft werden, ob sich Unterrichtsmodelle, die speziell für Subgruppen mit bestimmten Klassenzusammensetzungen entwickelt wurden, als positiver im Hinblick auf den Lesekompetenzerwerb erweisen, als das in Kapitel 5.2.1 für die Gesamtpopulation entwickelte Gesamtmodell, das in den Kapiteln 5.2.2 und 5.2.3 auf Subpopulationen übertragen wurde. Daher sollen in diesem und im folgenden Kapitel eigene Modelle für Subpopulationen theorie- und empiriegeleitet entwickelt werden.

Wie aus dem in Kapitel 2 berichteten Forschungsstand hervorgeht (Gröhlich et al., 2009), beschäftigen sich empirische Untersuchungen mit der Frage des 3-gliedrigen Schulsystems in Deutschland, im Hinblick auf die damit verbundene Homogenität bzw. Heterogenität in Schulklassen. Das Ziel dieser äußeren Differenzierung ist die Schaffung möglichst leistungshomogener Schulklassen, mit der Intention, die Schülerschaft besser fördern zu können, auf Grund des erwarteten homogeneren Kompetenzniveaus in diesen Klassen.

Wie aktuelle Überblicke über den diesbezüglichen Forschungsstand jedoch gezeigt haben (vgl. z.B. Gröhlich et al. ebd.), wird die Homogenisierung diesem Anspruch nicht gerecht. Es wird deutlich, dass insbesondere in Schulen mit leistungshomogen niedrigen Klassen ein Förderbedarf besteht.

Um diesem Förderbedarf gerecht zu werden, wurde aus der Gesamtstichprobe die Subgruppe der 33,3 % Schülerinnen und Schüler in Schulklassen mit der durchschnittlich niedrigsten Lesekompetenz (unteres Terzil) gebildet (vgl. Kap. 4.3). Zu dieser Subgruppe zählen 101 Schulklassen mit 1862 Schülerinnen und Schülern.

One-Way Anova

(Baseline Model)

Um klären zu können, inwiefern die Klassenzugehörigkeit dazu beitragen kann, die Lesekompetenz der Schülerinnen und Schüler durch Variablen auf Klassenebene zu erklären, wurde zunächst eine One-Way Anova gerechnet, mit deren Hilfe bestimmt werden kann, welche Varianzanteile auf Unterschiede innerhalb der

Klassen und zwischen den Klassen zurückzuführen sind (Bryk & Raudenbush, 1992; Ditton, 2002).

Das Ergebnis der One-Way Anova zeigt, dass in Schulklassen mit einer durchschnittlich niedrigen Lesekompetenz der Hauptanteil der Varianz der Lesekompetenz (97 %) auf Unterschiede zwischen den Schülerinnen und Schülern zurückzuführen ist. Nur 3 % der Varianz der Lesekompetenz entfallen auf Unterschiede zwischen den Schulklassen. Beide Varianzanteile sind signifikant.

Entwicklung des Subgruppen-Modells

Um zu überprüfen, welche Effekte Unterrichtsaspekte auf die Lesekompetenz und auf die Kopplung zwischen HISEI und Lesekompetenz haben, soll ein Modell zur Erklärung der Varianz der Lesekompetenz speziell für diese Subpopulation entwickelt werden.

Wie aus Kapitel 5.2.2 hervorging, waren nicht alle Prädiktoren des Gesamtmodells signifikant, die auf das untere Terzil (33,3 % Schülerinnen und Schüler in Schulklassen der Gesamtpopulation mit der durchschnittlich niedrigsten Lesekompetenz) übertragen wurden. Da es eine Prämisse bei der Entwicklung von Mehrebenenmodellen ist, Modelle so sparsam wie möglich zu gestalten (King, 1989), soll im Folgenden bei der Modellentwicklung für diese Subpopulation versucht werden, das Modell sparsamer zu gestalten.

Mit Hinblick auf eine übersichtliche, lesefreundliche Gestaltung wird auf die Darstellung einiger Zwischenschritte der Modellentwicklung verzichtet. Das Subgruppen-Modell wurde jedoch konform zur Vorgehensweise in Kapitel 5.2.1 schrittweise entwickelt (zur Vorgehensweise vgl. auch Ditton, 1998; Janke, 2006). Die Auswahl der Variablen erfolgte zum einen theoriegeleitet und zum anderen basierend auf dem aktuellen Forschungsstand (vgl. Kap. 2).

Aus den Zufallseffekten des *Random-Coefficients Regression Models* geht hervor, dass die Regressionssteigungen des KFT-Scores und des Migrationsstatus nicht signifikant zwischen den Schulklassen variieren.

Um das Modell so sparsam wie möglich zu halten, wurden die Fehlerterme für die Parameter mit den nicht signifikant variierenden Regressionssteigungen fixiert. Die Fehlerterme werden für diese Parameter nicht weiter geschätzt. Aus diesem Grund ergeben sich auch die unterschiedlichen Freiheitsgrade, denn die durchschnittlichen Werte für die Regressionssteigungen KFT-Score und Migrationsstatus werden nicht auf Basis der Klassen, sondern auf Grundlage aller Schülerinnen und Schüler der Subpopulation berechnet. Daher sind die zugrunde liegenden Freiheitsgrade für diese Regressionssteigungen viel höher, als für die Regressionssteigung des HISEI, bei der die Parameter basierend auf den Klassen geschätzt werden, da die entsprechenden Klasseneffekte in die Parameterschätzung einfließen. Nach schrittweiser Fixierung der nichtsignifikanten Regressionssteigungen ergibt sich folgendes Modell (vgl. Tab. 22):

Tabelle 22: Ergebnisse des Modells für die Lesekompetenz mit erklärenden Variablen auf Individualebene und fixierten Regressionssteigungen

Fixed Effect	Coefficient	Standard Error	T-ratio	Approx. d.f.	P-value
For INTRCPT1, B0					
INTRCPT2, G00	147.421324	0.290938	506.710	100	0.000
For HISEI slope, B1					
INTRCPT2, G10	0.125016	0.020765	6.021	100	0.000
For KFT_ALL slope, B2					
INTRCPT2, G20	0.565528	0.040513	13.959	1858	0.000
For D_MIGR_R slope, B3					
INTRCPT2, G30	-3.633786	0.402301	-9.033	1858	0.000

Final estimation of variance components:

Random Effect	Standard Deviation	Variance Component	df	Chi-square	P-value
INTRCPT1, U0	1.55075	2.40483	100	180.78157	0.000
HISEI slope, U1	0.08402	0.00706	100	130.98411	0.020
level-1, R	7.32549	53.66275			

Wie aus den Zufallseffekten hervorgeht, variieren die Regressionssteigung HISEI sowie der Intercept signifikant zwischen den Schulklassen. Das bedeutet, dass sich der Intercept, das heißt der Achsenabschnitt und damit das Niveau der Lesekompetenz, signifikant zwischen den untersuchten Klassen unterscheidet. Auch für die Regressionssteigung HISEI bedeuten die Zufallseffekte, dass sich die Kopplung zwischen dem sozioökonomischen Hintergrund (operationalisiert durch den HISEI) und der Lesekompetenz signifikant zwischen den untersuchten Klassen unterscheidet.

Im Folgenden werden die Befunde des Subgruppen-Endmodells *(Intercept-and Slope-as-Outcome-Model)* dargestellt und anschließend interpretiert.

Intercept-as-Outcome-Model

In den *Schulklassen mit einer durchschnittlich niedrigen Lesekompetenz (unteres Terzil)* erweist sich ein von Disziplin geprägter Deutschunterricht (SFK_6_1) als signifikant positiv im Hinblick auf die Lesekompetenz (vgl. Tab. 23). Das Betagewicht ist hier mit γ = 3,25 deutlich größer als im übertragen Gesamtmodell (γ = 2,47) (vgl. Kap. 5.2.2).

Konform mit dem Befund des übertragenen Gesamtmodells für diese Subpopulation sollte mit dem Aufbau von Lesestrategien und Lesefertigkeiten im Bezug auf das Lesen einzelner Sätze (ACBGME4) so früh wie möglich begonnen werden. Auch hier ist das Betagewicht mit γ = 2,12 größer als im übertragen Gesamtmodell (γ = 1,34).

Konform mit dem Befund des übertragenen 1 Gesamtmodells erweist sich eine höhere Anzahl von Unterrichtsstunden im Fach Deutsch in der 4. Jahrgangsstufe (CFB_47A) nicht als positiv im Hinblick auf die Lesekompetenz.

Die Kopplung zwischen HISEI und Lesekompetenz *(Slope-as-Outcome-Model)* kann verringert werden, wenn den Lehrkräften eine zusätzliche personale Ausstattung (spezielle Lehrkräfte, Hilfslehrer, andere Erwachsene) zur Leseförderung zur Verfügung steht, insbesondere um Schülern zu helfen, denen das Lesen schwer fällt (ATBGDIF).

Wie aus den Zufallseffekten hervorgeht, variieren die Regressionssteigung HISEI sowie der Intercept nach Übertragung des Gesamtmodells nicht mehr signifikant zwischen den Schulklassen. Das bedeutet, dass sich der Intercept, das heißt der Achsenabschnitt und damit das Niveau der Lesekompetenz, nicht mehr signifikant zwischen den untersuchten Klassen unterscheidet. Für die Regressionssteigung HISEI bedeuten die Zufallseffekte, dass die Kopplung zwischen dem sozioökonomischen Hintergrund (operationalisiert durch den HISEI) und der Lesekompetenz nicht mehr signifikant zwischen den untersuchten Klassen variiert. Das übertragene Gesamtmodell hat somit die im Baseline Modell festgestellte Varianz auf Klassenebene aufgeklärt.

Im Vergleich zum Gesamtmodell, das auf diese Subpopulation übertragen wurde (vgl. Tab. 18), ist es mit dem eigens für diese Subpopulation entwickelten Modell zum einen gelungen, den „Reliability Estimate" zu verbessern. Die Parametervarianzen für Intercept und Slope sind mit rund 12 % (Intercept) und 17 % (Slope) auf einem deutlich besserem Niveau (Cheung & Keeves, 1990, S. 294). Zum anderen konnte dieses Modell sparsamer gestaltet werden, was eine Prämisse bei der Mehrebenenmodellierung ist (King, 1989).

Tabelle 23: Subgruppen-Modell zur Erklärung der Lesekompetenz für
Schulklassen mit einer durchschnittlich niedrigen Lesekompetenz
(unteres Terzil) unter Hinzunahme signifikanter erklärender
Unterrichtsvariablen auf Aggregatebene (zur Erklärung der Varianz
der Intercepts und der Slopes)

```
---------------------------------------------------
Random level-1 coefficient   Reliability estimate
---------------------------------------------------
  INTRCPT1, B0                      0.117
  HISEI, B1                         0.173
---------------------------------------------------
```

```
--------------------------------------------------------------------------
                                      Standard          Approx.
Fixed Effect             Coefficient  Error     T-ratio  d.f.    P-value
--------------------------------------------------------------------------
For        INTRCPT1, B0
  INTRCPT2, G00          146.861970   0.336642  436.256   96     0.000
  KFT_ALL,  G01            0.409905   0.120490    3.402    96     0.001
  SFK_6_1,  G02           -3.253254   0.903037   -3.603    96     0.001
  ACBGME4,  G03           -2.116079   0.803654   -2.633    96     0.010
  CFB_47A,  G04           -1.301131   0.448822   -2.899    96     0.005
For      HISEI slope, B1
  INTRCPT2, G10            0.123075   0.018997    6.479    99     0.000
  ATBGDIF,  G11            0.148180   0.062763    2.361    99     0.020
For   KFT_ALL slope, B2
  INTRCPT2, G20            0.573566   0.040432   14.186  1853     0.000
For D_MIGR_R slope, B3
  INTRCPT2, G30           -2.896759   0.419914   -6.898  1853     0.000
--------------------------------------------------------------------------
```

```
Final estimation of variance components:
--------------------------------------------------------------------------
Random Effect          Standard    Variance     df   Chi-square  P-value
                       Deviation   Component
--------------------------------------------------------------------------
INTRCPT1,      U0       0.63951     0.40898      96   111.35642   0.135
  HISEI slope, U1       0.06655     0.00443      99   121.01112   0.066
  level-1,     R        7.32772    53.69543
--------------------------------------------------------------------------
```

Zusammengefasst ergibt sich für die Erklärung der Lesekompetenz das in Abbildung 13 grafisch dargestellte Modell.

Abbildung 13: Mehrebenen-Modell zur Erklärung der Lesekompetenz für
Schulklassen mit einer durchschnittlich niedrigen Lesekompetenz
(unteres Terzil)

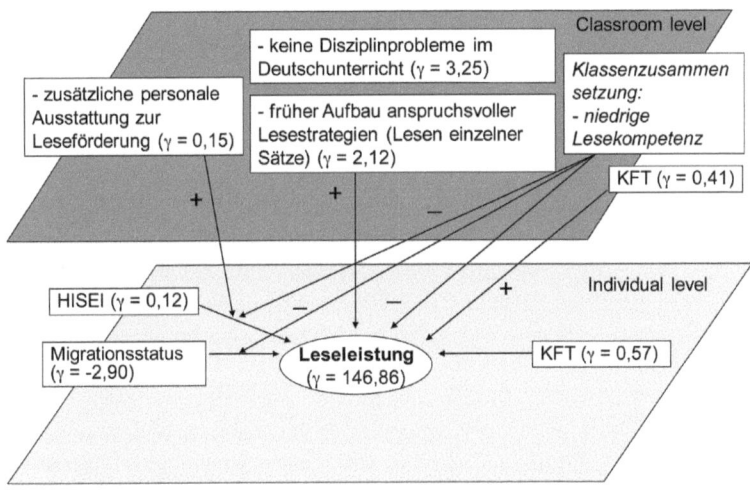

Interpretation und Zusammenfassung

Mit Hinblick auf die Forschungsfrage 3 dieser Arbeit *(Lassen sich spezielle Unterrichtsmodelle identifizieren, in Abhängigkeit von der Zusammensetzung von
Schulklassen (nach der Lesekompetenz sowie nach dem sozio-ökonomischen Hintergrund und Migrationsstatus), die sich als positiver im Hinblick auf die Lesekompetenz (Intercept) erweisen und welche die Kopplung von Lesekompetenz und
sozioökonomischem Status der Elternhäuser (Regressionssteigung) besser verringern können, als das für die Gesamtpopulation entwickelte und auf die Subpopulationen übertragene Gesamtmodell?)* sollen im Folgenden die zentralen Befunde
des zuvor vorgestellten Mehrebenen-Modells zur Erklärung der Lesekompetenz
interpretiert und zusammengefasst werden.

Wie aus dem Befund der One-Way Anova zu Beginn dieses Kapitels hervor
ging, liegt in dieser Population ein Großteil der Varianz der Lesekompetenz (97 %)
auf der Individualebene (Varianz zwischen Schülern innerhalb der Klassen). 3 %
der Varianz der Lesekompetenz entfallen auf die Klassenebene (Varianz zwischen
Klassen innerhalb der Schulen).

Das in Tabelle 23 dargestellte Endmodell lässt sich wie folgt zusammenfassend interpretieren:

Intercept-as-Outcome-Model

In den *Schulklassen mit einer durchschnittlich niedrigen Lesekompetenz (unteres Terzil)* erweist sich ein von Disziplin geprägter Deutschunterricht (SFK_6_1) als signifikant positiv im Hinblick auf die Lesekompetenz. Das Betagewicht ist mit γ = 3,25 deutlich größer als im übertragen Gesamtmodell (γ = 2,47) (vgl. Kap. 5.2.2). Das lässt darauf schließen, dass ein strukturierter, von Disziplin geprägter Deutschunterricht in dieser Subpopulation noch bedeutsamer ist als in der Gesamtpopulation.

Konform mit dem Befund des übertragenen Gesamtmodells für diese Subpopulation sollte mit dem Aufbau von Lesestrategien und Lesefertigkeiten im Bezug auf das Lesen einzelner Sätze (ACBGME4) auch so früh wie möglich begonnen werden. Hier ist das Betagewicht mit γ = 2,12 größer als im übertragen Gesamtmodell (γ = 1,34).

Der frühe Aufbau von Lesestrategien und Lesefertigkeiten (Lesen einzelner Sätze, ACBGME4) ist in dieser Subpopulation von größerer Bedeutung als in der Gesamtpopulation. Die basale Fähigkeit des Kennenlernens von Zusammenhängen zwischen Buchstaben und Lauten (ACBGME2) zeigt in dieser Subpopulation hingegen keinen Effekt, obwohl es sich um die 33,3 % Schülerinnen und Schüler in Schulklassen mit der im Durchschnitt niedrigsten Lesekompetenz handelt. Dieser Befund steht zunächst im Gegensatz zum Stufenentwicklungsmodell nach Frith (1985; 1986), da es sich bei dieser Subpopulation um die 33,3 % Schülerinnen und Schüler in Schulklassen der Gesamtpopulation mit der durchschnittlich niedrigsten Lesekompetenz handelt.

Die Schülerinnen und Schüler dieser Schulklassen wären nach Frith's Modell (ebd.) der *logographischen Stufe* zuzuordnen. Danach müsste die basale Fähigkeit des Kennenlernens von Zusammenhängen zwischen Buchstaben und Lauten (ACBGME2) einen positiven Effekt auf den Lesekompetenzerwerb haben.

Vermutlich begründen sich jedoch die zuvor vorgestellten Befunde (ACBGME2 & 4) in der Zusammensetzung der Schülerschaft, denn diese Subpopulation besteht zwar aus den 33,3 % Schülerinnen und Schülern in Schulklassen mit der durchschnittlich niedrigsten Lesekompetenz, jedoch weisen diese Klassen keinen unterdurchschnittlich niedrigen sozioökonomischen Hintergrund oder einen überdurchschnittlich ausgeprägten Migrationshintergrund auf.

In Kapitel 5.2.5 soll dies anhand der Subpopulation mit den 33,3 % Schülerinnen und Schülern in Schulklassen mit dem durchschnittlich niedrigsten sozioökonomischen Hintergrund und mit dem gleichzeitig ausgeprägtesten Migrationshintergrund überprüft werden.

Die *Kopplung zwischen HISEI und Lesekompetenz (Slope-as-Outcome-Model)* kann verringert werden, wenn den Lehrkräften eine zusätzliche personale Ausstattung (spezielle Lehrkräfte, Hilfslehrer, andere Erwachsene) zur Leseförderung zur Verfügung steht, insbesondere um Schülern zu helfen, denen das Lesen schwer fällt (ATBGDIF).

Weiterhin wird deutlich, dass der Intercept Lesekompetenz in dieser Subpopulation (Schülerschaft mit durchschnittlich niedriger Lesekompetenz) unter der Kontrolle aller Prädiktoren niedriger ist (γ = 146,86), als in der Gesamtpopulation, der gleiche Effekt zeigt sich für die Kopplung zwischen dem Migrationsstatus und dem Lesekompetenzscore (γ = -2,90), die sozialen Disparitäten sind in dieser Subpopulation diesbezüglich also ausgeprägter.

Die Kopplung zwischen dem HISEI und dem Lesekompetenzscore ist hier jedoch nur geringfügig ausgeprägter als in der Gesamtpopulation (γ = 0,006), was auf die besondere Modellierung zurückzuführen sein könnte, und somit auf die Bedeutung der zusätzlichen personalen Ausstattung zur Leseförderung verweist. Die Überprüfung der Kausalität dieser Annahme bedarf jedoch zusätzlicher Analysen.

Im Vergleich zum Gesamtmodell, das auf diese Subpopulation übertragen wurde (vgl. Kap. 5.2.2), ist es mit dem eigens für diese Subpopulation entwickelten Modell zum einen gelungen, den „Reliability Estimate" zu verbessern. Die Parametervarianzen für Intercept und Slope sind mit rund 12 % (Intercept) und 17 % (Slope) auf einem deutlich besseren Niveau (Cheung & Keeves, 1990, S. 294). Zum anderen konnte dieses Modell sparsamer gestaltet werden, was eine der Prämissen bei der Mehrebenenmodellierung darstellt (King, 1989).

Wie aus den Zufallseffekten hervorgeht, variieren die Regressionssteigung HISEI sowie der Intercept nach Übertragung des Gesamtmodells nicht mehr signifikant zwischen den Schulklassen. Das bedeutet, dass sich der Intercept, das heißt der Achsenabschnitt und damit das Niveau der Lesekompetenz, nicht mehr signifikant zwischen den untersuchten Klassen unterscheidet. Für die Regressionssteigung HISEI bedeuten die Zufallseffekte, dass die Kopplung zwischen dem sozioökonomischen Hintergrund (operationalisiert durch den HISEI) und der Lesekompetenz nicht mehr signifikant zwischen den untersuchten Klassen variiert.

Das speziell für diese Subpopulation entwickelte Modell erklärt somit die im Baseline Modell festgestellte Varianz auf Klassenebene, und konnte gleichzeitig sparsamer modelliert werden. Zudem wurde mit diesem Modell deutlich, dass Aspekte wie ein von Disziplin geprägter Deutschunterricht und der frühe Aufbau von

Lesestrategien und Lesefertigkeiten beim Lesen einzelner Sätze ein noch größeres Gewicht in dieser Subpopulation haben, als in der Gesamtpopulation.

Wie zusammenfassend zu Kapitel 2 festgestellt wurde, ist die Thematik adäquater Unterrichtskonzepte und -merkmale zur kognitiven Förderung, insbesondere unter Berücksichtigung der Klassenzusammensetzung (z.b. nach Migrationshintergrund oder sozioökonomischen Hintergrund), bislang noch weitestgehend unerforscht. Derartige Analysen werden in der einschlägigen Literatur postuliert (vgl. z.B. Lankes, 2004, S. 567). Dieser Forderung soll auch im folgenden Kapitel Rechnung getragen werden.

Während das Modell in diesem Kapitel für die Subpopulation entwickelt wurde, die aus den 33,3 % Schülerinnen und Schülern in Schulklassen mit einer durchschnittlich niedrigen Lesekompetenz besteht, soll im folgenden Kapitel ein Modell für die Subpopulation entwickelt werden, die aus den 33,3 % Schülerinnen und Schülern in Schulklassen mit dem durchschnittlich niedrigsten sozioökonomischen Hintergrund und mit dem gleichzeitig ausgeprägtesten Migrationshintergrund besteht.

5.2.5 Entwicklung eines Modells für Klassen mit einem durchschnittlich niedrigen sozioökonomischen Hintergrund und mit ausgeprägtem Migrationshintergrund

Um der dritten Forschungsfrage dieser Arbeit gerecht werden zu können (vgl. Kap. 3), und um dem Postulat der einschlägigen empirischen Forschung gerecht zu werden (vgl. Kap. 2), soll auch in diesem Kapitel überprüft werden, ob sich Unterrichtsmodelle, die speziell für Subgruppen mit bestimmten Klassenzusammensetzungen entwickelt wurden, als positiver im Hinblick auf den Lesekompetenzerwerb erweisen, als das in Kapitel 5.2.1 für die Gesamtpopulation entwickelte Gesamtmodell, das in den Kapiteln 5.2.2 und 5.2.3 auf die Subpopulationen übertragen wurde.

Da im Fokus dieser Arbeit unter anderem der Zusammenhang des sozioökonomischen Hintergrundes von Schülerinnen und Schülern und deren Lesekompetenz steht, soll im Folgenden speziell für die Subgruppe der Schulklassen mit dem durchschnittlich am höchsten belasteten HISEI und mit dem ausgeprägtesten Migrationshintergrund ein Modell zur Erklärung der Varianz der Lesekompetenz entwickelt werden.

Wie aus Kapitel 5.2.3 hervorging, waren nicht alle der Prädiktoren des Gesamtmodells signifikant, das auf diese Subpopulation übertragen wurde. Da es eine der Prämissen bei der Entwicklung von Mehrebenenmodellen ist, Modelle so sparsam wie möglich zu gestalten (King, 1989), soll im Folgenden bei der Modellentwicklung für die Subpopulation versucht werden, dies zu berücksichtigen. Darüber hinaus zeigte der „Reliability Estimate", der eine Angabe zum Verhältnis der Anteile der Parameter- und der Fehlervarianz im Modell macht, dass die Parametervarianz der Regressionssteigung HISEI nur rund 4 % betragen hat (auf Subpopulation übertragenes Gesamtmodell). Dies ist ein Hinweis darauf, dass der „Fit" der Prädiktoren des übertragenen Gesamtmodells, und damit dessen Güte, für diese Subpopulation nur gering ist (vgl. Cheung & Keeves, 1990, S. 294). Somit begründet sich die Entwicklung eines Modells zur Erklärung der Varianz der Lesekompetenz speziell für diese Subpopulation nicht nur aus dem Forschungsstand, sondern auch aus der methodischen Perspektive.

Wie in Kapitel 4.3 ausführlich erläutert, wurde aus der Gesamtstichprobe die Subgruppe der 33,3 % Schülerinnen und Schüler in Schulklassen mit dem durchschnittlich am höchsten belasteten HISEI und mit dem ausgeprägtesten Migrationshintergrund gebildet. Zu dieser Subpopulation zählen 61 Schulklassen mit 1088 Schülerinnen und Schülern.

One-Way Anova

(Baseline Model)

Um klären zu können, inwiefern die Klassenzugehörigkeit dazu beitragen kann, die Lesekompetenz der Schülerinnen und Schüler durch Variablen auf Klassenebene zu erklären, wurde zunächst eine One-Way Anova gerechnet, mit deren Hilfe bestimmt werden kann, welche Varianzanteile auf Unterschiede innerhalb der Klassen und zwischen den Klassen zurückzuführen sind (Bryk & Raudenbush, 1992; Ditton, 2002).

Das Ergebnis der One-Way Anova zeigt, dass in Schulklassen mit dem am höchsten belasteten HISEI und mit dem ausgeprägtesten Migrationshintergrund ein Großteil der Varianz der Lesekompetenz (90 %) auf Unterschiede zwischen den Schülerinnen und Schülern zurückzuführen ist. 10 % der Varianz der Lesekompetenz entfallen auf Unterschiede zwischen den Schulklassen. Beide Varianzanteile sind signifikant.

Entwicklung des Subgruppen-Modells

Um zu überprüfen, welche Effekte Unterrichtsaspekte auf die Lesekompetenz und auf die Kopplung zwischen HISEI und Lesekompetenz haben, soll ein Modell zur Erklärung der Varianz der Lesekompetenz speziell für diese Subpopulation entwickelt werden.

Das Subgruppen-Modell wurde konform zur Vorgehensweise in Kapitel 5.2.1 schrittweise entwickelt (zur Vorgehensweise vgl. auch Ditton, 1998; Janke, 2006). Die Auswahl der Variablen erfolgte zum einen theoriegeleitet und zum anderen basierend auf dem aktuellen Forschungsstand (vgl. Kap. 2).

Mit Hinblick auf eine übersichtliche, lesefreundliche Gestaltung wird auf die Darstellung einiger Zwischenschritte der Modellentwicklung verzichtet.

Aus den Zufallseffekten des *Random-Coefficients Regression Models* geht hervor, dass die Regressionssteigungen des HISEI, des KFT-Scores und des Migrationsstatus nicht signifikant zwischen den Schulklassen variieren.

Um das Modell so sparsam wie möglich zu halten, wurden die Fehlerterme für die Parameter mit den nicht signifikant variierenden Regressionssteigungen fixiert. Die Fehlerterme werden für diese Parameter nicht weiter geschätzt. Aus diesem Grund ergeben sich auch die unterschiedlichen Freiheitsgrade, denn die durchschnittlichen Werte für die Regressionssteigungen HISEI, KFT-Score und Migrationsstatus werden nicht auf Basis der Klassen, sondern auf Grundlage aller Schülerinnen und Schüler der Subpopulation berechnet. Daher sind die zugrunde liegenden Freiheitsgrade für diese Regressionssteigungen viel höher als für den Intercept, bei dem die Parameter basierend auf den Klassen geschätzt werden, da die entsprechenden Klasseneffekte in die Parameterschätzung einfließen.

Nach schrittweiser Fixierung der nichtsignifikanten Regressionssteigungen ergibt sich das in Tabelle 24 dargestellte *Random-Coefficients Regression Model*.

Tabelle 24: Ergebnisse des Subgruppenmodells für die Lesekompetenz mit erklärenden Variablen auf Individualebene und fixierten Regressionssteigungen

Fixed Effect	Coefficient	Standard Error	T-ratio	Approx. d.f.	P-value
For INTRCPT1, B0					
INTRCPT2, G00	147.776899	0.578979	255.237	60	0.000
For HISEI slope, B1					
INTRCPT2, G10	0.126360	0.030081	4.201	1084	0.000
For KFT_ALL slope, B2					
INTRCPT2, G20	0.578128	0.047176	12.255	1084	0.000
For D_MIGR_R slope, B3					
INTRCPT2, G30	-3.232582	0.564752	-5.724	1084	0.000

Final estimation of variance components:

Random Effect		Standard Deviation	Variance Component	df	Chi-square	P-value
INTRCPT1,	U0	3.20380	10.26434	60	240.31869	0.000
level-1,	R	7.44034	55.35864			

Wie aus den Zufallseffekten hervorgeht, variiert der Intercept signifikant zwischen den Schulklassen. Das bedeutet, dass sich der Intercept, das heißt der Achsenabschnitt und damit das Niveau der Lesekompetenz, signifikant zwischen den untersuchten Klassen unterscheidet.

Im Folgenden werden die Befunde des Subgruppen-Endmodells *(Intercept-as-Outcome-Model)* dargestellt und anschließend interpretiert.

Intercept-as-Outcome-Model

In den Schulklassen mit dem am höchsten belasteten HISEI und mit dem ausgeprägtesten Migrationshintergrund erweist sich, wie auch beim Modell für die Gesamtpopulation, eine angemessene, adaptive Geschwindigkeit, mit der die Schülerinnen und Schüler lernen können als noch bedeutsamer als die alleinige Differenzierung durch unterschiedliches Material (ATBGUMAT). Das Betagewicht bewegt sich hier mit $\gamma = 1,17$ auf einem ähnlichen Niveau wie im übertragen Gesamtmodell ($\gamma = 1,23$). Ein von Ordnung und Disziplin geprägtes Schulklima (ATGORD01; Lehreraussagen) erweist sich in dieser Subpopulation als positiv im Hinblick auf die Lesekompetenz ($\gamma = 1,49$), ebenso ein von Disziplin geprägter Deutschunterricht (SFK_6_1) ($\gamma = 1,91$) sowie die Nachbereitung von Texten im Unterricht (ATBGASK) ($\gamma = 1,71$). Beim häufigen Anwenden von Methoden im Rechtschreibunterricht mit einem Fokus auf das selbstständige Arbeiten der Schülerinnen und Schüler (ATDTUN) ist in dieser Subpopulation hingegen kein positiver Zusammenhang im Hinblick auf die Lesekompetenz ($\gamma = -1,03$) festzustellen. Zudem wurden die auf Individualebene signifikanten Prädiktoren auf Klassenebene aggregiert, und als Prädiktoren auf Ebene 2 eingeführt. Hier zeigt sich ein signifikant positiver Zusammenhang der auf Klassenebene aggregierten Variablen HISEI und KFT zur Lesekompetenz. Konform mit dem Befund des übertragenen Gesamtmodells für diese Subpopulation sollte mit dem Aufbau von Lesestrategien und Lesefertigkeiten im Bezug auf das Kennenlernen von Zusammenhängen zwischen Buchstaben und Lauten (ACBGME2) so früh wie möglich begonnen werden. Hier ist das Betagewicht mit $\gamma = 6,39$ größer und zudem signifikant, im Vergleich zum auf die Subpopulation übertragenen Gesamtmodell ($\gamma = 5,32$), wo dieser Prädiktor nur tendenziell signifikant war ($p < 10 \%$) (vgl. Tab. 25).

Tabelle 25: Subgruppen-Modell zur Erklärung der Lesekompetenz für
Schulklassen mit dem durchschnittlich am höchsten belasteten
HISEI und mit dem ausgeprägtesten Migrationshintergrund unter
Hinzunahme signifikanter erklärender Unterrichtsvariablen auf
Aggregatebene (zur Erklärung der Varianz der Intercepts)

```
----------------------------------------------------
Random level-1 coefficient   Reliability estimate
----------------------------------------------------
INTRCPT1, B0                        0.206
----------------------------------------------------
```

```
--------------------------------------------------------------------------
                                        Standard            Approx.
    Fixed Effect            Coefficient Error      T-ratio  d.f.    P-value
--------------------------------------------------------------------------
For        INTRCPT1, B0
    INTRCPT2, G00           146.926614  0.381769   384.857   52     0.000
    ATBGUMAT, G01            -1.171054  0.423518    -2.765   52     0.008
    ATGORD01, G02            -1.491518  0.405906    -3.675   52     0.001
    ATBGASK, G03              1.714411  0.476109     3.601   52     0.001
    ATDTUN, G04              -1.025767  0.486024    -2.111   52     0.039
    HISEI_ME, G05             0.518182  0.125284     4.136   52     0.000
    KFT_ALL, G06              0.436803  0.150194     2.908   52     0.006
    SFK_6_1, G07             -1.911978  0.740867    -2.581   52     0.013
    ACBGME2, G08             -6.389405  2.275116    -2.808   52     0.007
For    HISEI slope, B1
    INTRCPT2, G10             0.129695  0.030297     4.281  1076     0.000
For    KFT_ALL slope, B2
    INTRCPT2, G20             0.580586  0.047275    12.281  1076     0.000
For D_MIGR_R slope, B3
    INTRCPT2, G30            -2.951588  0.540495    -5.461  1076     0.000
--------------------------------------------------------------------------
```

```
Final estimation of variance components:
-----------------------------------------------------------------------
Random Effect        Standard       Variance     df   Chi-square P-value
                     Deviation      Component
-----------------------------------------------------------------------
INTRCPT1,    U0       0.92781        0.86083      52   65.79448    0.095
level-1,     R        7.43715       55.31120
-----------------------------------------------------------------------
```

Wie aus den Zufallseffekten hervorgeht, variiert der Intercept im Endmodell nicht
mehr signifikant zwischen den Schulklassen. Das bedeutet, dass sich der Intercept,
das heißt der Achsenabschnitt und damit das Niveau der Lesekompetenz, nicht
mehr signifikant zwischen den untersuchten Klassen unterscheidet. Das eigens für
diese Subpopulation entwickelte Modell hat somit die im Baseline Model festgestellte Varianz auf Klassenebene aufgeklärt.

Im Vergleich zum Gesamtmodell, das auf diese Subpopulation übertragen wurde (vgl. Kap. 5.2.3), ist es mit dem eigens für diese Subpopulation entwickelten Modell zum einen gelungen, das Modell sparsamer zu gestalten, zum anderen ist die im „Reliability Estimate" angezeigte Parametervarianz für den Intercept mit rund 21 % auf einem angemessenen Niveau (Cheung & Keeves, 1990, S. 294).

Zusammengefasst ergibt sich für die Erklärung der Lesekompetenz das in Abbildung 14 grafisch dargestellte Modell.

Abbildung 14: Mehrebenen-Modell zur Erklärung der Lesekompetenz für Schulklassen mit dem durchschnittlich am höchsten belasteten HISEI und mit dem ausgeprägtesten Migrationshintergrund

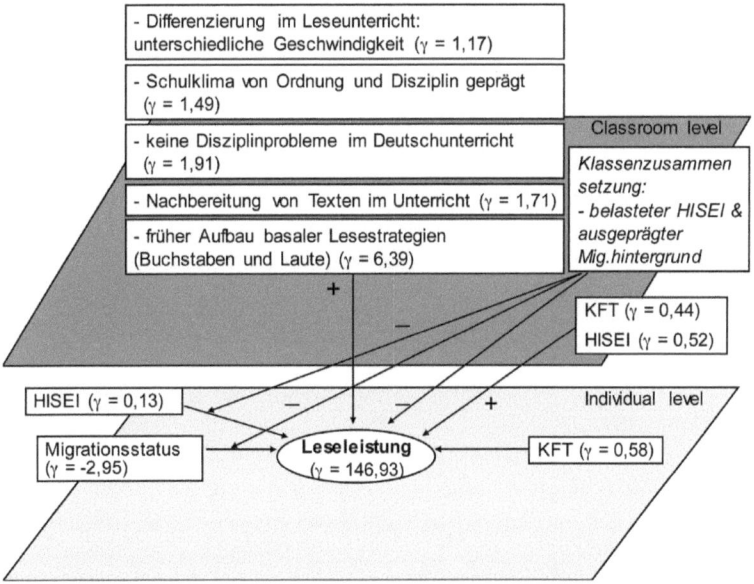

Interpretation und Zusammenfassung

Mit Hinblick auf die Forschungsfrage 3 dieser Arbeit *(Lassen sich spezielle Unterrichtsmodelle identifizieren, in Abhängigkeit von der Zusammensetzung von Schulklassen (nach der Lesekompetenz sowie nach dem sozioökonomischen Hintergrund und Migrationsstatus), die sich als positiver im Hinblick auf die Lesekompetenz (Intercept) erweisen und welche die Kopplung von Lesekompetenz und sozioökonomischem Status der Elternhäuser (Regressionssteigung) besser verringern können, als das für die Gesamtpopulation entwickelte und auf die Subpopulationen übertragene Gesamtmodell?)* sollen im Folgenden die zentralen Befunde des zuvor vorgestellten Mehrebenen-Modells zur Erklärung der Lesekompetenz interpretiert und zusammengefasst werden.

Wie aus dem Befund der One-Way Anova zu Beginn dieses Kapitels hervorging, fällt in der Gesamtpopulation ein Großteil der Varianz der Lesekompetenz (90 %) auf die Individualebene (Varianz zwischen Schülern innerhalb der Klassen). 10 % der Varianz der Lesekompetenz entfallen auf die Klassenebene (Varianz zwischen Klassen innerhalb der Schulen).

Wie aus dem *Random-Coefficients Regression Model* hervor ging, variiert lediglich der Intercept HISEI signifikant (0,01%-Niveau) zwischen den Schulklassen. Das nicht signifikante Variieren der Regressionssteigungen HISEI, KFT und Migrationsstatus kann damit erklärt werden, dass es sich bei der Subpopulation um die 33,3% Schülerinnen und Schüler mit dem niedrigsten HISEI und dem ausgeprägtesten Migrationsstatus handelt. Somit liegt im Hinblick auf die Kriterien Migrationsstatus und HISEI eine relativ homogene Population vor, aus der sich die geringe Heterogenität bzw. Varianz hinsichtlich dieser Regressionssteigungen begründet.

Das in Tabelle 25 dargestellte Endmodell lässt sich wie folgt zusammenfassend interpretieren:

Intercept-as-Outcome-Model

Es fällt auf, dass in dieser Subpopulation insbesondere der frühe Aufbau von Lesestrategien und Lesefertigkeiten im Bezug auf das Kennenlernen von Zusammenhängen zwischen Buchstaben und Lauten (ACBGME2) einen gewichtigen Effekt hat ($\gamma = 6,39$). Dieser Befund ist konform zum Stufenentwicklungsmodell nach Frith (1985; 1986), da es sich bei dieser Subpopulation um die 33,3 % Schülerinnen und Schüler in Schulklassen mit dem durchschnittlich niedrigsten sozioökonomischen Hintergrund und mit dem gleichzeitig ausgeprägtesten Migrationshintergrund handelt, und eine solche Schülerschaft nach Frith der untersten, logographischen Stufe zuzuordnen wäre, welche wiederum durch eine basale, niedrigschwellige Lesekompetenzförderung, wie z.B. ACBGME2, zu fördern wäre.

Die im Interpretationsteil von Kapitel 5.2.4 geäußerte Hypothese, dass die Zuordnung von Schülerinnen und Schülern zur untersten, *logographischen Stufe* im Zusammenhang steht mit der Zusammensetzung der Schülerschaft nach deren sozioökonomischen Hintergrund und nach deren Migrationshintergrund, wird durch den zuvor vorgestellten Befund (ACBGME2) für diese Subpopulation untermauert. Die Kausalität dieser Hypothese muss jedoch durch eine längsschnittliche Untersuchung überprüft werden.

Bei einem von Ordnung und Disziplin geprägten Schulklima (ATGORD01) ($\gamma = 1,49$) sowie bei einem von Disziplin geprägten Deutschunterricht (SFK_6_1) ($\gamma = 1,91$) sind in dieser Subpopulation positive Zusammenhänge zur Lesekompetenz festzustellen. Zudem zeigt sich, dass sich eine angemessene, adaptive Geschwindigkeit, mit der die Schülerinnen und Schüler lernen können, als noch positiver im Hinblick auf die Lesekompetenz erweist, als die alleinige Differenzierung durch unterschiedliches Material (ATBGUMAT; $\gamma = 1,17$).

Weiterhin wird deutlich, dass der Intercept Lesekompetenz in dieser Subpopulation (Schülerschaft mit belastetem HISEI und Migrationsstatus) unter der Kontrolle aller Prädiktoren niedriger ist ($\gamma = 146,92$), als in der Gesamtpopulation. Der gleiche Effekt zeigt sich für die Kopplung zwischen dem Migrationsstatus und dem Lesekompetenzscore ($\gamma = -2,95$), die sozialen Disparitäten sind in dieser Subpopulation diesbezüglich also erwartungsgemäß stärker ausgeprägt als im Modell für die Gesamtpopulation ($\gamma = -2,17$). Die Kopplung zwischen dem HISEI und dem Lesekompetenzscore ist hier jedoch nur geringfügig ausgeprägter ($\gamma = 0,13$) als in der Gesamtpopulation ($\gamma = 0,12$).

In der folgenden Zusammenfassung sollen die zentralen Befunde dieser Arbeit im Hinblick auf die forschungsleitenden Fragestellungen zusammengefasst, kritisch diskutiert und reflektiert werden. Abschließend sollen Forschungsdesiderate formuliert werden.

6. Zusammenfassung und kritische Diskussion der Ergebnisse

Diese Arbeit soll einen Beitrag dazu leisten, unterrichtliche Konzeptionen, Strategien und Methoden zu identifizieren, die insbesondere zur besseren kognitiven Förderung von Schülerinnen und Schülern aus sozioökonomisch benachteiligten familiären Verhältnissen beitragen können. Daher war die zentrale Fragestellung für diese Arbeit, ob eine elaborierte Unterrichtsqualität dazu beitragen kann, die Lesekompetenz (Intercept) zu verbessern sowie die Kopplung von Lesekompetenz und sozioökonomischen Status der Elternhäuser (Regressionssteigung) zu verringern. Die zur Beantwortung dieser Fragestellung durchgeführten Mehrebenenanalysen wurden zum einen mit der Gesamtpopulation gerechnet, zum anderen mit Subpopulationen, die in Abhängigkeit von der durchschnittlichen Lesekompetenz sowie vom durchschnittlichen sozioökonomischen Hintergrund und vom Migrationsstatus gebildet wurden.

Für die Interpretation der Befunde dieser Arbeit muss berücksichtigt werden, dass diese nicht kausal zu interpretieren sind, da im Rahmen dieser Arbeit die Querschnittsdaten der IGLU-Studie 2001 reanalysiert wurden. Vielmehr werden Zusammenhänge dargestellt, die als Ausgangspunkt für Kausalanalysen dienen können, welche insbesondere durch die Ergebnisse für die Subpopulationen indiziert sind.

Im Hinblick auf die *Gesamtpopulation* lautet die Antwort auf die zentrale Fragestellung, dass zwar deutlich wird, dass eine elaborierte Unterrichtsqualität vor allem zur Verringerung der Kopplung zwischen der Lesekompetenz und dem sozioökonomischen Status der Elternhäuser (Regressionssteigung) beitragen kann, dass die Betagewichte hier jedoch tendenziell gering sind, was auch konform mit aktuellen empirischen Befunden methodisch ähnlich gelagerter Analysen ist (Boonen, Van Damme & Onghena, 2010). Für die *Subpopulationen* sind die Befunde hingegen etwas deutlicher. Hier zeigt sich, dass der Einsatz bestimmter Unterrichtsaspekte zu mittleren Effekten führt, das heißt dass die Implementation dieser Aspekte in den Unterricht zu einer Verbesserung der Lesekompetenz mit einem praktischen Kompetenzunterschied von mehr als einem halben Schuljahr führen kann.

6.1 Beantwortung der Forschungsfragen

Die in Kapitel 3 formulierten forschungsleitenden Fragen für diese Arbeit, die in Kapitel 5 ausführlich bearbeitet wurden, sollen an dieser Stelle noch einmal zusammenfassend beantwortet werden. Im folgenden Kapitel (6.2) werden die zentralen Befunde diskutiert und reflektiert.

1. *Welche pädagogischen Gestaltungsansätze und Konzeptionen in Unterricht und Schule und welche inneren Organisationsformen lassen sich identifizieren, um die Lesekompetenz (Intercept) zu verbessern sowie die Kopplung von Lesekompetenz und sozioökonomischem Status der Elternhäuser (Regressionssteigung) zu verringern?*

Aus den Analysen ging hervor, dass in der Gesamtpopulation eine elaborierte Unterrichtsqualität vor allem zur Verringerung der Kopplung von Lesekompetenz und sozioökonomischen Status der Elternhäuser (Regressionssteigung) beitragen kann. Hier konnte die Varianz der Kopplung zwischen dem HISEI und der Lesekompetenz trotz geringer Betagewichte der Prädiktoren vollständig erklärt werden.

Im Intercept-as-Outcome-Model wurde deutlich, dass zwischen einer elaborierten Unterrichtsqualität und der Lesekompetenz der Schülerschaft auch ein positiver Zusammenhang besteht, jedoch konnte die Varianz des Intercepts mit Hilfe der Unterrichtsaspekte nicht vollständig erklärt werden. Dies ist ein Indiz dafür, dass auch andere Aspekte, die nicht im Fokus dieser Arbeit standen, von Bedeutung für die Lesekompetenz sind.

Zentrale Befunde für das Intercept-as-Outcome-Model

Als zentrale pädagogische Gestaltungsansätze und Konzeptionen für das Intercept-as-Outcome-Model im Hinblick auf die Entwicklung der Lesekompetenz in der Gesamtpopulation erwiesen sich das häufige Stattfinden von Leseaktivitäten im Unterricht und der frühe Aufbau von anspruchsvollen Lesestrategien und Lesefertigkeiten, wie das Lesen einzelner Sätze, als positiv.

Es zeigte sich außerdem, dass ein disziplinierter, strukturierter Ablauf im Deutschunterricht sowie eine positive Einschätzung der Schule seitens der Schüler als „Umweltmerkmal" positive Effekte auf die Lesekompetenz haben können.

Die in der Literatur oft postulierte positive Wirkung der Praxis der inneren Differenzierung im Unterricht (vgl. z.B. Ditton, 2007), operationalisiert durch die „Differenzierung im Leseunterricht" sowie durch die „Differenzierung durch unterschiedliches Material", weist zwar einen positiven Zusammenhang zur Lesekompetenz auf, jedoch sind die Beta-Gewichte jeweils deutlich geringer, als bei den zuvor aufgezählten Aspekten.

Besonders interessant ist dabei das Ergebnis, dass es für eine Implementierung einer inneren Differenzierung nicht zwingend notwendig sein muss, unterschiedliche Lehrpläne oder unterschiedliche Unterrichtsanweisungen einzusetzen, sondern dass es ausreichend sein kann, den Schülern unterschiedliche Zeitvorgaben zu machen, in Abhängigkeit von deren Fähigkeitsniveau. Die Aspekte der Differenzierung und der Disziplin werden im folgenden Kapitel (6.2) noch einmal aufgegriffen und näher reflektiert.

Zentrale Befunde für das Slope-as-Outcome-Model (Regressionssteigung HISEI)

Als zentrale pädagogische Gestaltungsansätze und Konzeptionen zur Verringerung der Kopplung zwischen dem HISEI und der Lesekompetenz (Regressionssteigung) in der Gesamtpopulation erwiesen sich das häufige Nachbereiten von Texten im Unterricht und die frühe Entwicklung basaler Lesefertigkeiten / Lesestrategien, wie das Erkennen von Zusammenhängen zwischen Buchstaben und Lauten.

Zudem zeigte sich, dass die Kopplung zwischen dem HISEI und der Lesekompetenz verringert werden kann, je mehr Unterrichtsstunden in der 4. Jahrgangsstufe wöchentlich im Fach Deutsch erteilt werden und je intensiver im Kollegium kommuniziert und kooperiert wird.

Die Bedeutung der Entwicklung von Lesefertigkeiten / Lesestrategien wird im folgenden Kapitel (6.2) noch einmal aufgegriffen und näher reflektiert.

2. *Welche Zusammenhänge zeigen sich zwischen diesen pädagogischen Gestaltungsansätzen in Klassen mit unterschiedlicher Schülerzusammensetzung (in Abhängigkeit von der durchschnittlichen Lesekompetenz sowie vom durchschnittlichen sozioökonomischen Hintergrund und Migrationsstatus) im Hinblick auf die Lesekompetenz (Intercept) und auf die Kopplung von Lesekompetenz und sozioökonomischem Status der Elternhäuser (Regressionssteigung)?*

Um festzustellen, welche Effekte die pädagogischen Gestaltungsansätze des für die Gesamtpopulation entwickelten Modells in Subpopulationen mit unterschiedlichen Schülerzusammensetzungen haben, wurde das für die Gesamtpopulation entwickelte Modell auf Subpopulationen übertragen, die theoriegeleitet und basierend auf den Erkenntnissen des in Kapitel 2 vorgestellten empirischen Forschungsstandes gebildet wurden.

Das Kriterium für die Bildung der ersten Subgruppe war die durchschnittliche Lesekompetenz einer Schulklasse, die im Rahmen der IGLU-Studie gemessen wurde. Die Kriterien für die Bildung der zweiten Subgruppe waren zum einen der durchschnittliche Migrationshintergrund einer Schulklasse, operationalisiert durch den Migrationsstatus beider Elternteile, und zum anderen der durchschnittliche sozioökonomische Hintergrund einer Schulklasse, operationalisiert durch den Highest International Socio-Economic Index of Occupational Status (HISEI).

Befunde für Subgruppen nach Lesekompetenz

Schulklassen mit einer geringen Lesekompetenz (unteres Terzil)

- *Intercept-as-Outcome-Model*

Aus den Analysen für diese Subpopulation ging hervor, dass eine angemessene, adaptive Geschwindigkeit, mit der die Schülerinnen und Schüler lernen können, sich als noch positiver im Hinblick auf die Lesekompetenz erweist, als die alleinige Differenzierung durch unterschiedliches Material. Von noch größerer Bedeutung für die Lesekompetenz sind jedoch das häufige Stattfinden von Leseaktivitäten im Unterricht sowie ein von Disziplin geprägter Deutschunterricht (SFK_6_1).

Interessant im Hinblick auf den Aspekt der Disziplin im Deutschunterricht (SFK_6_1) ist die Tatsache, dass dessen Beta-Gewicht in dieser Subpopulation (Klassen mit durchschnittlich niedriger Lesekompetenz) größer ist (2,47) als in der Gesamtpopulation (1,61). Demnach ist ein von Disziplin geprägter Deutschunterricht in Klassen mit einer durchschnittlich niedrigen Lesekompetenz noch wichtiger im Hinblick auf den Lesekompetenzerwerb.

- *Slope-as-Outcome-Model (Regressionssteigung HISEI)*

Zur Verringerung der Kopplung zwischen dem HISEI und der Lesekompetenz kann lediglich der frühe Aufbau von Lesestrategien und Lesefertigkeiten im Bezug auf das Vergleichen von Texten mit persönlichen Erfahrungen (ACBGME8) einen signifikanten Beitrag leisten. Das Betagewicht dieses Koeffizienten ist jedoch nur gering.

Schulklassen mit einer hohen Lesekompetenz (oberes Terzil)

- *Intercept-as-Outcome-Model*

In dieser Subpopulation erweist sich das Vorhandensein einer Bibliothek als gewichtigster Aspekt im Hinblick auf den Lesekompetenzerwerb. Zudem ist das Niveau der Lesekompetenz in dieser Subpopulation auf einem höheren Niveau als das im unteren Terzil und das in der Gesamtpopulation. Die Schülerinnen und Schüler in dieser Subpopulation scheinen das Potential von Bibliotheken also besser nutzen zu können, so dass das Vorhandensein einer Bibliothek einen positiven Effekt auf deren Lesekompetenzerwerb hat.

Anders als in der Gesamtpopulation und im unteren Terzil zeigt sich in Schulklassen mit einer durchschnittlich hohen Lesekompetenz ein von Disziplin geprägter Deutschunterricht als nur tendenziell signifikanter Prädiktor.

- *Slope-as-Outcome-Model (Regressionssteigung HISEI)*

Die Befunde für das Slope-as-Outcome-Model in dieser Subpopulation deuten darauf hin, dass die Kopplung zwischen dem HISEI und der Lesekompetenz geringer wird, je mehr Unterrichtsstunden in der 4. Jahrgangsstufe wöchentlich im Fach Deutsch erteilt werden, je intensiver im Kollegium kommuniziert und kooperiert wird, je früher im Unterricht erstmals ein besonderes Gewicht auf basale Lesefertigkeiten / Lesestrategien wie das Erkennen von Zusammenhängen zwischen Buchstaben und Lauten gelegt wird und je öfter Texte im Unterricht nachbereitet werden.

Ähnlich wie beim Slope-as-Outcome-Model für die Gesamtpopulation wird deutlich, dass von der Kopplung zwischen der Lesekompetenz und dem sozioökonomischen Status der Elternhäuser (operationalisiert durch den HISEI) vor allem Schülerinnen und Schüler betroffen sind, die der logographischen Stufe zuzuordnen sind. Dementsprechend zeigen die Befunde des Slope-as-Outcome-Models an, dass die Kopplung zwischen der Lesekompetenz und dem sozioökonomischen Status der Elternhäuser verringert werden kann, je früher erstmals ein besonderes Gewicht auf die basale Lesefertigkeit / Lesestrategie des Erkennens von Zusammenhängen zwischen Buchstaben und Lauten gelegt wird.

Befunde für Subgruppen nach HISEI und Migrationsstatus

Schulklassen mit dem am höchsten belasteten HISEI und Migrationshintergrund (unteres Terzil)

- *Intercept-as-Outcome-Model*

In dieser Subpopulation erweist sich, konform mit dem Modell für die Gesamtpopulation und mit dem Modell für Schulklassen mit dem durchschnittlich am geringsten belasteten HISEI und Migrationshintergrund (oberes Terzil), die Differenzierung durch unterschiedliches Material als signifikanter Prädiktor im Hinblick auf die Lesekompetenz. Wie auch beim Modell für die Gesamtpopulation wird hier deutlich, dass eine angemessene, adaptive Geschwindigkeit, mit der die Schülerinnen und Schüler lernen können, den positivsten Zusammenhang zum Lesekompetenzerwerb aufweist. Das Betagewicht dieses Prädiktors ist in dieser Subpopulation mit 1,23 jedoch doppelt so groß wie in der Gesamtpopulation (0,60). Damit wird deutlich, dass die Praxis der Differenzierung im Hinblick auf die Lesekompetenz von noch größerer Bedeutsamkeit für Klassen mit belastetem HISEI und ausgeprägtem Migrationshintergrund ist.

Ähnliche Befunde ergeben sich für die Aspekte des von Disziplin geprägten Deutschunterrichts ($\gamma = 3,08$; Gesamtpopulation $\gamma = 1,61$; oberes Terzil $\gamma = 2,00$) und des häufigen Stattfindens von Leseaktivitäten im Unterricht ($p < .10$) ($\gamma = 3,42$; Gesamtpopulation $\gamma = 1,88$; oberes Terzil nicht sign.).

Im Gegensatz zum Modell für die Gesamtpopulation zeigt sich der frühe Aufbau von Lesestrategien und Lesefertigkeiten im Bezug auf das Kennenlernen von Zusammenhängen zwischen Buchstaben und Lauten (ACBGME2) als tendenziell signifikanter Prädiktor ($p < .10$). Dieser hat mit $\gamma = 5,32$ das größte Betagewicht im Intercept-as-Outcome-Model der Subpopulation. Insbesondere mit diesem Befund wird deutlich, dass es sich in dieser Subpopulation um Klassen mit einer „benachteiligten" Schülerschaft handelt, denn im Gegensatz zur Gesamtpopulation hat hier der frühe Aufbau der basalen Fähigkeit des Kennenlernens von Zusammenhängen zwischen Buchstaben und Lauten (ACBGME2) einen positiven Effekt mit einem hohen Betagewicht. Diese Befunde sind konform zum Stufenentwicklungsmodell von Frith (1985; 1986).

Im *Slope-as-Outcome-Model* ergeben sich lediglich tendenziell signifikante Prädiktoren, deren Betagewichte zudem gering sind.

Schulklassen mit dem am geringsten belasteten HISEI und Migrationshintergrund (oberes Terzil)

▪ *Intercept-as-Outcome-Model*

In dieser Subpopulation erweist sich die Differenzierung durch unterschiedliches Material als signifikanter Prädiktor im Hinblick auf die Lesekompetenz. Wie beim Modell für die Gesamtpopulation wird hier deutlich, dass hinsichtlich einer angemessenen, adaptiven Geschwindigkeit, mit der die Schülerinnen und Schüler lernen können, ein positiver Zusammenhang zur Lesekompetenz festzustellen ist. Das Betagewicht dieses Prädiktors ist mit $\gamma = 1,51$ doppelt so groß wie in der Gesamtpopulation ($\gamma = 0,60$).

Auch ein von Disziplin geprägter Deutschunterricht (SFK_6_1) erweist sich in dieser Subpopulation als signifikant positiv im Hinblick auf die Lesekompetenz. Das Betagewicht dieses Prädiktors ist in diesem (oberen) Terzil mit $\gamma = 2,00$ zwar größer als in der Gesamtpopulation ($\gamma = 1,61$), jedoch geringer als im unteren Terzil ($\gamma = 3,08$). Ein von Disziplin geprägter Deutschunterricht ist demnach sowohl in der Gesamtpopulation, als auch für beide Subpopulationen von Bedeutung. Jedoch ist dieser Aspekt für die Klassen des unteren Terzils (durchschnittlich am höchsten belasteter HISEI und Migrationshintergrund) am bedeutsamsten im Hinblick auf die Lesekompetenz.

Konform zum Modell für die Gesamtpopulation und zum Stufenentwicklungsmodell von Frith (1985; 1986), und im Gegensatz zum unteren Terzil hat der frühe Aufbau der basalen Lesestrategie des Kennenlernens von Zusammenhängen zwischen Buchstaben und Lauten keinen förderlichen Effekt auf den Lesekompetenzerwerb. Das größte Betagewicht in dieser Subpopulation hat die intensive Kommunikation und Kooperation im Kollegium.

Auch im *Slope-as-Outcome-Model* ist eine intensive Kommunikation und Kooperation im Kollegium von signifikanter Bedeutung. Hier ist dieser Aspekt der einzig signifikante Prädiktor.

3. *Lassen sich spezielle Unterrichtsmodelle identifizieren, in Abhängigkeit von der Zusammensetzung von Schulklassen (nach der Lesekompetenz sowie nach dem sozioökonomischen Hintergrund und Migrationsstatus), die sich als positiver im Hinblick auf die Lesekompetenz (Intercept) erweisen und welche die Kopplung von Lesekompetenz und sozioökonomischem Status der Elternhäuser (Regressionssteigung) besser verringern können, als das für die Gesamtpopulation entwickelte und auf die Subpopulationen übertragene Gesamtmodell?*

Bei dieser forschungsleitenden Frage waren insbesondere die Subpopulationen von Interesse, die im Hinblick auf die in Kapitel 1 und 2 aufgezeigten sozialen Disparitäten als besonders „benachteiligt" gelten. Laut der in Kapitel 1 und 2 aufgezeigten Befunde, sind dies insbesondere Populationen, die einen benachteiligten sozioökonomischen Hintergrund und einen ausgeprägten Migrationsstatus aufweisen. Daher wurde im Hinblick auf diese forschungsleitende Frage zur Modellierung zum einen die Subgruppe gewählt, die aus den Schulklassen mit dem am höchsten belasteten HISEI und dem gleichzeitig ausgeprägtesten Migrationshintergrund (unteres Terzil) besteht.

Zum anderen war im Hinblick auf diese forschungsleitende Frage die Subpopulation von Interesse, die aus den Schulklassen mit der niedrigsten Lesekompetenz (unteres Terzil) besteht.

Befunde für Subgruppen nach Lesekompetenz

Schulklassen mit einer geringen Lesekompetenz (unteres Terzil)

- *Intercept-as-Outcome-Model*

In den *Schulklassen mit der niedrigsten Lesekompetenz (unteres Terzil)* erweist sich insbesondere ein von Disziplin geprägter Deutschunterricht (SFK_6_1) mit einem Betagewicht von $\gamma = 3{,}25$ als signifikant positiv im Hinblick auf die Lesekompetenz. Das lässt darauf schließen, dass ein strukturierter, von Disziplin geprägter Deutschunterricht in dieser Subpopulation besonders bedeutsam ist. Zudem wird hinsichtlich des frühzeitigen Aufbaus der anspruchsvolleren Lesestrategie und Lesefertigkeit des Lesens einzelner Sätze (ACBGME4) ein positiver Zusammenhang deutlich ($\gamma = 2{,}12$).

Dieser Befund steht zunächst im Gegensatz zum Stufenentwicklungsmodell nach Frith (1985; 1986), da es sich bei dieser Subpopulation um die 33,3 % Schulklassen der Gesamtpopulation mit der durchschnittlich niedrigsten Lesekompetenz handelt. Die Schülerinnen und Schüler dieser Schulklassen wären nach Frith's Modell (ebd.) der *logographischen Stufe* zuzuordnen. Danach müsste in dieser Subpopulation die basale Fähigkeit des Kennenlernens von Zusammenhängen zwischen Buchstaben und Lauten (ACBGME2) den positivsten Effekt im Hinblick auf den Lesekompetenzerwerb haben.

Vermutlich begründet sich jedoch der zuvor vorgestellte Befund in der Zusammensetzung der Schülerschaft, denn diese Subpopulation besteht zwar aus den 33,3 % Schülerinnen und Schülern in Schulklassen mit der durchschnittlich niedrigsten Lesekompetenz, jedoch weisen diese Klassen keinen unterdurchschnittlich niedrigen sozioökonomischen Hintergrund oder überdurchschnittlich ausgeprägten Migrationshintergrund auf.

Die *Kopplung zwischen HISEI und Lesekompetenz (Slope-as-Outcome-Model)* kann verringert werden, wenn den Lehrkräften eine zusätzliche personale Ausstattung (spezielle Lehrkräfte, Hilfslehrer, andere Erwachsene) zur Leseförderung zur Verfügung steht, insbesondere um Schülern zu helfen, denen das Lesen schwer fällt (ATBGDIF).

Das speziell für diese Subpopulation entwickelte Modell klärt die im Baseline Model festgestellte Varianz auf Klassenebene auf, und konnte gleichzeitig sparsamer modelliert werden. Zudem wurde mit diesem Modell deutlich, dass Aspekte wie ein von Disziplin geprägter Deutschunterricht und der frühe Aufbau von Lesestrategien und Lesefertigkeiten beim Lesen einzelner Sätze ein noch größeres Gewicht in dieser Subpopulation haben, als in der Gesamtpopulation. Andere Aspekte hingegen, die im Modell für die Gesamtpopulation bedeutsam waren, haben bei der Übertragung des Gesamtmodells auf diese Subpopulation keine signifikante Bedeutung.

Daraus wird deutlich, dass es bei der Betrachtung von Unterrichtsaspekten und der Lesekompetenz von Schülerinnen und Schülern unbedingt erforderlich ist, auch die durchschnittliche Lesekompetenz von Schulklassen aber auch von Schulen zu berücksichtigen.

Befunde für Subgruppen nach HISEI und Migrationsstatus

Schulklassen mit dem am höchsten belasteten HISEI und Migrationshintergrund (unteres Terzil)

- *Intercept-as-Outcome-Model*

In dieser Subpopulation ist insbesondere der frühe Aufbau der basalen Lesestrategie und Lesefertigkeit des Kennenlernens von Zusammenhängen zwischen Buchstaben und Lauten (ACBGME2) bedeutsam ($\gamma = 6,39$). Dieser Befund ist konform zum Stufenentwicklungsmodell nach Frith (1985; 1986), da dieser Subpopulation die 33,3 % Schülerinnen und Schüler in Schulklassen mit dem niedrigsten sozio-ökonomischen Hintergrund und mit dem gleichzeitig ausgeprägtesten Migrationshintergrund angehören. Eine solche Schülerschaft wäre nach Frith der untersten logographischen Stufe zuzuordnen, welche wiederum durch eine basale, niedrigschwellige Lesekompetenzförderung, wie der des Kennenlernens von Zusammenhängen zwischen Buchstaben und Lauten, zu fördern wäre.

Die im Interpretationsteil von Kapitel 5.2.4 geäußerte Hypothese, dass die Zuordnung von Schülerinnen und Schülern zur *logographischen Stufe* im Zusammenhang steht mit der Zusammensetzung der Schülerschaft nach deren sozioökonomischen Hintergrund und nach deren Migrationshintergrund, wird durch den Befund für diese Subpopulation untermauert. Die Kausalität dieser Hypothese muss jedoch durch längsschnittliche Analysen überprüft werden.

Weiterhin îst hinsichtlich eines von Ordnung und Disziplin geprägten Schulklimas (ATGORD01) ($\gamma = 1,49$) sowie eines von Disziplin geprägten Deutschunterrichts (SFK_6_1) ($\gamma = 1,91$) ein positiver Zusammenhang zur Lesekompetenz festzustellen.

Zudem wird deutlich, dass eine angemessene, adaptive Geschwindigkeit mit der die Schülerinnen und Schüler lernen können, von noch größerer Bedeutung für deren Lesekompetenzerwerb ist, als die alleinige Differenzierung durch unterschiedliches Material (ATBGUMAT; $\gamma = 1,17$).

Zugleich klärt das für diese Subpopulation eigens entwickelte Modell die im Baseline Model festgestellte Varianz auf Klassenebene auf, und konnte zudem sparsamer modelliert werden als das übertragene Gesamtmodell.

Daraus wird deutlich, dass es bei der Betrachtung von Unterrichtsaspekten und der Lesekompetenz von Schülerinnen und Schülern unbedingt erforderlich ist, den sozioökonomischen Status der Elternhäuser sowie den Migrationshintergrund zu berücksichtigen, wie dies auch in einschlägigen Forschungsdesideraten (vgl. z.B. Lankes, 2004, S. 567) postuliert wird.

6.2 Diskussion der Ergebnisse

Im Folgenden sollen die zentralen Ergebnisse dieser Arbeit diskutiert und im relevanten Forschungsstand verortet werden. Zudem soll diskutiert werden, welche Erkenntnisse sich für die Theorie ableiten lassen.

Die Ergebnisse dieser Arbeit entsprechen im Wesentlichen den Befunden anderer Untersuchungen, wie zum Beispiel der von Boonen, Van Damme und Onghena (2010), die methodisch gleichgelagerte Analysen mit einer ähnlichen Fragestellung mit belgischen Grundschülern durchgeführt haben. Im Unterschied zu den Befunden von Boonen, Van Damme und Onghena (ebd.) ergaben sich jedoch insbesondere in Abhängigkeit von der Zusammensetzung der Schulklassen deutliche Befunde, die anzeigen, dass die Kopplung zwischen der Lesekompetenz und dem sozioökonomischem Hintergrund durch Unterrichtsaspekte verringert werden kann, dass somit also die sozialen Disparitäten verringert werden können.

Eines der Hauptziele dieser Arbeit war es, die Kopplung zwischen der Lesekompetenz und dem sozioökonomischem Hintergrund durch Unterrichtsaspekte zu verringern. Wie aus den in Kapitel 5 dargestellten Analysen hervorgeht, konnte diese Kopplung in allen Modellen so verringert werden, dass die verbleibende Varianz nicht mehr signifikant war.

Innere Differenzierung

Wie im vorangegangenen Kapitel erläutert wurde, hat der Aspekt *der inneren Differenzierung* im Unterricht entgegen den in Kapitel 2 erläuterten Erkenntnissen aus der Theorie nicht den erwarteten Effekt im Hinblick auf die Lesekompetenz gezeigt. Dies könnte darauf zurück zu führen sein, dass die Differenzierung im Unterricht ein Reagieren des Lehrers auf eine benachteiligte Klasse ist. Da im Rahmen dieser Arbeit keine kausale Interpretation möglich ist, bleibt dies eine Hypothese, die es im Rahmen von längsschnittlichen Analysen zu überprüfen gilt.

Als ein interessanter Befund, der darauf verweist, dass die innere Differenzierung dennoch für eine Population mit einem sozioökonomisch benachteiligten Hintergrund gewinnbringend sein kann, zeigte sich, dass diesbezügliche Effekte in der Subgruppe mit einer sozioökonomisch benachteiligten Schülerschaft bis zu doppelt so groß sind wie in der Gesamtpopulation.

Als theoretische Erkenntnis lässt sich daraus ableiten, dass die Wirkung von Aspekten der Unterrichtsqualität bedingt sein kann von der Zusammensetzung einer Klasse oder einer Schule. In theoretischen Modellen zur Unterrichtsqualität / Schuleffektivität sollte der Aspekt der Zusammensetzung von Schulklassen daher stärker berücksichtigt werden.

Disziplin und Struktur

Wie in den aufgezeigten Ergebnissen dieser Arbeit auch deutlich wurde, weisen ein von *Disziplin und Struktur* geprägter Ablauf in der Schule und insbesondere ein solcher Deutschunterricht einen positiven Zusammenhang zum Lesekompetenzerwerb auf. Dieser Befund ist unter anderem konform mit den Ergebnissen von Holtappels und Heerdegen (2005) und von van de Grift und Houtveen (2009). Die Effekte in der vorliegenden Arbeit haben je nach Subpopulation eine praktische Bedeutsamkeit von bis zu einem Drittel eines Schuljahres. Sie zählen damit zu den bedeutsamsten Faktoren im Hinblick auf den Lesekompetenzerwerb in der vorliegenden Arbeit.

Die Bedeutung von *Disziplin und Struktur* wird auch durch andere empirische Befunde untermauert. So kommen Wang, Haertel und Walberg (1990) in ihrer Metaanalyse zu dem Befund, dass das „Classroom Management" der zweitwichtigste Bedingungsfaktor schulischer Leistungen ist. Diesbezüglich betonen Weinert (1998) und Helmke (2009), dass der Aspekt der Disziplin als Bestandteil des „Classroom Managements" im Hinblick auf einen störungsarmen Ablauf des Unterrichts von Bedeutung ist.

Diese Arbeit kann somit einen Beitrag leisten, die von Weinert (ebd.) und Helmke (ebd.) betonte Bedeutung der Disziplin und Struktur im Unterrichtskontext im Hinblick auf die schulischen Leistungen zu untermauern.

Lesefertigkeiten / Lesestrategien

Wie aus den Befunden für die *Gesamtpopulation* (vgl. Kap. 5.2.1) deutlich wird, weist in dieser Population der frühe Aufbau von anspruchsvolleren Lesestrategien und Lesefertigkeiten, wie das Lesen einzelner Sätze, einen positiven Zusammenhang zur Lesekompetenz auf.

Diese Befunde sind konform zum „Stufenentwicklungsmodell" nach Frith (1985; 1986). Danach wird das Niveau des Schriftspracherwerbs in drei Stufen, mit jeweils unterschiedlichen Entwicklungsstadien, eingeordnet (vgl. Kap. 2.1). Die zuvor vorgestellten Befunde für diese Population lassen darauf schließen, dass diese Schülerinnen und Schüler von ihrem Niveau her bereits mindestens der mittleren, *alphabetischen Stufe* oder der höchsten, *orthographischen Stufe* zuzuordnen sind.

In der *Subpopulation mit der durchschnittlich geringsten Lesekompetenz* ist der frühe Aufbau von anspruchsvolleren Lesestrategien und Lesefertigkeiten, wie das Lesen einzelner Sätze von Bedeutung, im Gegensatz zur relativ basalen Fähigkeit des Kennenlernens von Zusammenhängen zwischen Buchstaben und Lauten. Dieser Befund steht zunächst im Gegensatz zum Stufenentwicklungsmodell nach Frith (1985; 1986), da es sich bei dieser Subpopulation um die 33,3 % Schülerinnen und Schüler in Schulklassen mit der niedrigsten Lesekompetenz handelt.

Die Schülerinnen und Schüler dieser Schulklassen wären nach Frith's Modell (ebd.) der niedrigsten, *logographischen Stufe* zuzuordnen. Danach müsste die basale Fähigkeit des Kennenlernens von Zusammenhängen zwischen Buchstaben und Lauten von Bedeutung sein im Hinblick auf den Lesekompetenzerwerb.

Vermutlich lassen sich die zuvor vorgestellten Befunde mit der Zusammensetzung der Schülerschaft begründen, denn diese Subpopulation besteht zwar aus den 33,3 % Schülerinnen und Schülern in Schulklassen mit der niedrigsten Lesekompetenz, jedoch weisen diese Klassen keinen unterdurchschnittlich niedrigen sozioökonomischen Hintergrund auf und keinen überdurchschnittlich ausgeprägten Migrationshintergrund.

In den folgenden Ausführungen soll diese Hypothese anhand der Subpopulation mit den 33,3 % Schülerinnen und Schülern in Schulklassen mit dem niedrigsten sozioökonomischen Hintergrund und mit dem gleichzeitig ausgeprägtesten Migrationshintergrund überprüft werden. In dieser Subpopulation weist im Gegensatz zum Modell für die Gesamtpopulation der frühe Aufbau von basalen, grundlegenden Lesestrategien und Lesefertigkeiten, wie das Kennenlernen von Zusammenhängen zwischen Buchstaben und Lauten, einen positiven Zusammenhang zur Lesekompetenz auf (vgl. Kap. 5.2.3 & 5.2.5). Dieser Prädiktor erweist sich mit einer praktischen Bedeutsamkeit von einem halben Schuljahr als einer der bedeutsamsten Prädiktoren in dieser Subpopulation.

Dieser Befund ist konform zum Stufenentwicklungsmodell nach Frith (1985; 1986), da es sich bei dieser Subpopulation um die 33,3 % Schülerinnen und Schüler in Schulklassen mit dem niedrigsten sozioökonomischen Hintergrund und mit dem gleichzeitig ausgeprägtesten Migrationshintergrund handelt, und eine solche Schülerschaft nach Frith der untersten, logographischen Stufe zuzuordnen wäre, welche wiederum durch eine basale, niedrigschwellige Lesekompetenzförderung zu fördern wäre.

Die zuvor geäußerte Hypothese, dass die Zuordnung von Schülerinnen und Schülern zur niedrigsten, *logographischen Stufe* im Zusammenhang steht mit der Zusammensetzung der Schülerschaft nach dem sozioökonomischen Hintergrund und nach dem Migrationshintergrund, wird durch den zuvor vorgestellten Befund für diese Subpopulation untermauert.

Auf Grund der zuvor diskutierten Befunde zu *Lesefertigkeiten / Lesestrategien* lässt sich Folgendes für die Theorie der Lesekompetenzforschung ableiten: Nach Frith (1985; 1986) verläuft der Schriftspracherwerb in drei Stufen. Dabei steht die *logographische Stufe* für das niedrigste schriftsprachliche Entwicklungsniveau, für welches die Kombination mit Bildern oder Symbolen charakteristisch ist. In der Theorie besteht ein Konsens im Hinblick auf die Entwicklung der Lesekompetenz darüber, dass die basalen Entwicklungsschritte in einem Altersbereich von 8 bis 10 Jahren weitestgehend abgeschlossen sind, dass Kinder also am Ende der Grundschulzeit grundlegende Fähigkeiten und Strategien im Hinblick auf das Lesen entwickelt haben (McElvany, 2008; Schneider, 1989).

Die aufgezeigten Befunde für die *Gesamtpopulation* untermauern dies, denn hier erweist sich eine anspruchsvollere Lesekompetenzförderung als am positivsten im Hinblick auf die Entwicklung der Lesekompetenz. Jedoch weisen die zuletzt dargestellten Ergebnisse für die Subpopulation mit dem am höchsten belasteten HISEI und Migrationshintergrund darauf hin, dass entgegen der Annahmen in der Theorie (vgl. McElvany, ebd.; Schneider, ebd.), basale Entwicklungsschritte in einem Altersbereich von 8 bis 10 Jahren noch nicht abgeschlossen sein könnten, da in dieser Subpopulation der Aufbau basaler, grundlegender Lesestrategien und Lesefertigkeiten den positivsten Effekt hinsichtlich der Lesekompetenzentwicklung hat.

In der Subpopulation mit einer gleichaltrigen Schülerschaft, die zwar die geringste Lesekompetenz aufweist, jedoch keinen unterdurchschnittlich niedrigen sozioökonomischen Hintergrund und keinen überdurchschnittlich ausgeprägten Migrationshintergrund, hat eine anspruchsvollere Lesekompetenzförderung den positivsten Effekt. Das könnte ein Hinweis darauf sein, dass in dieser Subpopulation die basale Entwicklung der Lesekompetenz abgeschlossen ist. Gleichzeitig wird deutlich, dass bei der Betrachtung der Entwicklung der Lesekompetenz zusätzlich zum Alter (vgl. McElvany, ebd.; Schneider, ebd.) auch der sozioökonomische Hintergrund der Schülerschaft berücksichtigt werden muss.

Damit wird deutlich, dass im Hinblick auf die Förderung der Lesekompetenz insbesondere der sozioökonomische Hintergrund der Schülerschaft stärker berücksichtigt werden muss.

6.3 Forschungsdesiderate

Das offensichtlichste Forschungsdesiderat aus dieser Arbeit ist die weitere Betrachtung des Zusammenhangs von Unterrichtsaspekten und der kognitiven Leistung von Schülerinnen und Schülern unter Berücksichtigung der Zusammensetzung von Schulklassen.

Aus den empirischen Analysen dieser Arbeit geht hervor, dass sich in Populationen mit benachteiligtem sozioökonomischen Hintergrund und ausgeprägtem Migrationshintergrund sowie in Populationen mit einer geringen Lesekompetenz bestimmte Unterrichtsaspekte als unterschiedlich bedeutsam im Hinblick auf den Erwerb der Lesekompetenz erweisen. Zudem hatten erwartungskonform allein die unterschiedlichen Zusammensetzungen der Populationen einen Effekt auf die Lesekompetenz sowie auf die Kopplung zwischen dem sozioökonomischen Hintergrund und der Lesekompetenz.

Damit wird deutlich, dass eine differenzierte Betrachtung von Unterrichtsqualität und kognitiver Leistung unter Berücksichtigung der Schülerzusammensetzung in Schulklassen und Schulen erforderlich ist. Mit den Befunden der Analysen dieser Arbeit können erste Tendenzen in einem Forschungsfeld aufgezeigt werden, zu dem auf nationaler Ebene zu diesem Zeitpunkt nur wenig empirische Befunde vorliegen.

Wie einleitend aus den Befunden der IGLU- und PISA-Erhebungen hervorgeht, sind insbesondere Schülerinnen und Schüler mit einem benachteiligten sozioökonomischen Hintergrund sowie mit einem Migrationshintergrund von der Gefahr der Bildungsbenachteiligung betroffen. Daher sollte die empirische Forschung insbesondere diese Zielgruppen differenzierter betrachten, zudem ist es unerlässlich, dass die Politik die daraus resultierenden Befunde aufgreift und deren Implementation in die Praxis ermöglicht, um so zu gleichberechtigteren Bildungschancen für alle Schülerinnen und Schüler beizutragen.

Verzeichnisse

Literaturverzeichnis

Arbeitsgruppe Bildungsbericht am Max-Planck-Institut für Bildungsforschung. (1994). *Das Bildungswesen in der Bundesrepublik Deutschland*. Reinbeck: Rowohlt.

Argyris, C. & Schön, D. A. (1997). *Organizational learning* (Nachdr.). Reading, Mass u.a.: Addison-Wesley Pub. Co.

Arlin, M. (1984). Time, equality, and mastery learning. *Review of Educational Research, 54*, 65-86.

Artelt, C., Stanat, P., Schneider, W. & Schiefele, U. (2001). Lesekompetenz: Testkonzeption und Ergebnisse. In J. Baumert, E. Klieme, M. Neubrand, M. Prenzel, U. Schiefele, W. Schneider, P. Stanat, K.-J. Tillmann & M. Weiß (Hrsg.), *PISA 2000. Basiskompetenzen von Schülerinnen und Schülern im internationalen Vergleich* (S. 69-137). Opladen: Leske + Budrich.

Augsburg, R. (2006). *Jedes Kind und jeder Jugendliche soll seine Begabungen entfalten*. Verfügbar unter: http://www.ganztagsschulen.org/6231.php [29.07.2009

Avenarius, H., Ditton, H., Döbert, H., Klemm, K., Klieme, E., Rürup, M.et al. (2003). *Bildungsbericht für Deutschland. Erste Befunde*. Opladen: Leske + Budrich.

Bandura, A. (2000). *Self-efficacy : the exercise of control* (4 pr.). New York, NY: Freeman.

Barrows, H. S. & Tamblyn, R. M. (1980). *Problem-based learning : an approach to medical education*. New York: Springer Pub. Co.

Baumert, J. (1990). Schulleitung in der empirischen Forschung. In H. J. Rosenbusch & J. Wissinger (Hrsg.), *Schulleiter zwischen Administration und Innovation* (Bd. Schulleiter-Handbuch, Band 50, S. 52-97). Braunschweig.

Baumert, J., Klieme, E., Neubrand, M., Prenzel, M., Schiefele, U., Schneider, W.et al. (Hrsg.). (2001). *PISA 2000. Basiskompetenzen von Schülerinnen und Schülern im internationalen Vergleich*. Opladen: Leske + Budrich.

Baumert, J. & Köller, O. (2000). Unterrichtsgestaltung, verständnisvolles Lernen und multiple Zielerreichung im Mathematik- und Physikunterricht der gymnasialen Oberstufe. In J. Baumert, W. Bos & R. Lehmann (Hrsg.), *TIMSS/III – Dritte internationale Mathematik- und Naturwissenschaftsstudie – Mathematische und naturwissenschaftliche Bildung am Ende der Schullaufbahn. Bd. 2. Mathematische und physikalische Kompetenzen am Ende der gymnasialen Oberstufe* (S. 271-315). Opladen: Leske + Budrich.

Baumert, J., Kunter, M., Brunner, M., Krauss, S., Blum, W. & Neubrand, M. (2004). Mathematikunterricht aus Sicht der PISA-Schülerinnen und -Schüler und ihrer Lehrkräfte. In P.-K. Deutschland (Hrsg.), *PISA 2003. Der Bildungsstand der Jugendlichen in Deutschland – Ergebnisse des zweiten internationalen Vergleichs* (S. 314-350). Münster: Waxmann.

Baumert, J., Roeder, P. M., Sang, F. & Schmitz, B. (1986). Leistungsentwicklung und Ausgleich von Leistungsunterschieden in Gymnasialklassen. *Zeitschrift für Pädagogik, 5*, 639-660.

Baumert, J., Schmitz, B., Sang, F. & Roeder, P. M. (1987). Zur Kompatibilität von Leistungsförderung und Divergenzminderung in Schulklassen. *Zeitschrift für Entwicklungspsychologie und Pädagogische Psychologie, XIX*, 249-265.

Baumert, J. & Schümer, G. (2001). Familiäre Lebensverhältnisse, Bildungsbeteiligung und Kompetenzerwerb. In J. Baumert, E. Klieme, M. Neubrand, M. Prenzel, U. Schiefele, W. Schneider, P. Stanat, K.-J. Tillmann & M. Weiß (Hrsg.), *PISA 2000. Basiskompetenzen von Schülerinnen und Schülern im internationalen Vergleich* (S. 323-407). Opladen: Leske + Budrich.

Baumert, J., Stanat, P. & Demmrich, A. (2001). PISA 2000. Untersuchungsgegenstand, theoretische Grundlagen und Durchführung der Studie. In J. Baumert, E. Klieme, M. Neubrand, M. Prenzel, U. Schiefele, W. Schneider, P. Stanat, K.-J. Tillmann & M. Weiß (Hrsg.), *PISA 2000. Basiskompetenzen von Schülerinnen und Schülern im internationalen Vergleich* (S. 15-68). Opladen: Leske+Budrich.

Bayerisches Staatsministerium für Unterricht und Kultus. (2006, 29.07.2009). *Bibliotheken sind unverzichtbare Partner bei der Leseförderung*Verfügbar unter: http://bildungsklick.de/pm/50393/ bibliotheken-sind-unverzichtbare-partner-bei-der-lesefoerderung/

Becker, R. (2000). Klassenlage und Bildungsentscheidungen. Eine empirische Anwendung der Wert-Erwartungstheorie. *Kölner Zeitschrift für Soziologie und Sozialpsychologie, 52*(3), 450-474.

Becker, R. & Lauterbach, W. (Hrsg.). (2007). *Bildung als Privileg. Theoretische Erklärungen und empirische Befunde zu den Ursachen der Bildungsungleichheiten.* Wiesbaden: VS Verlag für Sozialwissenschaften.

Berger, P. L., Luckmann, T., Plessner, H. & Plessner, M. (2007). *Die gesellschaftliche Konstruktion der Wirklichkeit : eine Theorie der Wissenssoziologie* (21. Aufl.). Frankfurt am Main: Fischer-Taschenbuch-Verl.

Berkemeyer, N., Bos, W., Manitius, V. & Müthing, K. (2008). *Unterrichtsentwicklung in Netzwerken: Konzeptionen, Befunde, Perspektiven.* Münster u.a.: Waxmann.

Berkemeyer, N. & Holtappels, H. G. (2006). Steuergruppen als organisationsinterner Akteur zur Qualitätssicherung und Qualitätsentwicklung? In F. Eder, A. Gastager & F. Hofmann (Hrsg.), *Qualität durch Standards. Beiträge zum Schwerpunktthema der 67. Tagung der AEPF* (S. 173-186). Münster: Waxmann.

Berliner, D. C. (1990). The Place of Process-Product Research in Developing the Agenda for Research on Teacher Thinking. *Educational psychologist, 24*(4), 325-344.

Berner, H. (1999). *Didaktische Kompetenz: Zugänge zu einer theoriegestützten bildungsorientierten Planung und Reflexion des Unterrichts.* Bern u.a.: Haupt.

Bielaczyc, K. & Collins, A. (1999). Learning communities in classrooms: a reconceptualization of educational practice. In C. M. Reigeluth (Hrsg.), *Instructional-design theories and models. A new paradigm of instructional theory* (S. 269-292). Mahwah, NJ: Lawrence Erlbaum Associates.

Blatt, I., Hein, C., Issa, A. & Masanek, N. (2009). Das Lesepatenmodell: Leseförderung in Klasse 5. Projektvorstellung zum Begleitvideo. In M. Reese, W. Homeier & M. Bonsen (Hrsg.), *Unterrichtsqualität sichern. Sekundarstufe.* Berlin: Raabe.

Blatt, I., Müller, A. & Voss, A. (2007). Schulentwicklung auf Unterrichtsebene. Leseförderprojekt in Klasse 5. *Schulmanagement, 07*(3), 22-25.

Blatt, I., Voss, A., Gebauer, M. & Kowalski, K. (2008). Integratives Konzept zur Lese- und Sprachförderung. In N. Berkemeyer, W. Bos, V. Manitius & K. Müthing (Hrsg.), *Unterrichtsentwicklung in Netzwerken. Konzeptionen, Befunde, Perspektiven* (S. 183-199). Münster: Waxmann.

Blömeke, S. (2002). Handlungsmuster von Lehrerinnen und Lehrern beim Einsatz neuer Medien,*Herbsttagung der Kommission Medienpädagogik der Deutschen Gesellschaft für Erziehungswissenschaft.* Berlin.

Bloom, B. S. (1971). Individual differences in school achievement: A vanishing point *Annual Meeting of the AERA*. New York.

Bloom, B. S. (1984). The 2 sigma problem: The search for group instruction as effective as one-to-one tutoring. *Educational Researcher, 13*, 4-16.

Blossfeld, H.-P., Bos, W., Lenzen, D., Müller-Böling, D., Oelkers, J., Prenzel, M.et al. (2007). *Bildungsgerechtigkeit : Jahresgutachten 2007* (1. Aufl.). Wiesbaden: VS Verl. für Sozialwiss.

Bönsch, M. (1995). *Differenzierung in Schule und Unterricht. Ansprüche – Formen – Strategien*. München: Oldenbourg Schulbuchverlag.

Bonsen, M., Bos, W. & Gröhlich, C. (2007). Die Relevanz von Kontextmerkmalen bei der Evaluation der Effektivität von Schulen. *Zeitschrift für Evaluation, 1*, 165-174.

Bonsen, M., Bos, W. & Rolff, H.-G. (2008). Zur Fusion von Schuleffektivitäts- und Schulentwicklungsforschung. In W. Bos, H. G. Holtappels, H. Pfeiffer, H.-G. Rolff & R. Schulz-Zander (Hrsg.), *Jahrbuch der Schulentwicklung, Band 15. Daten, Beispiele und Perspektiven* (S. 11-39). Weinheim: Juventa.

Bonsen, M., Gathen, J. v. d., Iglhaut, C. & Pfeiffer, H. (2002). *Die Wirksamkeit von Schulleitung : empirische Annäherungen an ein Gesamtmodell schulischen Leitungshandelns*. Weinheim u.a.: Juventa-Verl.

Bonsen, M. & Rolff, H.-G. (2006). Professionelle Lerngemeinschaften von Lehrerinnen und Lehrern. *Zeitschrift für Pädagogik, 52*(2), 167-184.

Boonen, T., Van Damme, J. & Onghena, P. (2010). Teacher Effects on Student Learning Gains in First Grade: Which Aspects Matter Most?,*International Congress for School Effectiveness and Improvement (ICSEI) 2010*. Kuala Lumpur, Malaysia: International Congress for School Effectiveness and Improvement (ICSEI).

Born, M. (1981). Die Schule als Städte der Personalisation junger Menschen. In W. Twellmann (Hrsg.), *Handbuch Schule und Unterricht* (S. 244-256). Düsseldorf: Schwann.

Bortz, J. & Döring, N. (2005). *Forschungsmethoden und Evaluation : für Human- und Sozialwissenschaftler* (3., überarb. Aufl.). Heidelberg: Springer.

Bos, W. (2007). *IGLU 2006 : Lesekompetenzen von Grundschulkindern in Deutschland im internationalen Vergleich*. Münster [u.a.]: Waxmann.

Bos, W., Hornberg, S., Arnold, K.-H., Faust, G., Fried, L., Lankes, E.-M.et al. (Hrsg.). (2007). *IGLU 2006. Lesekompetenzen von Grundschulkindern in Deutschland im internationalen Vergleich*. Münster: Waxmann.

Bos, W., Lankes, E.-M., Plaßmeier, N. & Schwippert, K. (Hrsg.). (2004). *Heterogenität. Eine Herausforderung an die empirische Bildungsforschung*. Münster: Waxmann.

Bos, W., Lankes, E.-M., Prenzel, M., Schwippert, K., Valtin, R., Voss, A.et al. (Hrsg.). (2005). *IGLU: Skalenhandbuch zur Dokumentation der Erhebungsinstrumente* Münster: Waxmann.

Bos, W., Lankes, E. M., Prenzel, M., Schwippert, K., Walther, G. & Valtin, R. (Hrsg.). (2003). *Erste Ergebnisse aus IGLU : Schülerleistungen am Ende der vierten Jahrgangsstufe im internationalen Vergleich*. Münster u.a.: Waxmann.

Bos, W., Pietsch, M., Gröhlich, C. & Janke, N. (2006). Ein Belastungsindex für Schulen als Grundlage der Ressourcenzuweisung am Beispiel von KESS 4. Versuch einer Klassifizierung von Schultypen. In W. Bos, H.-G. Holtappels, H. Pfeiffer, H.-G. Rolff & R. Schulz-Zander (Hrsg.), *Jahrbuch der Schulentwicklung, Band 14* (S. 149-160). Weinheim: Juventa.

Bos, W., Schwippert, K. & Stubbe, T. (2007). Die Kopplung von sozialer Herkunft und Schülerleistung im internationalen Vergleich. In W. Bos, S. Hornberg, K.-H. Arnold, G. Faust, L. Fried, E.-M. Lankes, K. Schwippert & R. Valtin (Hrsg.), *IGLU 2006 : Lesekompetenzen von Grundschulkindern in Deutschland im internationalen Vergleich*. (S. 225-247). Münster: Waxmann.

Boudon, R. (1974). *Education, opportunity and social inequality*. New York, NY: John Wiley&Sons.

Bourdieu, P. (1983). Ökonomisches Kapital, kulturelles Kapital, soziales Kapital. In R. Kreckel (Hrsg.), *Soziale Ungleichheiten* (S. 183-198). Göttingen: Schwartz.

Brimer, A., Madaus, G. F., Chapman, B., Kellaghan, T. & Woodrof, R. (1976). *Differences in School Achievement*. Slaugh: NFER-Nelson.

Bromme, R. (1997). Kompetenzen, Funktionen und unterrichtliches Handeln des Lehrers. In F. E. Weinert (Hrsg.), *Psychologie des Unterrichts und der Schule. Enzyklopädie der Psychologie* (Bd. 3, S. 177-212). Göttingen: Hogrefe.

Brophy, J. E. (2000). *Teaching. Educational Practices Series 1*.Verfügbar unter: www.ibe.unesco.org

Brophy, J. E. & Good, T. L. (1986). Teacher behavior and student achievement In M. C. Wittrock (Hrsg.), *Handbook of research on teaching* (S. 328-375). New York: Macmillan

Bryk, A. S. & Raudenbush, S. W. (1992). *Hierarchical linear models : applications and data analysis methods*. Newbury Park u.a.: Sage.

Buchberger, F. (Hrsg.). (2000). *Green Paper On teacher Education In Europe: High Quality Teacher Education for High Quality Education and Training*. Umea: Thematic Network on Teacher Education in Europe.

Burkard, C. & Kanders, M. (2002). Schulprogrammarbeit aus der Sicht der Beteiligten. Ergebnisse der Schulprogrammevaluation in Nordrhein-Westfalen. In H.-G. Rolff, H. G. Holtappels & K. Klemm (Hrsg.), *Jahrbuch der Schulentwicklung Band 12. Daten, Beispiele und Perspektiven* (S. 233-259). Weinheim, München: Juventa.

Carroll, J. B. (1963). A model of school learning. *Teacher College Record, 64*(723-733).

Cheung, K. C. & Keeves, J. P. (1990). Hierarchical Linear Modelling. *Journal of Educational Reserach, 14*, 289-297.

Clausen, M. (2002). *Unterrichtsqualität: eine Frage der Perspektive? Empirische Analysen zur Übereinstimmung, Konstrukt- und Kriteriumsvalidität*. Münster u.a.: Waxmann.

Cognition and Technology Group at Vanderbilt. (1990). Anchored instruction and its relationship to situated cognition. *Educational Researcher, 19*(6), 2-10.

Cognition and Technology Group at Vanderbilt. (1992). The Jasper series as an example of anchored instruction. *Educational Psychologist, 27*(3), 291-315.

Cohen, M. (1983). Instructional management on a social conditions in effective schools. In A. Odden & L. D. Webb (Hrsg.), *School finance and school improvement: Linkages in the 1980's*. Cambridge: Ballinger.

Coleman, J. S. (1988). Social capital in the creation of human capital. *American Journal of Sociology, 94*(1), 95-120.

Coleman, J. S. (1996). Der Verlust sozialen Kapitals und seine Auswirkungen auf die Schule. *Zeitschrift für Pädagogik. Beiheft 34*, 99-105.

Collins, A., Brown, J. S. & Newmann, S. E. (1989). Cognitive apprenticeship: teaching the crafts of reading, writing, and mathematics. In L. B. Resnick (Hrsg.), *Knowing, learning and instruction* (S. 453-494). Hillsdale, NJ: Lawrence Erlbaum Associates.

Coltheart, M. (1978). Lexical access in simple reading tasks. In G. Underwood (Hrsg.), *Strategies of information processing*. London: Academic Press.

Coltheart, M. & Rastle, K. (1994). Serial Processing in Reading Aloud: Evidence for Dual-Route Models of Reading. *Journal of Experimental Psychology: Human Perception and Performance, 20*, 1197-1211.

Corno, L. & Snow, E. R. (1986). Adapting teaching to individual differences among learners. In M. L. Wittrock (Hrsg.), *Handbook of research on teaching* (S. 605-629). New York: Macmillan.

Covington, M. (1984). The motive for self-worth. *Research on Motivation in Education, 1*, 77-113.

Creemers, B. P. M. (1994). *The effective classroom*. London u.a.: Cassell.

Creemers, B. P. M. & Kyriakides, L. (2008). *The dynamics of educational effectiveness: a contribution to policy, practice and theory in contemporary schools*. London u.a.: Routledge.

DeCharms, R. (1979). *Motivation in der Klasse*. München: Moderne Verlags-GmbH.

Deci, E. L. & Ryan, R. M. (1987). The support of autonomy and the control of behavior. *Journal of Personality and Social Psychology, 53*, 1024-1037.

Dempster, A. P., Laird, N. M. & Rubin, D. B. (1977). *Maximum likelihood from incomplete data via the Em algorithm*.

Diedrich, M. (2008). *Demokratische Schulkultur : Messung und Effekte*. Münster u.a.: Waxmann.

Ditton, H. (1992). *Ungleichheit und Mobilität durch Bildung. Theorie und empirische Untersuchungen über sozialräumliche Aspekte von Bildungsentscheidungen*. Weinheim: Juventa.

Ditton, H. (1997). Wirkung und Wirksamkeit der Einzelschule. Analysen zur Bedeutsamkeit der verschiedenen Ebene des Schulsystems,*Bildungscontrolling und Evaluation* (S. 91-116). Berlin: Humboldt-Univ.

Ditton, H. (1998). *Mehrebenenanalyse. Grundlagen und Anwendungen des Hierarchisch Linearen Modells*. Weinheim, München: Juventa.

Ditton, H. (2000). Qualitätskontrolle und Qualitätssicherung in Schule und Unterricht. Ein Ü-berblick zum Stand der empirischen Forschung. *Zeitschrift für Pädagogik, 41*, 73-93.

Ditton, H. (2002). Lehrkräfte und Unterricht aus Schülersicht: Ergebnisse einer Untersuchung im Fach Mathematik. *Zeitschrift für Pädagogik, 48*, 262-286.

Ditton, H. (2007). Schulqualität – Modelle zwischen Konstruktion, empirischen Befunden und Implementierung. In J. van Buer & C. Wagner (Hrsg.), *Qualität von Schule : ein kritisches Handbuch* (S. 83-92). Frankfurt a.M.: Lang.

Ditton, H. & Krüsken, J. (2006). Sozialer Kontext und schulische Leistungen – zur Bildungsrelevanz segregierter Armut. *ZSE, 26*(2), 135-157.

Ditton, H. & Krüsken, J. (2009). To Those Who Have, Will More be Given? A Longitudinal Study Concerning the Development of School Achievement and the Effects of Social Background during Primary School. *Journal for Educational Research Online, 1*(1), 33-61.

Dreeben, R. & Barr, R. (1988). Classroom Composition and the Design of Instruction. *Sociology of Education, 61*(3), 129-142.

Dubs, R. (1995). Konstruktivismus: Einige Überlegungen aus der Sicht der Unterrichtsgestaltung. *Zeitschrift für Pädagogik, 41*(6), 889-903.

Duffy, T. M. & Cunningham, D. J. (1996). Constructivism: Implications for the design and delivery of instruction. In D. H. Jonassen (Hrsg.), *Handbook of research for educational communications and technology* (S. 170-198). New York: Macmillan.

Duit, R. (1995). Zur Rolle der konstruktivistischen Sichtweise in der naturwissenschaftlichen Lehr- und Lernforschung. *Zeitschrift für Pädagogik, 41*(6), 905-923.

Ehri, L. C. (1997). Sight word learning in normal readers and dyslexics. In B. A. Blachman (Hrsg.), *Foundations of reading acquisition and dyslexia: Implications for early intervention* (S. 163-189). Mahwah, NJ: Lawrence Erlbaum Associates Publishers.

Einsiedler, W. (1981). *Lehrmethoden : Probleme und Ergebnisse der Lehrmethodenforschung*. München [u.a.]: Urban & Schwarzenberg.

Einsiedler, W. (1997). Unterrichtsqualität und Leistungsentwicklung: Literaturüberblick. In F. E. Weinert & A. Helmke (Hrsg.), *Entwicklung im Grundschulalter* (S. 225-240). Weinheim: Beltz Psychologie-Verl.-Union.

Einsiedler, W. (2000). Von Erziehungs- und Unterrichtsstilen zur Unterrichtsqualität. In M. K. W. Schweer (Hrsg.), *Lehrer-Schüler-Interaktion : pädagogisch-psychologische Aspekte des Lehrens und Lernens in der Schule* (S. 109-128). Opladen: Leske + Budrich.

Elley, W. B. (1992). *How in the world do students read? IEA study of reading literacy* The Hague: IEA.

Elley, W. B. (Hrsg.). (1994). *The IEA study of reading literacy. Achievment and instruction in thirty-two school systems*: Elsevier Science.

Erikson, R., Goldthorpe, H. J. & Portocarero, L. (1979). Intergenerational class mobility in three Western European societies: England, France and Sweden. *British Journal of Sociology, 30*(4), 415-441.

Fend, H. (1981). *Theorie der Schule* (2., durchges. Aufl). München u.a.: Urban & Schwarzenberg.

Fend, H. (1986). Gute Schulen – schlechte Schulen. Die einzelne Schule als pädagogische Handlungseinheit. *Die Deutsche Schule, 78*(3), 275-293.

Fend, H. (1998). *Qualität im Bildungswesen : Schulforschung zu Systembedingungen, Schulprofilen und Lehrerleistung.* Weinheim u.a.: Juventa-Verl.

Fend, H. (2001). *Qualität im Bildungswesen. Schulforschung zu Systembedingungen, Schulprofilen und Lehrerleistung.* Weinheim München: Juventa.

Flechsig, K.-H. (1996). *Kleines Handbuch didaktischer Modelle.* Eichenzell: Neuland – Verl. für lebendiges Lernen.

Fraser, B. J. (1980). *Criterion validity of an individualized classroom environment questionnaire.* Sydney: McQuaire University.

Fraser, B. J. (1987). Syntheses of educational productivity research. *International Journal of Educational Research, 11*, 145-252.

Frith, U. (1985). Beneath the surface of developmental dyslexia. In K. E. Patterson, J. C. Marshall & M. Coltheart (Hrsg.), *Surface dyslexia* (S. 300-330). London: Lawrence Erlbaum.

Frith, U. (1986). Psychologische Aspekte des orthographischen Wissens: Entwicklung und Entwicklungsstörung. In G. Augst (Hrsg.), *New trends in graphemics and orthography* (S. 218-233). Berlin: de Gruyter.

Fullan, M. (1993). *Change Forces. Probing the Depths of Educational Reform.* London, New York, Philadelphia: Routledge.

Gage, N. L. & Berliner, D. C. (1998). *Educational psychology* (6.). Boston: Houghton Mifflin.

Gamoran, A. (1992). Is ability grouping equitable: Synthesis of research. *Educational Leadership, 50*(1), 11-17.

Ganzeboom, H. B. G., De Graaf, P. M. & Treiman, D. J. (1992). A standard international socio-economic index of occupational status. *Social Science Research, 21*(1), 1-56.

Ganzeboom, H. B. G. & Treiman, D. J. (1996). Internationally comparable measures of occupational status for the 1988 international standard classification of occupations. *Social Science Research, 25*(3), 201-239.

Giaconia, R. M. & Hedges, L. V. (1982). Identifying features of effective open education. *Review of Educational Research, 52*(579-602).

Gibson, E. J. & Levin, H. (1989). *Die Psychologie des Lesens* (Ungekürzte Ausg.). Frankfurt am Main: Fischer.

Good, T. L. & Brophy, J. E. (1986). *Educational psychology. A realistic approach* (3.). New York: Longman.

Good, T. L. & Brophy, J. E. (1994). *Looking in classrooms* (6th). New York, NY: HarperCollins College Publishers.

Gough, P. B. (1972). One second of reading. In J. F. Kavanagh & I. G. Mattingly (Hrsg.), *Language by ear and by eye: the relationship between speech and reading* (S. 331-358). Cambridge, MA: MIT Press.

Gräsel, C., Göbel, K. & Stark, R. (2007). Die Entwicklung von Lesekompetenz in der Sekundarstufe: Differentielle Analysen für Schülerinnen und Schüler mit unterschiedlichen Migrationserfahrungen. In O. Böhm-Kasper, C. Schuchart & U. Schulzeck (Hrsg.), *Kontexte von Bildung* (S. 73-92). Münster: Waxmann.

Gräsel, C. & Parchmann, I. (2004). Implementationsforschung – oder der steinige Weg, Unterricht zu verändern. *Unterrichtswissenschaft, 32*(3), 196-214.

Groeben, N. & Hurrelmann, B. (2004). *Lesesozialisation in der Mediengesellschaft : ein Forschungsüberblick*. Weinheim u.a.: Juventa-Verl.

Groeben, N., Scheele, B., Schlee, J. & Wahl, D. (Hrsg.). (1988). *Das Forschungsprogramm Subjektive Theorien. Eine Einführung in die Psychologie des reflexiven Subjekts*. Tübingen.

Gröhlich, C., Scharenberg, K. & Bos, W. (2009). Wirkt sich Leistungsheterogenität in Schulklassen auf den individuellen Lernerfolg in der Sekundarstufe aus? *Journal for Educational Research Online, 1*(1), 86-105.

Grommelt, U. (1991). *Zusammenhänge zwischen kognitiven Schülermerkmalen, Unterrichtscharakteristika und Schülerleistungen*. Heidelberg: Universität Heidelberg, Hochschulschriften.

Gruehn, S. (1995). Vereinbarkeit kognitiver und nichtkognitiver Ziele im Unterricht. *Zeitschrift für Pädagogik, 41*, 531-553.

Gruehn, S. (2000). *Unterricht und schulisches Lernen : Schüler als Quellen der Unterrichtsbeschreibung*. Münster [u.a.]: Waxmann.

Gruen, S. (1995). Vereinbarkeit kognitiver und nichtkognitiver Ziele im Unterricht. *Zeitschrift für Pädagogik, 41*, 531-553.

Haenisch, H. (1989). Gute und schlechte Schulen im Spiegel der empirischen Forschung. In K.-J. Tillmann (Hrsg.), *Was ist eine gute Schule* (S. 32-46). Hamburg: Bergmann: Helbig.

Haenisch, H. (1993). *Wie sich Schulen entwickeln : eine empirische Untersuchung zu Schlüsselfaktoren und Prinzipien der Entwicklung von Grundschulen* (1. Aufl). Soest: Landesinst.für Schule und Weiterbildung.

Hallam, S. & Toutounji, I. (1996). *What do we know about the ability grouping of pupils by ability? A research review*. London: Institute of Education, University of London.

Hallinger, P. & Heck, R. H. (1996). Reassessing the Principal's Role in School Effectiveness: A Review of Empirical Research, 1980-1995. *Educational Administration Quarterly, 32*(1), 5-44.

Hallinger, P. & Heck, R. H. (1998). Exploring the principal's contribution to school effectiveness: 1980-1995. *School Effectiveness and School Improvement, 9*(2), 157-191.

Hameyer, U., Lauterbach, R. & Wiechmann, J. (1992). *Innovationsprozesse in der Grundschule : Fallstudien, Analysen und Vorschläge zum Sachunterricht*. Bad Heilbrunn/Obb.: Klinkhardt.

Harnischfeger, A. & Wiley, D. E. (1977). Kernkonzepte des Schullernens. *Zeitschrift für Entwicklungspsychologie und Pädagogische Psychologie, 9*, 207-228.

Hattie, J. A. C. (2002). Classroom composition and peer effects. *International Journal of Educational Research, 37*(5), 449-481.

Heck, R. H., Larsen, T. J. & Marcoulides, G. A. (1990). Instructional leadership and school achievement: Validation of a causal model. *Educational Administration Quarterly, 26*(2), 94-125.

Heller, K. A. & Perleth, C. (2000). *Kognitiver Fähigkeitstest für 4. bis 12. Klassen, Revision – KFT 4-12+R : Manual*. Göttingen: Belz Test.

Helmke, A. (1988). Leistungssteigerung und Ausgleich von leistungsunterschieden in Schulklassen: unvereinbare Ziele? *Zeitschrift für Entwicklungspsychologie und Pädagogische Psychologie, XXIII*, 1-22.

Helmke, A. (1992). Unterrichtsqualität und Unterrichtseffekte – Ergebnisse der Münchner Studie. *Der Mathematikunterricht, 38*(5), 40-58.

Helmke, A. (2003). *Unterrichtsqualität erfassen – bewerten – verbessern*. Seelze: Kallmeyer.

Helmke, A. (2007). *Unterrichtsqualität erfassen, bewerten, verbessern* (5. Aufl.). Seelze: Klett Kallmeyer.

Helmke, A. (2009). *Unterrichtsqualität und Lehrerprofessionalität : Diagnose, Evaluation und Verbesserung des Unterrichts ; Franz Emanuel Weinert gewidmet* (Neubearb., 1. Aufl.). Stuttgart: Klett Kallmeyer.

Helmke, A. & Jäger, R. S. (2002). *Die Studie MARKUS – Mathematik-Gesamterhebung Rheinland-Pfalz: Kompetenzen, Unterrichtsmerkmale, Schulkontext*. Landau: Verlag Empirische Pädagogik.

Helmke, A. & Reich, H. H. (2001). Die Bedeutung der sprachlichen Herkunft für die Schulleistung. *Empirische Pädagogik, 15*(4), 567-600.

Helmke, A. & Renkl, A. (1993). Unaufmerksamkeit in Grundschulklassen: Problem der Klasse oder des Lehrers? *Zeitschrift für Entwicklungspsychologie und Pädagogische Psychologie, 25*(3), 185-205.

Helmke, A. & Schrader, F.-W. (2001). Determinanten der Schulleistung. In D. H. Rost (Hrsg.), *Handwörterbuch Pädagogische Psychologie* (S. 81-91). Weinheim: Beltz.

Helmke, A. & Schrader, F.-W. (2006). Lehrerprofessionalität und Unterrichtsqualität. Den eigenen Unterricht reflektieren und beurteilen. *Schulmagazin, 5-10*(9), 5-12.

Helmke, A. & Weinert, F. E. (1997). Bedingungsfaktoren schulischer Leistungen. In F. E. Weinert (Hrsg.), *Psychologie des Unterrichts und der Schule. Enzyklopädie der Psychologie* (S. 71-175). Göttingen: Hogrefe.

Hofer, B. K. & Pintrich, P. R. (2002). *Personal epistemology : the psychology of beliefs about knowledge and knowing*. Mahwah, NJ u.a.: Erlbaum.

Höhmann, K., Holtappels, H. G. & Schnetzer, T. (2004). Ganztagsschule –Konzeptionen, Forschungsbefunde, aktuelle Entwicklungen. In H. G. Holtappels, K. Klemm & H.-G. Rolff (Hrsg.), *Jahrbuch der Schulentwicklung Bd.13. Daten, Beispiele, Perspektiven* (S. 253-289). Weinheim, München: Juventa.

Holtappels, H. G. (1995). Innovationsprozesse in „Vollen Halbtagsschulen" – Entwicklung der Lernkultur in Schulen mit erweitertem Zeitrahmen. In H. G. Holtappels (Hrsg.), *Entwicklung von Schulkultur : Ansätze und Wege schulischer Erneuerung* (S. 165-186). Neuwied: Luchterhand.

Holtappels, H. G. (1997). *Grundschule bis mittags : Innovationsstudie über Zeitgestaltung und Lernkultur ; [eine Veröffentlichung des Instituts für Schulentwicklungsforschung der Universität Dortmund]*. Weinheim [u.a.]: Juventa-Verl.

Holtappels, H. G. (2002a). *Die Halbtagsgrundschule. Lernkultur und Innovation in Hamburger Grundschulen*. Weinheim, München: Juventa.

Holtappels, H. G. (2002b). Schulprogramm als Schulentwicklungsinstrument? Einführung in die Beitragsgruppe Schulprogramme. In H.-G. Rolff, H. G. Holtappels, K. Klemm, H. Pfeiffer & R. Schultz-Zander (Hrsg.), *Jahrbuch der Schulentwicklung Band 12. Daten, Beispiele und Perspektiven*. (S. 199-209). Weinheim, München.

Holtappels, H. G. (2003). *Schulqualität durch Schulentwicklung und Evaluation : Konzepte, Forschungsbefunde, Instrumente*. München: Luchterhand.

Holtappels, H. G. (2004). Schulprogrammwirkungen und Organisationskultur – Ergebnisse aus niedersächsischen Schulen über Bedingungen und Wirkungen. In H. G. Holtappels (Hrsg.), *Schulprogramme – Instrumente der Schulentwicklung* (S. 175-194). Weinheim, München: Juventa.

Holtappels, H. G. & Heerdegen, M. (2005). Schülerleistungen in unterschiedlichen Lernumwelten im Vergleich zweier Grundschulmodelle in Bremen. In W. Bos, E.-M. Lankes, M. Prenzel, K. Schwippert, R. Valtin & G. Walther (Hrsg.), *IGLU. Vertiefende Analysen zu Leseverständnis, Rahmenbedingungen und Zusatzstudien* (S. 361-397). Münster: Waxmann.

Holtappels, H. G., Klemm, K. & Rolff, H.-G. (2008). Modellvorhaben „Selbstständige Schule" in Nord-rhein-Westfalen. Eine vorläufige Analyse der wissenschaftlichen Begleitforschung. In H. Buchen, L. Horster & H.-G. Rolff (Hrsg.), *Schulleitung und Schulentwicklung* (S. 1-22). Berlin: Raabe.

Holtappels, H. G. & Müller, S. (2002). Inhaltsanalyse der Schulprogrammtexte Hamburger Schulen. In H.-G. Rolff, H. G. Holtappels, K. Klemm & H. Pfeiffer (Hrsg.), *Jahrbuch der Schulentwick-lung, Band 12. Daten, Beispiele und Perspektiven* (S. 209-231). Weinheim, München: Juventa.

Holtappels, H. G. & Rollett, W. (2007). Organisationskultur, Entwicklung und Ganztagsschulaus-bau. In H. G. Holtappels, E. Klieme, T. Rauschenbach & L. Stecher (Hrsg.), *Ganztagsschule in Deutschland. Ergebnisse der Ausgangserhebung der „Studie zur Entwicklung von Ganztags-schulen" (StEG)* (S. 209-226). Weinheim, München: Juventa.

Holtappels, H. G. & Voss, A. (2006). Organisationskultur und Lernkultur – Über den Zusammenhang von Schulorganisation und Unterrichtsgestaltung am Beispiel selbstständiger Schulen. In W. Bos, H. G. Holtappels, H. Pfeiffer, H.-G. Rolff & R. Schulz-Zander (Hrsg.), *Jahrbuch der Schulentwick-lung, Band 14. Daten, Beispiele und Perspektiven* (S. 247-275). Weinheim, München: Juventa.

Hosenfeld, I., Helmke, A., Ridder, A. & Schrader, F.-W. (2002). Die Rolle des Kontextes. In A. Helm-ke & R. S. Jäger (Hrsg.), *Das Projekt MARKUS – Mathematik-Gesamterhebung Rheinland-Pfalz: Kompetenzen, Unterrichtsmerkmale, Schulkontext* (S. 155-256). Landau: Verlag Empi-rische Pädagogik.

Houtveen, T. & Van de Grift, W. (2001). Inclusion and Adaptive Instruction in Elementary Education. *Journal of Education for Students Placed At Risk, 6*(4), 389-411.

Hox, J. J. (2009). *Multilevel analysis : techniques and applications* (2.). London u.a.: Routledge.

Hurrelmann, B., Becker, S., Nickel-Bacon, I. & Elias, S. (2006). *Lesekindheiten : Familie und Lese-sozialisation im historischen Wandel.* Weinheim u.a.: Juventa-Verl.

Ibrahim, J. G., Zhu, H. & Tang, N. (2008). *Model selection criteria for missing-data problems using the EM algorithm.*

Janke, N. (2006). *Soziales Klima an Schulen aus Lehrer-, Schulleiter- und Schülerperspektive. Eine Sekundäranalyse der Studie „Kompetenzen und Einstellungen von Schülerinnen und Schülern – Jahrgangsstufe 4 (KESS 4)"* (Bd. 3). Münster: Waxmann

King, G. (1989). *Unifying political methodology. The likelihood theory of statistical inference.* Cam-bridge: Cambridge University Press.

Kiper, H. (2008). Diskurse zur Unterrichtsentwicklung – eine kritische Betrachtung. In N. Berkemey-er, W. Bos, V. Manitius & K. Müthing (Hrsg.), *Unterrichtsentwicklung in Netzwerken : Konzep-tionen, Befunde, Perspektiven* (S. 95-120). Münster: Waxmann.

Kiper, H. & Mischke, W. (2006). *Einführung in die Theorie des Unterrichts.* Weinheim u.a.: Beltz.

Klafki, W. (2007). *Neue Studien zur Bildungstheorie und Didaktik : zeitgemäße Allgemeinbildung und kritisch-konstruktive Didaktik* (6., neu ausgestattete Aufl.). Weinheim u.a.: Beltz.

Klein, K. & Oettinger, U. (2000). *Konstruktivismus. Die neue Perspektive im (Sach-) Unterricht.* Ho-hengehren: Schneider Verlag.

Kleinbaum, D. G., Klein, M. & Pryor, E. R. (2002). *Logistic regression : a self-learning text* (2.). New York, NY: Springer.

Klieme, E. & Clausen, M. (1999). Identifying facets of problem solving in mathematics instruction,*AERA Annual Meeting.* Montreal: Max-Planck-Institut für Bildungsforschung, Berlin.

Klieme, E., Steinert, B. & Hartig, J. (2006). Schule, Klasse oder Lehrkraft – auf welcher Ebene las-sen sich institutionelle Effekte identifizieren?,*68. Tagung der Sektion Empirische Bildungsfor-schung der DGfE.* München.

Klingberg, L. (1989). *Einführung in die allgemeine Didaktik : Vorlesungen* (7. Aufl.). Berlin: Volk u. Wissen.

Köller, O., Baumert, J. & Neubrand, J. (2000). Epistomologische Überzeugungen und Fachverständnis im Mathematik- und Physikunterricht. In J. Baumert, W. Bos & R. Lehmann (Hrsg.), *TIMSS/III. Dritte Internationale Mathematik- und Naturwissenschaftsstudie Mathematische und naturwissenschaftliche Bildung am Ende der Schullaufbahn* (Bd. 2, S. 229-269). Opladen: Leske + Budrich.

Kreft, I. & Leeuw, J. d. (2007). *Introducing multilevel modeling* (Reprint). London u.a.: Sage.

Kron, F. W. (2008). *Grundwissen Didaktik : mit 18 Tabellen* (5., überarb. Aufl.). München u.a.: Reinhardt.

Krüssel, H. (1995). Die konstruktivistische Betrachtungsweise in der Didaktik. In Landesinstitut für Schule und Weiterbildung (Hrsg.), *Lehren und Lernen als konstruktive Tätigkeit* (S. 116-142). Bönen: Verlag für Schule und Weiterbildung.

Kulik, J. A. & Kulik, C. L. (1982). Effects of ability grouping on secondary school students: A meta-analysis of evaluation findings. *American Educational Research Journal, 19*(415-428).

Kyllonen, P. C., Lohmann, D. F. & Snow, R. E. (1984). Effects of aptitudes, strategy training, and task facets on spatial test performance. *Journal of Educational Psychology, 76*, 130-145.

Kyriakides, L. (2007). Generic and Differentiated Models of Educational Effectiveness: Implications for the Improvement of Educational Practice. In T. Townsend (Hrsg.), *International Handbook of School Effectiveness and Improvement* (S. 41-56). New York: Springer.

Lankes, E.-M. (2004). Leseunterricht in der Grundschule. Unterschiede zwischen Lehrkräften im internationalen Vergleich. *Zeitschrift für Erziehungswissenschaft, 7*(4), 551-568.

Lankes, E.-M., Bos, W., Mohr, I., Plaßmeier, N., Schwippert, K., Sibberns, H.et al. (2003). Anlage und Durchführung der Internationalen Grundschul-Lese-Untersuchung (IGLU) und ihrer Erweiterung um Mathematik und Naturwissenschaften (IGLU-E). In W. Bos, E.-M. Lankes, M. Prenzel, K. Schwippert, G. Walther & R. Valtin (Hrsg.), *Erste Ergebnisse aus IGLU. Schülerleistungen am Ende der vierten Jahrgangsstufe im internationalen Vergleich* (S. 7-28). Münster: Waxmann.

Larkins, A. G. & McKinney, C. W. (1982). Two Studies of the Effects of Teacher Enthusiasm on Social Studies Achievement of Seventh Grade Students. *Theory and Research in Social Education, 10*(1), 27-41.

Lehmann, R., Peek, R., Pieper, I. & Stritzky, R. v. (1995). *Leseverständnis und Lesegewohnheiten deutscher Schüler und Schülerinnen*. Weinheim: Beltz.

Lehmann, R., Vieluf, U., Nikolova, R. & Ivanov, S. (2006). *LAU 13. Aspekte der Lernausgangslage und Lernentwicklung – Klassenstufe 13*. Hamburg: Behörder für Bildung und Sport, Amt für Bildung.

Leinhardt, G. (2001). Instructional explanations: A commonplace for teaching and location for contrast. In V. Richardson (Hrsg.), *Handbook of research on teaching* (4. ed ed., S. XIII, 1278 S). Washington, DC: American Educational Research Assoc.

Leithwood, K. (2000). *Organizational learning and school improvement*. Greenwich/CT.

Leithwood, K., Jantzi, D., Silins, H. & Dart, B. (1993). Using the Appraisal of School Leaders as an Instrument for School Restructuring. *Peabody Journal of Education, 68*(2), 85-109.

Levacic, R. (2007). The Relationship Between Student Attainment and School Resources In T. Townsend (Hrsg.), *International Handbook of School Effectiveness and Improvement* (S. 395-410). New York: Springer.

Manasse, A. L. (1985). Improving conditions for principal effectiveness: policy implications for research. *Elementary School Journal, 85*(3), 439-463.

Maslowski, R., Scheerens, J. & Luyten, H. (2007). The effect of school autonomy and school internal decentralization on students' reading literacy. *School Effectiveness and School Improvement, 18*(3), 303-334.

Mason, J. M. (1980). When Do Children Begin to Read: An Exploration of Four Year Old Children's Letter and Word Reading Competencies. *Reading Research Quarterly, 15*(2), 203-227.

McCown, R. R., Driscoll, M. P. & Roop, P. (1996). *Educational psychology : a learning-centered approach to classroom practice* (2nd). Boston u.a.: Allyn and Bacon.

McElvany, N. (2008). *Förderung von Lesekompetenz im Kontext der Familie.* Münster [u.a.]: Waxmann.

Messner, R. (1991). Die Rhythmisierung des Schultages. Erfahrungen und pädagogische Überlegungen zu einem dringlich gewordenen Problem. In C. Kubina & Hessisches Institut für Bildungsplanung und Schulentwicklung (Hrsg.), *Die Ganztagsschule : Bestandsaufnahme, Grundlegung, Perspektiven.* Wiesbaden: Hessisches Inst. für Bildungsplanung und Schulentwicklung (HIBS).

Meyer, H. (1997). *Schulpädagogik.* Berlin: Cornelsen Scriptor.

Meyer, H. (2003). *Unterrichtsmethoden* (Lizenzausg.). Darmstadt: Wiss. Buchges.

Meyer, H. (2007). *Was ist guter Unterricht?* (4.). Berlin: Cornelsen Scriptor.

Miles, M. B. (1964). *Innovations in Education.* New York: Teachers College Colombia University.

Mortimore, P. (1988). *School matters : the junior years.* Wells: Open Books.

Mutzek, W. (1988). *Von der Absicht zum Handeln. Rekonstruktion und Analyse subjektiver Theorien zum Transfer von Fortbildungsinhalten in den Berufsalltag.* Weinheim: Deutscher Studienverlag.

Neubrand, J. (2002). *Eine Klassifikation mathematischer Aufgaben zur Analyse von Unterrichtssituationen : selbsttätiges Arbeiten in Schülerarbeitsphasen in den Stunden der TIMSS-Video-Studie.* Hildesheim [u.a.]: Franzbecker.

Niegemann, H. (2001). Lehr-Lern-Forschung. In D. H. Rost (Hrsg.), *Handwörterbuch Pädagogische Psychologie* (S. 387-393). Weinheim: Beltz.

Oakes, J., Gamoran, A. & Page, R. N. (1992). Curriculum differentiation: Opportunities, outcomes and meanings. In P. W. Jackson (Hrsg.), *Handbook of Research on Curriculum* (S. 570-609). Washington DC: AERA.

Oblinger, H., Kotzian, O. & Waldmann, J. (Hrsg.). (1985). *Grundlegende Unterrichtskonzeptionen.* Donauwörth: Ludwig Auer.

OECD. (2001). *Knowledge and skills for life : first results from the OECD Programme for International Student Assessment (PISA) 2000.* Paris: OECD.

OECD. (2004). *Learning for tomorrow's world : first results from PISA 2003.* Paris: OECD.

Opdenakker, M.-C. & van Damme, J. (2000). The Importance of Identifying Levels in Multilevel Analysis: An Illustration of the Effects of Ignoring the Top or Intermediate Levels in school Effectiveness Research. *School Effectiveness and School Improvement, 11*(1), 103-130.

Oser, F. K., Dick, A. & Patry, J.-L. (Hrsg.). (1992). *Responsible and Effective Teaching. The New Synthesis.* San Francisco: Jossy Bass.

Pearson, P. D. & Stephens, D. (1994). Learning about literacy: a 30-year journey. In R. B. Ruddell, M. R. Ruddell & H. Singer (Hrsg.), *Theoretical models and processes of reading* (S. 22-41). Newark, DE: International Reading Association.

Peterssen, W. H. (2004). *Lehrbuch Allgemeine Didaktik* (6., völlig veränd., aktualisierte und stark erw. Aufl., Nachdr.). München: Oldenbourg.

Pfeifer, M. (2006). *Bildung auf Finnisch : Anspruch, Wirklichkeit, Ideal – nach PISA.* München: Kirchheim.

Pfeifer, M., Bergmann, K. & Holtappels, H. G. (2007). Entwicklung von Lernkultur unter veränderten Lern- und Arbeitszeitbedingungen. In S. Appel (Hrsg.), *Jahrbuch Ganztagsschule 2008*: Wochenschauverlag.

Pfeifer, M. & Fischer, F. (2005). Using collaboration scripts for facilitating learning with external representations. In S. Demetriadis (Hrsg.), *Interaction between learner's internal and external representations in multimedia environment: Research Report.* Tübingen: Knowledge Media Research Center.

Pietsch, M., Bonsen, M. & Bos, W. (2006). Ein Index sozialer Belastung als Grundlage für die Rückmeldung „fairer Vergleiche" von Grundschulen in Hamburg. In W. Bos & M. Pietsch (Hrsg.),
*KESS 4 – Kompetenzen und Einstellungen von Schülerinnen und Schülern am Ende der Jahr-
gangsstufe 4 in Hamburger Grundschulen* (S. 225-245). Münster: Waxmann.

Pietsch, M. & Stubbe, T. C. (2007). Inequality in transition from primary to secondary school. *European Educational Research Journal, 6*(4), 424-445.

Prenzel, M., Artelt, C., Baumert, J., Blum, W., Hammann, M., Klieme, E.et al. (2007). *PISA 2006 : Die
Ergebnisse der dritten internationalen Vergleichsstudie* (1. Aufl.). Münster, Westf: Waxmann.

Prenzel, M., Krapp, A. & Schiefele, U. (1986). Grundzüge einer pädagogischen Interessentheorie. *Zeitschrift für Pädagogik, 32,* 163-173.

Purkey, S. C. & Smith, M. S. (1983). Effective Schools. A Review. *The Elementary School Journal,
83*(4), 427-453.

Radisch, F. & Klieme, E. (2004). Wirkungen ganztägiger Schulorganisation. *Die Deutsche Schule,
96*(2), 153-169.

Raudenbush, S. W. & Bryk, A. S. (2006). *Hierarchical linear models : applications and data analysis
methods* (2.). Thousand Oaks, CA u.a.: Sage Publications.

Reezigt, G. J. (1993). *Effects of differentiation in primary education.* Groningen: RION.

Resnick, L. B. (1983). Toward a cognitive theorie of instruction. In S. Paris, G. Olson & H. Stevenson
(Hrsg.), *Learning and motivation in the classroom* (S. 5-38). Hillsdale, NJ: Erlbaum.

Reusser, K. (1995). Lehr-Lernkultur im Wandel: Zur Neuorientierung in der kognitiven Lernforschung.
In R. Dubs & R. Döring (Hrsg.), *Dialog Wissenschaft und Praxis* (S. 164-190). St. Gallen: IWP.

Rheinberg, F. (1996). Bezugsnormorientierung. In D. H. Rost (Hrsg.), *Pädagogische Psychologie* (S.
55-62). Weinheim: Beltz.

Rheinberg, F. & Hoss, J. (1979). Disturbance and cooperation in class: A study of Kounin's categori-
zation of teacher behavior. *Zeitschrift für Entwicklungspsychologie und Pädagogische Psychologie, 11,* 244-249.

Rheinberg, F. & Krug, S. (1993). *Motivationsförderung im Schulalltag : Konzeption, Realisation und
Evaluation.* Göttingen u.a.: Hogrefe.

Richter, K., Plath, M. & Goethe, F. (2005). *Lesemotivation in der Grundschule : empirische Befunde
und Modelle für den Unterricht.* Weinheim u.a.: Juventa-Verl.

Richter, T. & Christmann, U. (2002). Lesekompetenz: Prozessebenen und interindividuelle Unterschiede. In N. Groeben & B. Hurrelmann (Hrsg.), *Lesekompetenz: Bedingungen, Dimensionen, Funktionen* (S. 25-59). Weinheim: Juventa.

Rickheit, G. & Strohner, H. (1993). *Grundlagen der kognitiven Sprachverarbeitung : Modelle, Methoden, Ergebnisse.* Tübingen u.a.: Francke.

Riedl, A. (2004). *Grundlagen der Didaktik.* Stuttgart: Steiner.

Rolff, H.-G. (2007). *Studien zu einer Theorie der Schulentwicklung.* Weinheim: Beltz.

Rollett, B. (1981). Formen der Unterrichtsorganisation: unmittelbarer und mittelbarer Unterricht. In
W. Twellmann (Hrsg.), *Handbuch Schule und Unterricht* (S. 392-405). Düsseldorf: Schwann.

Rosenholtz, S. J. (2000). *Teachers'workplace : the social organization of schools* (Nachdr.). New York
u.a.: Teachers College Press.

Rosenshine, B. V. (1970). The stability of teacher effects upon student achievement. *Review of Educational Research, 40,* 647-662.

Rosenshine, B. V. (1979). Content, time, and direct instruction. In P. L. Peterson & H. J. Walberg
(Hrsg.), *Research on teaching.* Berkeley: McCutchon.

Rosenshine, B. V. & Furst, M. (1971). Research on teacher performance criteria. In B. O. Smith (Hrsg.),
Research in teaching education (S. 27-72). Englewood Cliffs, NJ: Prentice Hall.

Rosenshine, B. V. & Stevens, R. (1986). Teaching functions. In M. L. Wittrock (Hrsg.), *Handbook of research on teaching* (3 ed., S. 376-391). New York: Macmillan.

Rumelhart, D. E. (1994). Toward an interactive model of reading. In R. B. Ruddell, M. R. Ruddell & H. Singer (Hrsg.), *Theoretical models and processes of reading* (S. 864-894). Newark, DE: International Reading Association.

Rutter, M. (1979). *Fifteen thousand hours : secondary schools and their effects on children*. London: Open Books Publ.

Sammons, P., Hillman, J., Mortimore, P. & Institute of Education. (1995). *Key characteristics of effective schools : a review of school effectiveness research*. London: Inst. of Education Univ. of London.

Schaumburg, H. (2003). *Konstruktivistischer Unterricht mit Laptops? Eine Fallstudie zum Einfluss mobiler Computer auf die Methodik des Unterrichts*. Freie Universität Berlin, Berlin.

Scheerens, J. (1990). School effectiveness and the development of process indicators of schooling functioning. *School Effectiveness and School Improvement, 1*, 61-80.

Scheerens, J. & Bosker, R. (1997). *The Foundations of Educational Effectiveness*. New York: Pergamon.

Schimpl-Neimanns, B. (2000). Soziale Herkunft und Bildungsbeteiligung. Empirische Analysen zu herkunftsspezifischen Bildungsungleichheiten zwischen 1950 und 1989. *Kölner Zeitschrift für Soziologie Sozialpsychologie, 52*(4), 636-669.

Schneider, W. (1989). Möglichkeiten der frühen Vorhersage von Leseleistungen im Grundschulalter. *Zeitschrift für Pädagogische Psychologie, 3*, 157-168.

Schöler, W. (1979). *Strukturen und Modelle des Unterrichts*. Paderborn: Schöningh.

Schraml, P. (2007). *Bibliotheken machen Mut*. Verfügbar unter: http://www.lesen-in-deutschland.de/html/content.php?object=journal&lid=42 [29.07.2009

Schümer, G. (2004). Zur doppelten Benachteiligung von Schülern aus unterprivilegierten Gesellschaftsschichten im deutschen Schulwesen. In G. Schümer, K.-J. Tillmann & M. Weiß (Hrsg.), *Die Institution Schule und die Lebenswelt der Schüler : vertiefende Analysen der PISA-2000-Daten zum Kontext von Schülerleistungen* (1. Aufl. ed., S. 73-114). Wiesbaden: VS Verl. für Sozialwiss.

Schümer, G., Tillmann, K.-J. & Weiß, M. (Hrsg.). (2004). *Die Institution Schule und die Lebenswelt der Schüler : vertiefende Analysen der PISA-2000-Daten zum Kontext von Schülerleistungen* (1. Aufl. ed.). Wiesbaden: VS Verl. für Sozialwiss.

Schunk, D. H., Pintrich, P. R. & Meece, J. L. (2008). *Motivation in education : theory, research, and applications* (3.). Upper Saddle River, N.J: Pearson/Merrill Prentice Hall.

Schwippert, K. (2001). *Optimalklassen: mehrebenenanalytische Untersuchungen ; eine Analyse hierarchisch strukturierter Daten am Beispiel des Leseverständnisses*. Münster u.a.: Waxmann.

Schwippert, K. (2002). *Optimalklassen: mehrebenenanalytische Untersuchungen ; eine Analyse hierarchisch strukturierter Daten am Beispiel des Leseverständnisses*. Münster u.a.: Waxmann.

Schwippert, K., Bos, W. & Lankes, E.-M. (2003). Heterogenität und Chancengleichheit am Ende der vierten Jahrgangsstufe im internationalen Vergleich. In W. Bos, E.-M. Lankes, M. Prenzel, K. Schwippert, G. Walther & R. Valtin (Hrsg.), *Erste Ergebnisse aus IGLU. Schülerleistungen am Ende der vierten Jahrgangsstufe im internationalen Vergleich* (S. 265-302). Münster: Waxmann.

Seashore Louis, K. & Kruse, S. (1995). *Professionalism and community: Perspectives on reforming urban schools*. Oakes/CA.

Senge, P. M. (2008). *Die fünfte Disziplin : Kunst und Praxis der lernenden Organisation*. Stuttgart: Schäffer-Poeschel.

Senkbeil, M. (2005). Schulmerkmale und Schultypen im Vergleich der Länder. In PISA-Konsortium_ Deutschland (Hrsg.), *PISA 2003. Der zweite Vergleich der Länder in Deutschland – Was wissen und können Jugendliche?* (S. 299-321). Münster, New York, München, Berlin: Waxmann.

Senkbeil, M. (2006). Die Bedeutung schulischer Faktoren für die Kompetenzentwicklung in Mathematik und in den Naturwissenschaften. In PISA Konsortium Deutschland (Hrsg.), *PISA 2003. Untersuchungen zur Kompetenzentwicklung im Verlauf eines Schuljahres* (S. 277-308). Münster: Waxmann.

Sfard, A. (2003). Balancing the unbalanceable: the NCTM Standards in light of theories of learning mathematics. In J. Kilpatrick & National Council of Teachers of Mathematics (Hrsg.), *A Research Companion to Principles and Standards for School Mathematics* (2. print ed., S. 353-392). Reston, VA: NCTM.

Shavelson, R. J., Webb, N. M. & Burstein, L. (1986). Measurement of Teaching. In M. L. Wittrock (Hrsg.), *Handbook of Research on Teaching* (S. 50-91). New York, London: Collier-Macmillan.

Singer, W. (2002). Was kann ein Mensch wann lernen? In N. Killius, J. Kluge & L. Reisch (Hrsg.), *Die Zukunft der Bildung* (S. 78-100). Frankfurt: Suhrkamp.

Slavin, R. E. (1987). Ability grouping and achievement in elementary schools. *Review of Educational Research, 57*, 293-336.

Slavin, R. E. (1990a). Ability grouping in secondary schools: A response to Hallinan. *Review of Educational Research, 60*(3), 505-507.

Slavin, R. E. (1990b). Achievement effects of ability grouping in secondary schools: A best evidence synthesis. *Review of Educational Research, 60*(3), 471-499.

Slavin, R. E. (1996). *Education for all. Contexts of learning.* Lisse: Swets & Zeitlinger.

Slavin, R. E. (2006). *Educational psychology : theory and practice* (8.). Boston: Pearson/Allyn & Bacon.

Slavin, R. E. & Karweit, N. L. (1985). Effects of whole class, ability grouped and individualised instruction on mathematics achievement. *American Educational Research Journal, 22*, 351-367.

Smith, F. (1994). *Understanding Reading: A Psycholinguistic Analysis of Reading and Learning to Read.* Hillsdale, NJ: Erlbaum.

Snow, R. E. (1982). Education and intelligence. In R. J. Sternberg (Hrsg.), *Handbook of human intelligence.* New York: Cambridge University Press.

Solheim, R. G. & Tonnessen, F. E. (2003). *Hvorfor leser klasser så forskjellig? En sammenligning av de 20 klassene med de beste og de 20 klassene med de svakeste leseresultatene i PIRLS 2001.* Stavanger: Senter for leseforsking.

Souvignier, E. & Mokhlesgerami, J. (2005). Implementation eines Programms zur Vermittlung von Lesestrategien im Deutschunterricht – die Rolle der Lehrenden. *Zeitschrift für Pädagogische Psychologie, 19*, 249-261.

Spade, J. Z., Vanvossen, B. E. & Jones, E. D. (1985). Effective schools: Characteristics of schools which predict mathematics and science performance, *AERA.* Chicago, USA.

Spitzer, M. (2009). *Lernen : Gehirnforschung und die Schule des Lebens.* Berlin u.a.: Spektrum Akad. Verl.

Stanat, P. (2006). Schulleistungen von Jugendlichen mit Migrationshintergrund: Die Rolle der Zusammensetzung der Schülerschaft. In J. Baumert, P. Stanat & R. Watermann (Hrsg.), *Herkunftsbedingte Disparitäten im Bildungswesen* (S. 189-219). Wiesbaden: Verlag für Sozialwissenschaften.

Stebler, R. & Reusser, K. (2000). Progressive, classical or balanced – A look at mathematical learning environments in Swiss-German lower-secondary schools. *Zentralblatt für Didaktik der Mathematik, 1*, 1-10.

Steinert, B. & Klieme, E. (2003). Levels of teacher cooperation as levels of school development: a criterion-referenced approach to school evaluation, *European Conference on Educational Research.* Hamburg, Germany.

Stöcker, K. (1984). *Neuzeitliche Unterrichtsgestaltung* (18. Aufl.). München: Ehrenwirth.

Stodolsky, S. S. (1988). *The subject matters : classroom activity in math and social studies.* Chicago [u.a.]: University of Chicago Press.

Stubbe, T. C. & Bos, W. (2008). Schullaufbahnempfehlungen von Lehrkräften und Schullaufbahnent-scheidungen von Eltern am Ende der vierten Jahrgangsstufe. *Empirische Pädagogik, 22*(1), 49-63.

Stufflebeam, D. L. (1972). The relevance of the CIPP evaluation model for educational accountability. *SRIS Quarterly, 5*(1).

The White House. (2001). *No Child Left Behind: Transforming the Federal Role in Education So That No Child is Left Behind.* Washington DC.

Treinies, G. & Einsiedler, W. (1996). Zur Vereinbarkeit von Steigerung des Lernleistungsniveaus und Verringerung von Leistungsunterschieden in Grundschulklassen. *Unterrichtswissenschaft, 24,* 290-311.

Valtin, R. (1995). Vom Funktionsmodell zum Entwicklungsmodell des Lesens und Rechtschreibens: Fortschritt oder Rückschritt. In W. Niemeyer (Hrsg.), *Kommunikation und Lese-Rechtschreib-schwäche* (S. 179-188). Bochum: Dr. Dieter Winkler.

Valtin, R. (2006). Wie können wir Lesekompetenzen fördern? Lektion aus IGLU und PISA. *PÄD Forum: unterrichten erziehen, 34*(5), 297-299.

Van de Grift, W. & Houtveen, T. (1999). Educational Leadership and Pupil Achievement in Primary Education. *School Effectiveness and School Improvement, 10*(4), 373-390.

van de Grift, W. & Houtveen, T. (2009). Improving Reading Achievements of Struggling Readers,*International Congress for School Effectiveness and Improvement (ICSEI)*. Vancouver, BC, Canada.

Van den Broeck, A., Van Damme, J. & Opdenakker, M.-C. (2004). THE EFFECTS OF STUDENT, CLASS AND SCHOOL CHARACTERISTICS ON MATHEMATICS ACHIEVEMENT: EXPLAINING THE VARIANCE IN FLEMISH TIMSS-R DATA,*The 1st IEA International Research Conference, IRC 2004.* Lefkosia, Cyprus.

von Glasersfeld, E. (1995). A constructivist approach to teaching. In L. P. Steffe & J. Gale (Hrsg.), *Constructivism in education* (S. 3-15). Hillsdale, NJ: Lawrence Erlbaum Associates.

Voss, A. (2006). *Print- und Hyperlesekompetenz im Vergleich. Eine Untersuchung von Leistungsdaten aus der Internationalen Grundschul-Lese-Untersuchung (IGLU) und der Ergänzungsstudie Lesen am Computer (LaC).* Münster: Waxmann.

Voss, A. (2009). The Acquisition of Language Competencies of Children (Age 4-15) with Social and Migrational Disparities: Results of Empirical Studies,*European Conference on Educational Research*. Vienna, Austria: EERA.

Voss, A., Blatt, I., Gebauer, M., Müller, A. & Masanek, N. (2008). Unterrichtsentwicklung als integrierte Schulentwicklung. Das Hamburger Leseförderprojekt. In W. Bos, H. G. Holtappels, H. Pfeiffer, H.-G. Rolff & R. Schulz-Zander (Hrsg.), *Jahrbuch der Schulentwicklung, Band 15. Daten, Beispiele und Perspektiven.* Weinheim und München: Juventa.

Wagenschein, M. (1999). *Verstehen lernen : genetisch, sokratisch, exemplarisch.* Weinheim u.a.: Beltz.

Walberg, H. J. (1981). A psychological theory of educational productivity. In F. H. Farley & N. J. Gordon (Hrsg.), *Fundamental studies in educational research* (S. 19-34). Lisse: Swets & Zeitlinger.

Waldmann, J. (1985). Schülerorientierter Unterricht. In H. Oblinger, O. Kotzian & J. Waldmann (Hrsg.), *Grundlegende Unterrichtskonzeptionen* (S. 109-114). Donauwörth: Ludwig Auer.

Wang, M. C., Haertel, G. D. & Walberg, H. J. (1990). What influences learning? A content analysis of review literature. *Journal of Educational Reserach, 84,* 30-43.

Wang, M. C., Haertel, G. D. & Walberg, H. J. (1993). Toward a knowledge base for school learning. *Review of educational research, 63*(3), 249-294.

Wang, M. C. & Walberg, H. J. (1983). Adaptive instruction and classroom time. *American Educational Research Journal, 20*(4), 601-626.

Weiner, B. (1985). An attributional theory of achievement motivation and emotion. *Psychological Review, 92*(4), 548-573.

Weinert, F. E. (1996). Für und Wider die „neuen Lerntheorien" als Grundlage pädagogisch-psychologischer Forschung. *Zeitschrift für Pädagogische Psychologie, 10*(1), 1-12.

Weinert, F. E. (1997). Notwendige Methodenvielfalt: Unterschiedliche Lernfähigkeiten erfordern variable Unterrichtsmethoden. *Friedrich Jahresheft, 15*, 50-52.

Weinert, F. E. (1998). Guter Unterricht ist ein Unterricht, in dem mehr gelernt als gelehrt wird. In J. Freund, H. Gruber & W. Weidinger (Hrsg.), *Guter Unterricht – Was ist das? Aspekte von Unterrichtsqualität* (S. 7-18). Wien.

Weinert, F. E. (2001). Qualifikation und Unterricht zwischen gesellschaftlichen Notwendigkeiten, pädagogischen Visionen und psychologischen Möglichkeiten. In W. Melzer & U. Sandfuchs (Hrsg.), *Was Schule leistet : Funktionen und Aufgaben von Schule* (S. 65-85). Weinheim: Juventa.

Weinert, F. E. & Helmke, A. (1995). Learning from the wise mother nature or big brother instructor: The wrong choice as seen from educational perspective. *Educational Psychologist, 30*(3), 135-142.

Weinert, F. E., Schrader, F. W. & Helmke, A. (1989). Quality of instruction and achievement outcomes. *International Journal of Educational Research, 13*, 895-914.

Wellenreuther, M. (2004). *Lehren und Lernen – aber wie? : empirisch-experimentelle Forschungen zum Lehren und Lernen im Unterricht.* Baltmannsweiler: Schneider-Verl. Hohengehren.

Wiechmann, J. (2002). *Zwölf Unterrichtsmethoden : Vielfalt für die Praxis* (3., unveränd.). Weinheim [u.a.]: Beltz.

Wilkinson, I., Hattie, J., Parr, J., Townsend, M., Fung, I., Ussher, C.et al. (2000). *Influence of peer effects on learning outcomes: A review of the literature.* Ackland, New Zealand: Auckland Uni-Services Limited.

Winne, P. H. & Marx, R. W. (1977). Reconceptualizing research on teaching. *Journal of Educational Psychology, 89*, 668-678.

Wood, T., Cobb, P. & Yackel, E. (1991). Change in teaching mathematics: A case study. *American Educational Research Journal, 28*, 587-616.

Zöller, I., Roos, J. & Schöler, H. (2006). Einfluss soziokultureller Faktoren auf den Schriftspracherwerb im Grundschulalter. In A. Schründer-Lenzen (Hrsg.), *Risikofelder kindlicher Entwicklung: Migration, Leistungsangst und Schulübergang* (S. 45-65). Wiesbaden: Verlag für Sozialwissenschaften.

Abbildungen

Tabellen

Anhang

Legende der Variablenbezeichnungen:
(Quelle: Bos, W., Buddeberg, I. & Lankes, E.-M. (2005). IGLU : Skalenhandbuch zur Dokumentation der Erhebungsinstrumente. Münster u.a.: Waxmann.)

KFT /KFT_ALL	Kognitive Fähigkeit
HISEI / HISEI_ME	Highest International Socio-Economic Index of Occupational Status
D_MIGR_R	Migrationshintergrund
ATBGDIFU	Schüler mit Schwierigkeiten, Deutsch zu verstehen
ATBGUMAT	Differenzierung durch unterschiedliches Material
ATBGMEET	Besprechungen mit Kollegen zum Leseunterricht
ATGSTU05	Koordination mit Fachkollegen bei Bewertung von Klassenarbeiten
ATGKOO02	Schulleitung besitzt die Fähigkeit, aufkommende Frustration und Konflikte unter den Lehrkräften auszugleichen.
ATGKOO06	Schulleitung hat viel Vertrauen in die Kompetenz der Lehrkräfte.
ATBGDEV	Förderung des Leseverständnis bzw. der -strategien
ATBGDIF	Zusätzliche personale Ausstattung zur Leseförderung
ATBGBRDB	Unterstützung bei Leseschwächen
ATBGPFMA	Bewertung von Lernfortschritten im Lesen
ASBGTIC	Leseaktivitäten im Unterricht
ASBGAFR	Nachbereitung von Texten im Unterricht (Schülerangaben)
SFK_6_1	Disziplinprobleme im Deutschunterricht
ASBGAGGR	Schulklima: Aggression
SFK_4_2	Einschätzung der Schule
ACBGME2	Lesefertigkeit und Aufbau von Lesestrategien: Zusammenhänge zwischen Buchstaben und Lauten kennen
ACBGME4	Lesefertigkeit und Aufbau von Lesestrategien: Einzelne Sätze lesen
ACBGME6	Lesefertigkeit und Aufbau von Lesestrategien: Hauptaussagen im Text erkennen

ACBGME7	Lesefertigkeit und Aufbau von Lesestrategien: Eigenes Textverständnis erklären oder belegen
ACBGME8	Lesefertigkeit und Aufbau von Lesestrategien: Text mit persönlichen Erfahrungen vergleichen
ACBGIMPL	Differenzierung im Leseunterricht
ACBGLI	Vorhandensein einer Bibliothek in Schule
ACBGTSTM	Feste Zeiten für Kooperation der Lehrkräfte
CFB_47A	Erteilte Unterrichtsstunden im Fach Deutsch
CFB_56	Kontinuität im Lehrpersonal
CFB_46	Förder- und Betreuungsangebote an der Schule
CFB_53	Kommunikation und Kooperation im Kollegium
CFB_54	Zusammenarbeit Schulleitung – Kollegium
ATGORD01	Schulklima von Ordnung und Disziplin geprägt
ATBGASK	Nachbereitung von Texten im Unterricht (Lehrerangaben)
ATDTUN	Methoden im Rechtschreibunterricht

Grundlagen
Erziehungswissenschaft

Isabell van Ackeren / Klaus Klemm
Entstehung, Struktur und Steuerung des deutschen Schulsystems
Eine Einführung
2009. 199 S. Br. EUR 16,90
ISBN 978-3-531-16469-4

Ben Bachmair
Medienwissen für Pädagogen
Medienbildung in riskanten Erlebniswelten
2009. 375 S. Br. EUR 24,90
ISBN 978-3-531-16305-5

Jutta Ecarius / Marcel Eulenbach /
Thorsten Fuchs / Katharina Walgenbach
Jugend und Sozialisation
2010. 292 S. (Basiswissen Sozialisation) Br.
ca. EUR 22,95
ISBN 978-3-531-16565-3

Jutta Ecarius / Nils Köbel / Katrin Wahl
Familie, Erziehung und Sozialisation
2010 158 S. (Basiswissen Sozialisation) Br.
ca. EUR 16,95
ISBN 978-3-531-16566-0

Detlef Garz
Sozialpsychologische Entwicklungstheorien
Von Mead, Piaget und Kohlberg bis zur Gegenwart
4. Aufl. 2008. 189 S. Br. EUR 22,90
ISBN 978-3-531-16321-5

Heinz Moser
Einführung in die Medienpädagogik
Aufwachsen im Medienzeitalter
5., durchges. u. erw. Aufl. 2010. 332 S. Br. EUR 29,95
ISBN 978-3-531-16164-8

Heinz Reinders / Hartmut Ditton / Cornelia Gräsel / Burkhard Gniewosz (Hrsg.)
Empirische Bildungsforschung
Eine Einführung
2010. ca. 260 S. Br. ca. EUR 29,95
ISBN 978-3-531-16844-9

Bernhard Schlag
Lern- und Leistungsmotivation
3. Aufl. 2009. 173 S. Br. EUR 19,90
ISBN 978-3-531-16511-0

Agi Schründer-Lenzen
Schriftspracherwerb und Unterricht
Bausteine professionellen Handlungswissens
3. Aufl. 2008. 252 S. Br. EUR 19,90
ISBN 978-3-531-16168-6

Erhältlich im Buchhandel oder beim Verlag.
Änderungen vorbehalten. Stand: Juli 2010.

www.vs-verlag.de

VS VERLAG

Abraham-Lincoln-Straße 46
65189 Wiesbaden
Tel. 0611.7878-722
Fax 0611.7878-400

If you have any concerns about our products,
you can contact us on
ProductSafety@springernature.com

In case Publisher is established outside the EU,
the EU authorized representative is:
Springer Nature Customer Service Center GmbH
Europaplatz 3, 69115 Heidelberg, Germany

Printed by Libri Plureos GmbH
in Hamburg, Germany